企业战略与财务管理研究

曹均兴　雷　利　何孝军 ◎ 著

吉林出版集团股份有限公司
全国百佳图书出版单位

图书在版编目（CIP）数据

企业战略与财务管理研究 / 曹均兴，雷利，何孝军著. -- 长春：吉林出版集团股份有限公司，2023.7
ISBN 978-7-5731-3264-2

Ⅰ. ①企… Ⅱ. ①曹… ②雷… ③何… Ⅲ. ①企业战略－中国②企业管理－财务管理－中国 Ⅳ. ①F279.23

中国国家版本馆CIP数据核字(2023)第072276号

QIYE ZHANLÜE YU CAIWU GUANLI YANJIU
企业战略与财务管理研究

著　者	曹均兴　雷　利　何孝军
责任编辑	田　璐
装帧设计	朱秋丽
出　版	吉林出版集团股份有限公司
发　行	吉林出版集团青少年书刊发行有限公司
地　址	吉林省长春市福祉大路5788号
电　话	0431-81629808
印　刷	北京昌联印刷有限公司
版　次	2023年7月第1版
印　次	2023年7月第1次印刷
开　本	787 mm×1092 mm　1/16
印　张	12.5
字　数	275千字
书　号	ISBN 978-7-5731-3264-2
定　价	76.00元

版权所有·翻印必究

前　言

在经济全球化趋势下，国家之间的竞争中很重要的是经济实力的较量，而一个国家经济实力的重要体现就是有参与国际竞争的大型企业集团。随着我国加入WTO，企业的内外环境都发生了巨大的变化，竞争逐渐进入白热化阶段。国内企业要想获取竞争优势，不仅要关注外部环境变化给企业带来的机会和挑战，而且要改变自身的管理模式，形成有别于其他企业的本企业所特有的核心竞争力。只有这样，企业才能获得长久的竞争优势。为了保证企业的可持续发展，基于环境的变迁和自身资源与能力的变化，企业有必要对原有战略进行重大调整，实施战略变革。

此外，企业财务战略管理是在新时代发展中非常重要的管理模式。随着市场竞争越来越激烈，企业的生存环境正在面临巨大的挑战，传统的管理模式已经无法帮助企业提升自身优势，占有一定的市场份额，保证企业的持续稳定发展。面对日益激烈的市场竞争，企业能否在经济快速变化的社会环境中抢占市场份额，站稳脚跟，和企业的管理模式有着非常大的联系。

本书基于企业战略与财务管理两个方面，首先对企业战略管理的基本内容进行介绍，然后详细地分析了企业战略管理、企业使命与战略目标、企业战略选择以及企业竞争战略的选择，之后探讨了企业生产管理，最后对企业财务管理做了重点探讨。

本书在著写过程中广泛参考了多位专家、学者、同人的研究成果，借鉴了有关教材的部分内容，利用了各种媒体所提供的资料，在此对他们致以真诚的谢意。由于笔者水平所限，加之时间紧迫，书中定有不足之处需要修改完善，衷心希望经济及管理学界同人以及广大读者提出宝贵意见，以便进一步完善。

目 录

第一章　企业战略管理概论 ... 1
- 第一节　企业战略 ... 1
- 第二节　企业战略的发展途径 ... 6
- 第三节　战略管理概述 ... 8
- 第四节　企业战略管理 ... 12
- 第五节　企业战略管理思想演进与理论流派 ... 17

第二章　企业战略管理 ... 25
- 第一节　企业战略管理的特点 ... 25
- 第二节　企业战略环境分析 ... 34
- 第三节　企业战略类型与选择 ... 45
- 第四节　企业战略的实施与控制 ... 54

第三章　企业使命与战略目标 ... 60
- 第一节　企业愿景 ... 60
- 第二节　企业使命 ... 66
- 第三节　企业战略目标 ... 74

第四章　企业战略选择 ... 82
- 第一节　企业战略选择概述 ... 82
- 第二节　发展型战略 ... 88
- 第三节　稳定型战略 ... 95
- 第四节　紧缩型战略 ... 99

第五章　企业竞争战略的选择 ... 105
- 第一节　基本竞争战略 ... 105
- 第二节　不同行业环境中的竞争战略 ... 118

第三节　不同竞争地位的竞争战略 ………………………………………… 131

第六章　企业生产管理 …………………………………………………………… 140
　　第一节　生产与生产管理理论 …………………………………………… 140
　　第二节　生产过程的组织 ………………………………………………… 142
　　第三节　生产与运作系统的设计 ………………………………………… 148
　　第四节　生产运作计划与控制 …………………………………………… 154

第七章　企业财务管理 …………………………………………………………… 161
　　第一节　财务管理的特点 ………………………………………………… 161
　　第二节　财务管理的目标 ………………………………………………… 167
　　第三节　财务管理在企业管理中的地位与作用 ………………………… 173
　　第四节　企业财务管理模式 ……………………………………………… 177
　　第五节　企业财务管理体系的构建 ……………………………………… 182
　　第六节　现代财务管理的发展与创新 …………………………………… 188

参考文献 …………………………………………………………………………… 193

第一章 企业战略管理概论

第一节 企业战略

一、明茨伯格的 5P 战略

（一）战略是一种计划

战略是一种计划，是指企业用各种各样精心设计的措施或一套准则来处理各种情况。战略的这个定义具有两个特点：（1）战略是在企业经营活动之前制定的，战略先于行动；（2）战略是有意识地、有目的地开发和制订的计划。在企业的管理领域中，战略计划与其他计划不同，它是关于企业长远发展方向和范围的计划，其适用时限长，通常在 1 年以上。战略确定了企业的发展方向（如巩固目前的地位、开发新产品、拓展新市场或者实施多元化经营等）和范围（如行业、产品或地域等）。战略涉及企业的全局，是一种统一的、综合的、一体化的计划，其目的是实现企业的基本目标。例如，因为政府已经提出将在某市的经济崛起地区兴建房屋，一家超市购买了此地区附近的一块土地用于开发新店，为其带来商机。该超市的这种战略就是一种计划。

（二）战略是一种计谋

战略是一种计谋，是指企业要在竞争中赢得竞争对手，或令竞争对手处于不利地位及受到一定威胁的计谋。这种计谋是有准备和有意图的。例如，当企业知道竞争对手正在制订一项计划扩大市场份额时，企业就应准备增加投资去研发更新、更尖端的产品，从而增强自身的竞争力。因此，战略是一种计谋，能对竞争对手构成威胁。例如，房地产开发商 A 要通过媒体发表一份报告，称政府已经授予其土地使用权，允许它在开发商 B 将建造的房屋前面建造高层公寓，因此开发商 A 所建造的公寓将享受到全海景景观，而这也是其公寓的一大卖点。开发商 A 的这种战略的目的就是要打乱开发商 B 的未来开发计划，这也是一种计谋。

（三）战略是一种模式

战略是一种模式，是指企业一系列行动的模式或行为模式，或者是与企业的行为相一致的模式，即战略应包括由计划导致的行为。"一系列行动"是指企业为实现基本目的而进行竞争、分配资源、抢占优势等决策与执行活动，它是独立于计划的。计划是有意图的战略，而模式则是已经实现的战略。从这个角度来看，战略可以区分为经过深思熟虑的战略和应急战略。在经过深思熟虑的战略中，先前的意图得以实现；在应急战略中，模式的发展与意图无关。例如，某公司自成立以来的经营方式都是进行集团化经营，通过收购成熟的企业并转手将它们出售来获利。该公司的战略就是一种模式。

（四）战略是一种定位

战略是一种定位，是指企业采用何种措施适应所处的环境。定位包括相对其他企业的市场定位，如生产或销售什么类型的产品或服务给特定的部门，或以什么样的方式满足客户和市场的需求，如何分配内部资源以保持企业自身的竞争优势。战略的定位观认为，一个事物是否属于战略，取决于它所处的时间和情况。在细节可以决定成败的时候，细节就成为战略问题。战略问题是确定自己在市场中的位置，并据此正确配置资源，从而形成可持续的竞争优势。因此，战略是协调企业内部资源与外部环境的力量。

（五）战略是一种观念

战略是一种观念，是指通过战略形成企业共同的期望、认识和行为。从这个角度来看，战略不仅仅包含既定的定位，还包括感知世界的认识方式。这个角度指出了战略观念通过个人的期望和行为形成共享，变成企业共同的期望和行为。这是一种集体主义的概念，个体通过共同的思考方式或行动团结起来。

上述五种定义反映了人们从不同角度对战略特征的解释和认识，它们的重要性程度并没有太大差异。掌握这些不同的定义，有助于对战略进行全面理解。

二、企业战略的结构层次

战略决策不仅仅是企业领导者的任务，不同区域、不同职能和较低级别的管理人员都应该参与到战略的制定过程中来。企业战略可以划分为三个层次：（1）公司战略；（2）业务单位战略；（3）职能战略。

公司战略是覆盖企业整体的战略；业务单位战略是为公司每个战略业务单位制定的战略；职能战略则是针对企业内部的每项职能制定的战略，职能战略必须符合公司战略。

（一）公司战略

公司战略处于最广泛的层面，又称为企业整体战略。公司战略是针对企业整体，用于明确企业目标以及实现目标的计划和行动。公司战略规定了企业使命和目标、企业宗旨和发展计划、整体的产品或市场决策以及其他重大决策。例如，是否需要开发新产品、扩张生产线、进入新市场、实施兼并收购，或如何获取足够的资金以最低的成本满足业务需要。其他重大决策包括：设计组织结构、搭建信息技术基础设施、促进业务发展、处理与外部利益相关者（如股东、政府和其他监管机构）之间的关系。

公司战略一般由企业最高管理层制定。高层管理人员包括首席执行官、董事会成员、公司总经理、其他高级管理人员和相关的专业人员。公司董事会是公司战略的设计者，承担公司战略的终极责任。

（二）业务单位战略

业务单位战略关注的是在特定市场、行业或产品中的竞争力。在大型和分散化经营的企业中，所属业务部门数量庞大，首席执行官很难全面控制和管理所有部门。因此，企业通常会设立战略业务单位，赋予战略业务单位在公司总体战略的指导下做出相应战略决策的权力，包括对特定产品、市场、客户或地理区域做出战略决策。

战略业务单位是公司整体中的一个业务单位，由于其服务于特定的外部市场而与其他业务单位相区别。战略业务单位是实行自我计划和管理的单位，可以拥有自身具体的经营战略。这是因为，战略业务单位的管理层会根据外部市场的状况对产品和市场进行战略规划。例如，一家食品公司划分为生鲜食品部和熟食部，每个业务单位面向不同的市场，这就要求不同战略单位拥有不同的市场战略。

战略业务单位的优势是能够在不同的类似业务中找到适合自己的战略，使其更加理性、易于实现。如果企业只是经营某一特定产品，在某一特定市场中开展业务，面对特定客户，在特定区域内经营，那么其公司战略和业务单位战略就属于同一层面，没有必要对其加以区别。

在企业组织结构的公司层面上，高级管理人员制定公司战略，以平衡公司的业务组合。公司战略涵盖了公司的整体范围，制定一个具有可持续竞争优势的业务单位战略，需要明确在什么市场能够取得竞争优势，什么产品或服务能够区别于竞争对手以及竞争对手可能采取的行动。竞争战略是在战略业务单位这个层次上制定的，包括如何实现竞争优势，以便最大限度地提高企业的盈利能力，扩大市场份额，确定相关产品的范围、价格、促销手段和市场营销渠道等。

战略业务单位领导负责制定本战略业务单位的经营战略，支持公司战略的实现。

（三）职能战略

职能战略在更细节的层面上运行，它侧重于企业内部特定职能部门的运营效率。例如，研究与开发、生产、采购、人力资源管理、财务、市场营销及销售等。企业内部各职能部门领导必须制定目标和规划，协调各自的职能战略，以使这些战略能够协同起来，最终实现公司和业务单位的战略目标。

职能战略在促进公司战略成功方面起着关键作用。这种作用表现为两个方面：一方面是职能管理要开发调整企业的能力，以适应市场化战略和业务单位战略，这是公司战略成功的基础；另一方面，各职能部门在其各自的领域中开发独特的核心能力，为公司战略提供成功的动力。

但由于各部门可能只关注自己的目标和行为，因此，可能会导致各部门之间产生利益冲突，从而降低公司业绩。例如，市场部门偏好于产品创新和差异化并以此开拓细分市场，而生产和运营部门则更希望产品生产线能够长期稳定运行。

图1-1总结了企业内各层次的战略以及这些战略在支持公司战略方面的有效性。

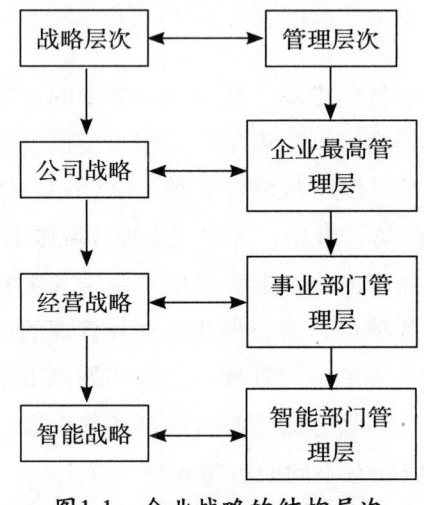

图1-1 企业战略的结构层次

三、战略的关键要素

战略有以下五个关键要素：有愿景、具有可持续性、有效传递战略的流程、企业具有竞争优势、能利用企业与环境之间的联系。

（一）有愿景

愿景是推动企业以一种显著方式超越目前环境行动的能力。愿景可能涉及在竞争激烈的市场环境中的创新战略。例如，在过去的20年中，照相机从简单的相机演化为带有视频录制功能而且体积只有口袋大小的数码相机，这一演化愿景将为未来10年的战略决策提供指引方向。

（二）具有可持续性

要保证企业具有旺盛的生命力，关键是要有一个长期且可持续的战略。如果数码相机市场只能持续几个月的时间，那么数码相机的技术进步和产品创新就没有太大价值。

（三）有效传递战略的流程

有了战略后，重要的是将达成的战略传递到企业的各个方面，以求得到落实执行。因此，一套可以传递高层管理人员达成的战略流程至关重要。

（四）企业具有竞争优势

企业只有具备超越现有或潜在竞争对手的可持续竞争优势，才能赢得市场。

（五）能利用企业与环境之间的联系

战略必须能利用企业与环境之间的联系，如与供应商、客户、竞争对手或政府之间的联系。这些联系可能是有契约的和正式的联系，也可能是模糊的和非正式的联系。这就如同一部数码相机具有兼容性，能够与大多数计算机相关产品连接，进行图片输入或输出一样。

四、战略测试

虽然关于企业战略有各种不同的解释，但是能够达成的普遍共识是良好的战略应传递公司的发展目标。然而，如果目标太简单，那么任何一成不变的战略都能取得成功；如果目标本身太模糊，那么它至多只是一些表面化的生存或成长目标。

一般应该在应用相关性和学术严谨性两个层面上检验战略是否良好。

（一）应用相关性检验

应用相关性检验，即考虑战略是否与企业及其运营的现状相关。

1. 价值增值检验。良好的战略能够在市场中为企业带来价值增值。价值增值可以表现为盈利能力的提高，也可以表现为可预期的长期收益，其可以用市场占有率、创新能力和员工满意度等长期指标来衡量。

2. 竞争优势检验。良好的战略能够为企业带来可持续的竞争优势。某些组织（如慈善机构或政府组织）在竞争的范畴上被误解，它们表面上似乎并没有在市场中参与竞争，但事实上，这些组织也在竞争资源。

3. 一致性检验。良好的战略应该与企业每时每刻所处的环境相一致。这说明战略应以一个适当的速度与不断变化的环境相适应，这个速度不能太快，也不能太慢，并且有能力在适应环境变化的过程中有效地利用企业资源。

（二）学术严谨性检验

学术严谨性检验，即从学术角度严谨地检验战略的原创性、思维的逻辑性和方法的科学性。

1. 原创性检验。优秀的战略在于其原创性。但是，在实践中要特别注意把握创新的程度，因为过度的创新可能会偏离主题，甚至会形成荒唐的、不合逻辑的想法。

2. 目标性检验，即考察所提战略是否试图达到企业所设定的目标。尽管很难定义目标，但是，目标性检验还是合理的、可行的。对目标的定义可能包括企业领导人及其利益相关人的雄心或欲望。

3. 灵活性检验。良好的战略应该具有一定的灵活性，以使企业能够根据竞争状况、经济状况、管理人员与员工以及其他重要因素的发展变化情况进行调整，以适应不断变化的环境。

4. 逻辑一致性检验。战略建议应以可信和可靠的事实为基础，运用清晰且合乎逻辑的方法。

5. 风险和资源检验。战略所含风险和所需资源应该与企业总体目标相一致，并且可以验证。对于企业整体来说，风险水平和所需资源应是合理的、可以接受的。这里所说的资源不仅包括货币，而且包括所需要的人员和技能。

第二节 企业战略的发展途径

在企业战略的发展途径这个问题上，存在诸多观点。企业战略这门学科的广度和复杂性，使得许多学者对企业战略的内容、流程和本质都有不同的看法。但是，我们可以将形成企业战略的方法归结为两类：理性方法和应急方法。理性方法，是指企业先制定目标，然后设计战略实现这些目标，战略规划在前，实施在后；相反，在应急方法下，战略的最终目标并不明确，战略的所有要素随着战略的开展而不断形成，它更侧重于战略的管理流程。

一、理性方法

理性方法是一种具有机械性的线性模型。在这个模型中，战略的概念和执行都是具体的连续过程。这种方法所采取的步骤如图1-2所示。

1. 进行企业评估

这一步是评估企业的战略状况，包括目前的经营状况，并评估它在未来的发展趋势，以及企业的内部资源和生产能力，如目前的人员配置、产品质量和财务状况等。

2. 确定使命和目标

管理层需要制定代表企业长远利益的明确使命，指导企业发展。使命确定以后，必须调整企业的经营目标以支持使命的实现。

3. 进行差距分析

这一步预测未来，将预期业绩与管理层确定的战略目标相比较，如果预期业绩低于既定目标，就需要调整相关战略。

4. 进行战略选择

在这个阶段，管理层应该有不同的经营选择，如新产品或者新市场，这样他们就可以评估哪一个战略最适合公司，有助于实现既定目标。

5. 执行所选择的战略

管理层需要在公司、业务单位和职能层面上执行所选择的战略。为了执行战略，企业有可能需要改变组织结构、政策和程序。

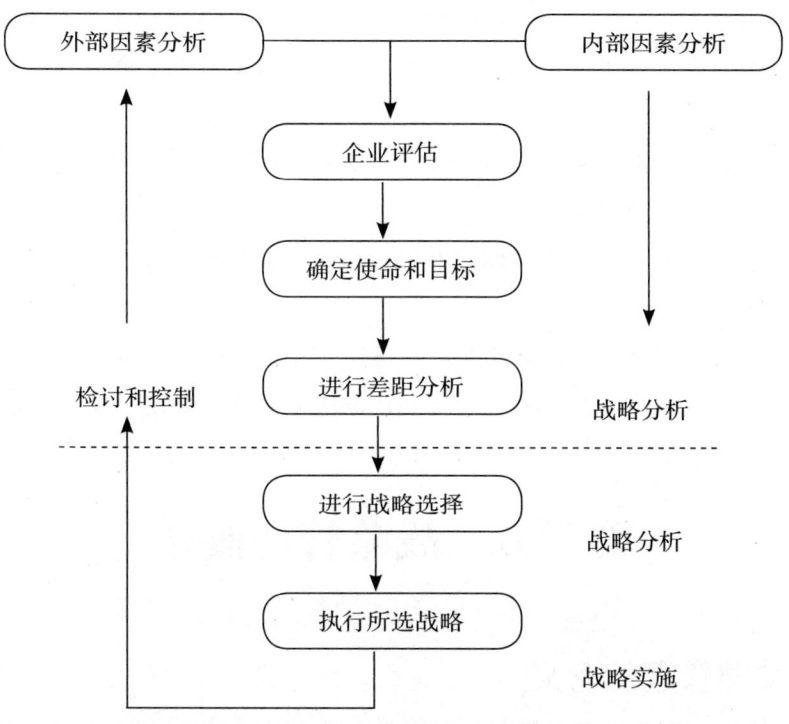

图1-2　形成企业战略的理性方法

以上所述战略规划的做法受到很多质疑和批评。例如，明茨伯格就认为，企业和市场的不确定性很大，而且不稳定，战略不可能按既定方式运作。因此，他对现实社会中并不存在的六个假设提出了质疑，认为：

（1）未来是无法准确预测的，这使得理性的讨论和选择无法变成现实，一旦竞争对手或政府采取预期外的行动，就会使整个战略过程无效。

（2）战略制定原则假设所提出的战略是符合逻辑的，能够按照既定的方式进行，但"客观性"假设忽略了不同管理人员和不同部门之间的利益之争。

（3）管理层能够单方面控制企业中人员的个体行为的能力有限，计划可能会被下属忽视，或者显得过于天真，原因是很多企业的文化氛围和领导环境都倾向于做出决定。

（4）没有证据表明正式的计划过程有助于取得成功。

（5）阻碍了战略思考。一经锁定，就不愿意对其进行质疑，这可能使企业的重点发生转移，即强调是否为了短期特定目标，而牺牲长远的环境发展。

（6）只基于目标、预算、战略和方案的层级结构，与大多数企业的实际情况不符。在许多复杂的战略决策中，以上的讨论并不全面。

二、应急方法

应急战略的最终目标并不明确，其构成要素是在战略的执行过程中逐渐形成的。应急方法主义者认为，管理者不能以抽象的、超脱的方式来观察和分析企业组织，因此无法预先制定战略。这种方法认为，理性主义者将战略分割为制定阶段和执行阶段是有问题的。战略的制定应该是让发生了的事情更有意义，是预计未来会发生什么事情的基础。应急方法的战略变化过程通常是零散的、直观的，有效的战略是逐步形成的并且具有时效性。

不过，也有人对应急方法提出质疑和批评，这些批评主要集中在如下几个方面。

（1）应急方法期望董事会成员简单放权，并让公司员工按照自己的愿望行事，这是完全不现实的想法。高层管理人员需要有统一的愿景，说明企业目标，并为之而努力，而不只是得过且过。

（2）应急方法缺乏必要的战略计划，不利于更好地分配团队资源。

（3）特定行业企业决策周期较长，已制定的决策必须被采用，否则企业将陷入混乱。

第三节　战略管理概述

一、战略管理的含义

"战略管理"一词最早是由伊戈尔·安索夫于1972年提出的，它是一种崭新的管理思想和管理模式。这种管理模式针对企业如何应对环境的恶化和动荡，如何应对竞争以及满足利益相关者的基本问题做出回应。

与运营管理相比，战略管理具有如下主要特点。

1. 战略管理是关于企业整体的管理

战略管理涉及企业的全局和整体，管理者需要跨越职能领域解决问题，仅有某一方面的知识和能力是不够的，需要有关它们相互关系以及共同发挥作用的知识。战略管理者需要与不同利益团体、不同工作职责的人进行协调，设法达成共识。而运营管理主要是职能性管理，仅凭某一领域的专长就可以发现并解决问题。

2. 战略管理需要管理和改变企业与外部的关系

战略管理强调与外部的竞争与合作，以及满足利益相关者的期望。企业的外部关系不同于内部关系，它们不在企业的控制范围内，而且获取有关信息比企业内部困难。而运营管理主要是管理企业内部的关系，相对比较单纯。

3.战略管理具有很大的不确定性和模糊性

战略管理强调适应环境、长远发展和资源整合,影响因素复杂、多变,不易预见和量化,管理者决策时,不可能做到完全有把握。而运营管理主要是处理常规事务,比较容易预见和量化。

4.战略管理涉及企业的变革

战略管理不是分析局面,而是改变现存状态,以适应变化的环境。战略管理是对变革的管理。由于企业和文化具有连贯性,变革经常进行。而运营管理主要是把事做好的态度。

战略管理的上述特点,决定了战略管理的复杂性,对于经营多种产品、地域分布广泛的企业更是如此。

二、战略管理的流程

一般来讲,战略管理流程包括企业战略的三个核心领域:战略分析、战略制定和战略实施(如图1-3所示)。

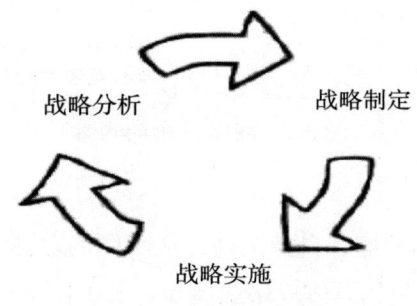

图1-3 战略管理流程

(一)战略分析

战略分析是整个战略管理流程的起点,对于企业制定何种战略起着至关重要的作用。战略分析涉及对外部环境、影响企业现状和将来发展的因素(包括经济和政治发展等)以及市场竞争的深度分析。除了外部影响因素以外,还要进行内部资源分析,目的是利用企业内部的技能和资源(包括人力资源、物质资源、财务资源以及利益相关者的预期等)来满足利益相关者的期望。最后一个要素是战略使命和目标与战略方向的匹配。这个分析过程被称为"战略定位"。

战略分析需要考虑许多方面的问题,主要是外部因素分析和内部因素分析(见图1-4)。

1.外部因素分析

外部因素分析包括宏观环境分析、产业环境分析和经营环境分析。环境的现状影响企业的价值创造，环境的变化会给企业带来机会与挑战。认识环境的变化对企业的影响，是制定战略的基础之一。环境的可变因素很多，逐一分析往往是不现实的，通常需要找出关键的影响因素进行分析。

2. 内部因素分析

内部因素分析也称资源与能力分析，包括内部资源分析、企业能力分析和核心竞争力分析。内部因素分析的目的是认清自身的优势和劣势，掌握战略选择的限制性因素。

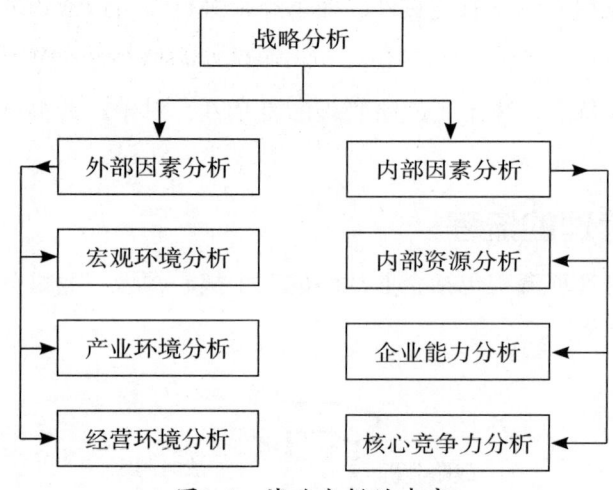

图1-4　战略分析的内容

（二）战略制定

战略制定是指根据外部环境、自身条件，从不同的总体战略和业务战略中选择适合自身的战略。战略制定通常包括总体战略选择和业务单位战略选择，如图1-5所示。

1. 总体战略选择

公司层面的战略选择包括成长型战略、稳定型战略和收缩型战略。成长型战略是以扩张经营范围或规模为导向的战略，包括一体化战略、多元化战略和密集型成长战略。稳定型战略是以巩固现有经营范围和规模为导向的战略，包括暂停战略、无变战略和维持利润战略。收缩型战略是以缩小经营规模或范围为导向的战略，包括扭转战略、剥离战略和清算战略。

2. 业务单位战略选择

业务单位层面的竞争战略，包括成本领先战略、产品差异化战略和细分市场的集中化战略三个基本类型。

战略选择的标准是：是否适合企业环境，是否符合利益相关者的预期，从企业的资源和能力上看是否切实可行。

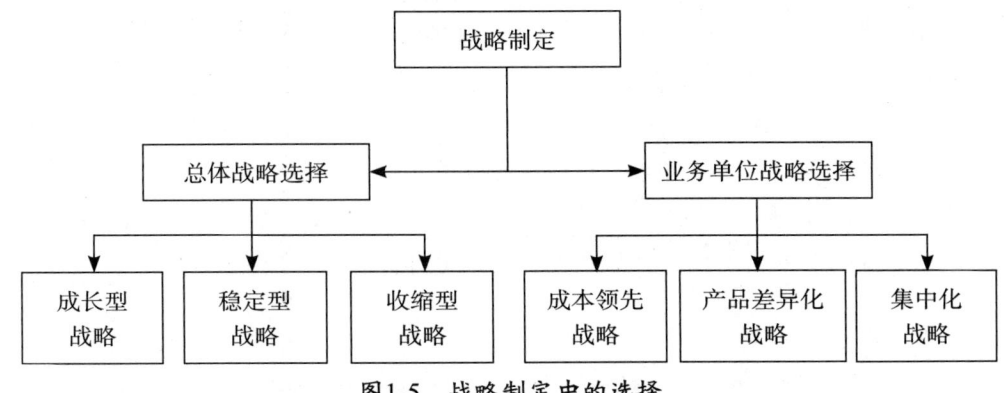

图1-5　战略制定中的选择

（三）战略实施

战略实施是指如何确保将战略转化为实践，其主要内容是组织调整资源、调动资源和实施管理变革，具体内容如图 1-6 所示。

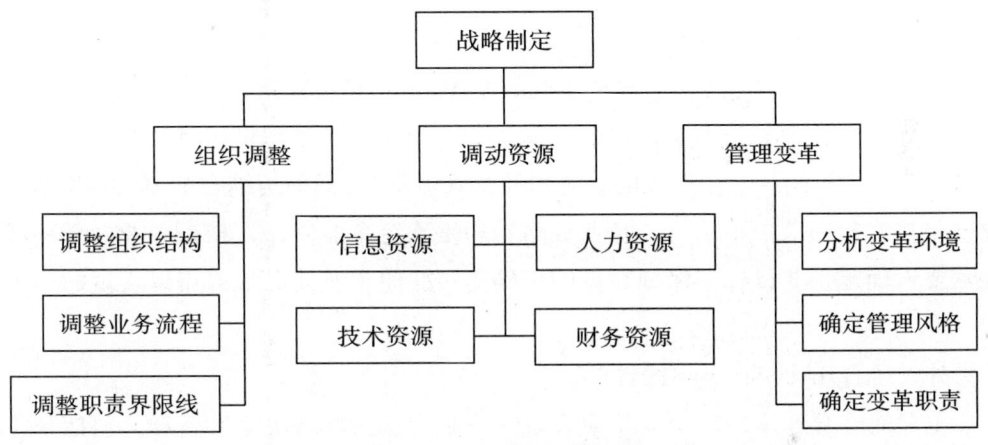

图1-6　战略实施的内容

1. 组织调整

企业组织应满足战略的要求，包括组织结构、工作流程、职责界限以及它们之间的相互关系。战略的变化要求企业组织进行相应调整，以创建支持企业成功运营的组织结构。这项工作的难题是要改变习惯的工作方式以及使不同文化背景的人们建立良好的工作关系。

2. 调动资源

调动企业不同领域的资源来适应新的战略，包括人力资源、财务资源、技术和信息资源，促进企业总体战略和业务单位战略的成功。

3. 管理变革

企业调整战略时，需要改变企业日常惯例，转变文化特征，克服各方阻力。为此需要：①分析变革环境，包括确定战略变革的性质（渐进与突变）、范围（转型与调整）、变革需要的时间、变革程度的大小、员工对变革的思想准备程度、资源满足程度、企业文化与战略的冲突、变革的推动力量和阻碍力量等；②根据变革环境的分析，确定变革的管理风格，包括教导、合作、干预、指令等备选类别；③根据变革环境的分析，确定变革的职责，包括战略领导和中层管理人员应当发挥的作用。

战略管理是一个循环过程，不是一次性的工作，而是要不断监督和评价战略的实施过程，修正原来的分析、实施和选择，而且不断循环。

第四节　企业战略管理

一、企业战略管理的概念与特点

（一）企业战略管理的概念

关于企业战略管理的定义有多种不同的表述，最初是由安索夫在其1976年出版的《从战略规划到战略管理》一书中提出的。他认为，企业战略管理是指将企业的日常业务决策同长期计划决策相结合而形成的一系列经营管理业务。而斯坦纳在他1982年出版的《企业政策与战略》一书中则认为，企业战略管理是确定企业使命，根据企业外部环境和内部经营要素确定企业目标，保证目标的正确落实并使企业使命最终得以实现的一个动态过程。

另外，还有几种较有影响的观点：

1. 企业战略管理是决定企业长期表现的一系列重大管理决策和行动，包括企业战略的制定、实施、评价和控制。

2. 企业战略管理是企业制定长期战略和执行这种战略的活动，以实现企业的宗旨和目标。

3. 企业战略管理是企业在处理自身与环境关系过程中实现其宗旨的过程。

以上各种表述的核心思想基本是一致的，都体现了战略管理的要义。结合我国战略管理实践及理论研究，笔者偏好如下定义：企业战略管理是指企业战略的分析与制定、评价与选择及实施与控制，以保证企业达到其战略目标的动态管理过程。这里有两点要加以说明：第一，战略管理不仅涉及战略的制定和规划，而且包含着将制定的战略付诸行动的管理，因此是全过程的管理；第二，战略管理不是静态的、一次性的管理，它是需要根据外部环境的变化、企业内部条件的改变以及战略执行结果的反馈信息等，重复进行新一轮战略管理的过程，是不间断的管理。

（二）企业战略管理的特点

战略管理是对企业最重要以及最高层次的管理，具有如下特点。

1. 战略管理具有全局性。企业的战略管理是以企业的全局为对象，根据企业发展的需要制定的。它所管理的是企业的总体活动，所追求的是企业的总体效果。这种管理也包括企业的局部活动，但是这些局部活动是作为总体活动的有机组成部分在战略管理中出现的。具体地说，战略管理不是强调企业某一事业部或某一职能部门的重要性，而是通过制定企业的战略使命、战略目标协调企业各部门的活动。在评价和控制过程中，战略管理重视的不是各个事业部或职能部门自身的表现，而是它们对实现企业使命、目标的贡献大小。这样也就使战略管理具有综合性和系统性的特点。

2. 战略管理具有长远性。战略管理中的战略决策是对企业未来较长时期内，就企业如何生存和发展等问题进行的统筹规划。虽然这种决策以企业外部环境和内部条件的当前情况为出发点，并且对企业当前的生产经营活动有指导、限制作用，但这一切是为了更长远地发展，是长期发展的起步。从这一点上说，战略管理也是面向未来的管理，战略决策要以经理人员所期望或预测将要发生的情况为基础。在迅速变化和竞争性的环境中，企业要取得成功必须对未来的变化采取适应性的态势，这就需要企业做出长期的战略计划。

3. 战略管理涉及企业大量资源的配置问题。企业的资源，包括人力资源、实体财产和资金，或者在企业内部进行调整，或者从企业外部来筹集。在任何情况下，战略决策都需要在相当长的一段时间内致力于一系列的活动，而实施这些活动需要有足量的资源作为基本保证。因此，为保证战略目标的实现，需要对企业的资源进行统筹规划、合理配置。

4. 战略管理的主体是企业的高层管理人员。由于战略决策涉及一个企业活动的各个方面，虽然它也需要企业中、下层管理者与全体员工的参与和支持，但企业的最高层管理人员介入战略决策是非常重要的。这不仅是由于他们能够统观企业全局，了解企业的全面情况，更重要的是他们具有对战略实施所需资源进行分配的权力。

5. 战略管理需要考虑企业外部环境中的诸多因素。现今的企业都存在于一个开放的系统中，它们影响着这些因素，但更通常的是受这些不能由企业自身控制的因素所影响。因此，在未来竞争性的环境中，企业要使自己占据有利地位并取得竞争优势，就必须考虑与其相关的因素，包括竞争者、顾客、资金供给者、政府等外部因素，以使企业的行为适应不断变化的外部力量，并能继续生存。

二、企业战略管理阶段

一个规范性的、全面的战略管理过程可大体分为四个阶段：战略环境分析、战略制定（选择）、战略实施与战略控制。

（一）战略环境分析

企业战略环境分为外部环境与内部环境两个方面，其中外部环境又可分为宏观环境（指社会、政治、经济、技术等因素）和经营环境（指企业经营的特定行业与竞争者状况等）。外部环境给企业带来一定的机遇和威胁，它是形成企业现状及其未来发展的外部条件；企业只能在外部环境的变化中求得生存与发展；企业内部环境指企业自身的资源及其经营管理系统的各个方面，如采购、研究与开发、产品制造、人员状况、销售、财务及过去所制定的目标、战略等。对这些方面的因素进行系统的分析与评价，可以了解企业的现状及其所存在的优势与弱点。

（二）战略制定

战略制定就是在对企业内部、外部环境综合分析的基础上，提出今后的中长期发展思路与方案。它包括明确企业的使命、目标与战略设想。

通常，对于一个跨行业经营的企业来说，它的战略决策应当解决以下两个基本的战略问题：一是企业的经营范围或战略经营领域，即规定企业从事生产经营活动的行业，明确企业的性质和所从事的事业，确定企业以什么样的产品或服务来满足哪类顾客的需求；二是企业在某一特定经营领域的竞争优势，即要确定企业提供的产品或服务，要在什么基础上取得超过竞争对手的优势。

一个企业可能会制定达成战略目标的多种战略方案，这就需要对每种方案进行鉴别和评价，以选择出适合企业自身的适宜方案。目前对战略的评价已有多种战略评价方法或战略管理工具，如波士顿矩阵法、通用电气公司的战略规划矩阵法、大战略集合模型等，这些方法已广泛地在西方跨行业经营的企业中得以应用。

（三）战略实施

战略制定以后，随之进入战略实施阶段。在此阶段，企业将要采取的步骤包括：调整组织结构、组织强有力的领导班子、制定有关职能战略、搞好资源分配、形成鼓舞士气的公司文化、订立有关企业的政策等。此外，对于战略实施过程中可能遇到的各种障碍，企业也必须设法加以克服。

（四）战略控制

这是企业对正在实施的战略进行监督调控，即将战略实际执行情况与预定标准相比，然后采取措施纠正偏离标准的误差。战略控制的目的是在问题变得严重之前就提醒企业高层管理者去解决，以保证各项战略能够顺利实施，最后达到预期目标。

三、企业战略管理的基本步骤

企业战略管理一般遵循以下几个步骤。

（一）企业外部环境分析

企业外部环境分析包括企业宏观环境分析与企业所处行业及其竞争对手分析。

1. 企业宏观环境分析

分析和预测宏观环境因素的变化，可以使企业战略管理者获得分析行业和企业的背景知识；宏观环境分析的目的是要确定影响行业和企业的关键因素，预测这些关键因素未来的变化以及这些变化对企业影响的程度、性质、机遇与威胁。

2. 企业所处行业及其竞争对手分析

主要分析行业竞争结构的五种因素的变化，分析竞争对手的实力、战略和行为模式，在此基础上确认企业所面临的直接竞争机会与威胁。

（二）企业内部条件分析

1. 企业价值链分析

主要分析企业内部在进货后勤、生产作业、发货后勤、营销及售后服务等基本活动中存在的优势及劣势，同时还要分析采购、技术开发、人力资源管理及企业基础职能管理等辅助活动。综合价值链的基本活动及辅助活动的分析，确认企业内部管理中存在的优势和劣势。

2. 企业资源、能力及核心竞争力分析

从与竞争对手的比较中，分析企业的竞争优势；从竞争优势的可保持性、独特性、延展性及其价值中，判断其核心竞争力；从核心竞争力与行业特点的匹配，判断企业是否需要具备新的核心竞争力或者进入相关行业。

将外部环境分析与企业内部条件分析两部分整合起来，与寻找有吸引力的行业相匹配，或者根据产业演化分析，重新进行产业创新。这些创新包括以下内容。

（1）竞争规则创新。现有产业的企业之间的游戏规则是由该产业领先者决定的，产业挑战者及跟随者只有设法改变产业的竞争规则，才有可能打破现有的竞争格局，成为产业的主动者。

（2）重划产业界限。新出现的产业界限往往难以划分，如计算机通信业，很难确定它是属于计算机产业还是属于通信产业。只有重新设计产业界限，企业才能认识并发现其竞争对手和合作伙伴，从而找出新的竞争空间。

（3）创造全新产业。通过顾客前瞻式思考，依靠企业核心能力，为顾客提供全新的产品或服务，从而创造一个全新产业，如个人电脑业崛起、沃尔玛商业超市连锁的导入。企业如能创造一个全新的产业，则该企业就能主导这个产业发展走向，决定该产业竞争规则，从而把握企业发展命运。

（三）确定企业的使命与愿景

企业使命与愿景是对企业存在意义及未来发展远景的陈述，除表明企业长期存在的合法性及合理性外，还要与所有者和企业主要利益相关者价值观一致。它应富有想象，对企业员工有很强的感召力，得到社会公众认可，并用简明精练的语言来表达。

（四）确定企业战略目标

企业战略目标通常是与企业使命与愿景相一致的、对企业发展方向的具体陈述。一般情况下，它是定量的描述。企业战略具体目标应尽量是数量化的指标，如某企业集团到2025年营业收入要达到500亿元，这就是一个战略目标。企业数量化指标便于分解落实、便于检查，并能调动员工的积极性为实现目标而努力奋斗。

（五）企业战略方案的评价与选择

企业高层领导在作战略决策时，应要求战略制订人员尽可能多地列出可供选择的方案。不要只考虑那些比较明显的方案，因为战略涉及的因素非常多，有些因素的影响往往不太明显。因此，在战略选择过程中形成多种战略方案是战略评价与选择的前提。

高层管理人员要对每个战略方案按一定标准逐一进行分析研究，以决定哪一种方案最有助于实现战略目标。战略评估过程要坚持三条基本原则，即适用性、可行性及可接受性。既要使企业资源和能力能够支持战略方案的实现，同时也要使外界环境的限制条件在可接受的限度内，并为企业的员工所接受。选择可行的战略并不完全是理性推理的过程，更为重要的是要取决于管理者对风险的态度、企业文化及价值观的影响、利益相关者的期望、企业内部的权力及政治关系等。因此，战略选择的过程是对各种方案进行比较权衡，进而决定一个较为满意的方案的过程。

（六）确定企业职能部门战略

根据前述确定的企业战略，进一步具体化企业职能部门战略，如市场营销战略、人力资源开发与管理战略、财务管理战略等，要求各职能部门战略与企业战略保持一致，这样才能使企业总战略真正落实。

（七）企业战略的实施与控制

为实施战略要建立起贯彻实施战略的组织机构、建立内部支持系统，并重新配置资源，发挥好领导作用，使组织机构、企业文化均能与企业战略相匹配，处理好企业内部各方面的关系，动员全体员工投入到战略实施中来，以保证实现战略目标。

第五节　企业战略管理思想演进与理论流派

一、企业战略管理思想演进

战略的概念与思想自被引入经济管理活动之后，其自身也经历了一个发展和演变的过程。我们可以把战略管理思想的发展和演变大致划分为以下四个阶段。

（一）早期的战略管理思想（20世纪30年代末至60年代末）

1938年，管理学家巴纳德在其《经理的职能》一书中，对有关影响企业经营的各种因素进行了分析。他在分析中提出了战略因素的构想，对探索企业经营战略的含义做出了贡献。后来，冯·诺伊曼和摩根斯顿在他们所著的《博弈论与经济行为》（1947）一书中也涉及战略研究，并给企业战略下了一个非正式的定义。

1962年，美国著名管理学家钱德勒的《战略与结构：工业企业史的考证》一书问世，揭开了现代战略管理研究的序幕。在这部著作中，他首次分析了"环境—战略—组织结构"之间的相互关系，认为企业经营战略应当适应环境、满足市场需要，而组织结构又必须适应企业战略，因战略变化而变化，即"结构追随战略"。

1965年，安索夫出版了《公司战略》一书，对企业发展的基本原理、理论和程序进行了研究，并认为战略构造是一个有控制、有意识的正式计划过程，因而企业高层的任务是制订和实施战略计划。

这一时期，战略管理的理论方法，如企业外部环境的预测对企业战略的影响、环境适应性调整方法、运筹学方法、组合分析技术、预测技术方法等都被提出并加以实际运用。

（二）战略管理研究框架的基本成型期（20世纪70年代）

1971年，哈佛商学院的安德鲁斯在其《公司战略概念》一书中研究了公司的战略思想问题，提出了制定与实施公司战略的两阶段基本战略管理模式，并将战略定义为公司能够做的（组织优势和劣势）与可能做的（环境机会与威胁）之间的匹配，提出了制定战略过程中的SWOT分析框架。1979年，安德鲁斯又出版了《战略管理》一书，进一步系统地提出了战略管理模式。

同期的安索夫在1972年的《企业经营政策》杂志上发表了《战略管理思想》一文，正式提出了"战略管理"的概念，为后来战略管理理论的发展奠定了基础。1976年，他发表了《从战略计划走向战略管理》，安索夫认为，企业战略行为是一个组织对其环境的反应过程以及由此而引起的组织内部结构变化的过程。他提出了较有新意的三个战略管理观点，即环境服务组织、战略追随结构以及战略管理是一个开放系统。从这些资料可以看出，安索夫是较为正式和系统地提出战略管理思想的学者。这一时期，较有影响的还有霍弗的《战略制定》（1978）和克里兰等人的《战略规划与政策》（1978），这些思想代表了战略管理理论由理论向实用的发展。

（三）反思与争鸣时期的战略管理思想（20世纪80年代初至90年代初）

尽管在20世纪70年代末战略管理的分析框架已经基本奠定，但如何实现各方的有效匹配以及如何制定竞争战略、获取竞争优势等问题却很少有人研究。原因在于，80年代以前，企业只要运用这种战略管理进行经营，就能实现企业目标，就足以满足市场竞争的需要，竞争战略与竞争优势的重要性还没有凸显出来。但从80年代开始，市场的竞争环境又发生了急剧的变化，这些问题迫切需要有人去研究。第一个在这方面获得重大突破的是哈佛商学院的教授波特。他于1980年出版的《竞争战略：产业和竞争者分析技术》以及1985年出版的《竞争优势》两本专著，被认为是竞争战略及其管理思想的开山之作。波特的理论建立在产业组织经济学的"结构—行为—绩效"这一范式上，认为产业结构决定了产业内的竞争状态，并决定了企业的行为及其战略，从而最终决定企业的绩效。因此，其战略管理思想的基本点是对产业结构的分析。为此他提出了用于产业结构分析的五种竞争力量模型，认为五种竞争力量（进入威胁、替代威胁、买方议价能力、供方议价能力和现有竞争对手的竞争）决定了一个产业的结构，并决定了该产业的平均利润率。同时，也影响了单个公司的营利性：企业的竞争战略本质在于选择正确的产业和比竞争对手更深刻地认识五种竞争力的作用。

在产业分析的基础上，波特提出了三种基本竞争战略：总成本领先战略、特色经营或产品差异化竞争战略、目标集聚战略，这三种战略为企业战略理论与实践提供了最基本的模式。

20世纪80年代中后期开始，以哈默尔、普拉哈拉德、斯多克、伊·万斯等人为代表的核心竞争力与核心能力观得到理论界的青睐，战略管理思想转向了能力学派，即从企业外部转向了企业内部。能力观强调组织内部的技能和集体学习以及对它们的管理技能，认为竞争优势的根源在于组织内部，新战略的实施受到公司现有资源的约束。

从20世纪80年代中期开始，并经过80年代末90年代初的长足发展，战略管理思想中出现了以柯林斯、蒙哥马利、福克纳和鲍曼等人为代表的资源学派。与能力观一样，资源观承认公司特别资源与竞争力的重要性，也承认产业分析的重要作用，认为企业能力只有在产业竞争环境中才能体现其重要性。它认为能力与资源作为企业竞争地位的核心，要充分考虑需求、稀缺性、适宜性等要素。

（四）各流派融合期的战略管理思想（20世纪90年代以来）

进入20世纪90年代以来，互联网、电子商务的迅速发展，正从根本上改变企业的竞争环境与竞争方式，战略管理思想各个流派之间的界限越来越模糊，互相取长补短，趋向融合，分析问题都趋向全面化。然而在这一时期，有两个战略管理思想流派值得关注，即战略联盟观与基于信息技术的战略管理思想。

战略联盟的概念最早是由美国 DEC 公司总裁霍普兰德和管理学家奈格尔提出的，意指由两个或两个以上对等经营实力的企业（或特定事业和职能部门），为达到共同拥有市场、共同使用资源等战略目标，通过各种协议、契约而结成的优势相长、风险共担、要素双向或多向流动的松散型网络组织。战略联盟多为长期性联合与合作，是自发的、非强制的，联盟各方仍旧保持原有企业管理的独立性和完整自主的经营权。

可将战略联盟观的思想归结为："制定战略—实施战略—竞争合作—竞争优势—业绩"，即企业通过制定和实施战略，实现竞争合作，赢得竞争优势，取得经营业绩。

基于信息技术的战略管理思想主张通过利用信息技术或建立战略信息系统实现企业竞争战略，获得竞争优势，以实现企业的使命和目标。它不同于简单地认为在战略管理中运用信息技术及建立信息系统的观点，因为后者常常将信息技术与信息系统当作战略管理的工具与资源之一，对信息技术与信息系统的重视程度远远没有从战略角度上体现出来，而前者则是视信息技术与信息系统为竞争取胜的法宝与武器。基于信息技术的战略管理思想认为信息技术及信息系统与产业结构、核心能力、资源具有至少同等的重要性，而且不依附于它们。

这一战略管理思想也有较有影响力的代表与著作。比如，美国学者惠兹曼于 1988 年出版了《战略信息系统》一书，首次系统地探讨了战略信息系统的概念，引起了世界性的广泛关注与研究。他认为：一个成功的战略信息系统是指运用信息技术来支持或体现企业竞争战略和企业计划，使企业获得或维持竞争优势，或削弱对手的竞争优势。这种"进攻—反攻"形式表现在各种竞争力量的比较之中（如企业与供应方、配销渠道、顾客或直接对手之间为不同目的而展开的竞争），而信息技术的应用可以影响竞争的平衡。伊菲的《信息技术中的战略管理》（1994）与卡隆的《信息技术与竞争优势》（1996）则较为全面地体现了基于信息技术的战略管理思想。

二、企业战略管理理论流派

企业战略管理理论经过几十年的发展形成了许多不同的观点和主张，形成了多种不同的学派。

（一）设计学派（Design School）

该学派将战略形成看作一个概念作用的过程。这一学派的观点始出于塞尔兹尼克，发展于钱德勒，后由安德鲁斯做出了精确的界定。钱德勒在其所著的《战略与结构》一书中指出，企业的经营战略要适应环境的变化，企业的组织结构也必须随企业战略的变化而改变。安德鲁斯认为，战略形成过程实际上是把企业内部条件因素与企业外部环境因素进行匹配的过程。这种匹配能够使企业内部的强项和弱项与企业外部的机会和威胁相协调，并由此建立了著名的 SWOT（Strength, Weakness, Opportunity and Threat）战略模型。

设计学派认为,企业战略的形成必须由企业高层经理负责,而且战略的形成应当是一个精心设计的过程,它既不是直觉思维的过程,也不是一个规范分析的过程;战略应当清晰、简明,易于理解和贯彻。简单地说,设计学派就是设计战略制定的模型,以寻求内部能力和外部环境的匹配。"确定匹配"是设计学派的座右铭。

(二)计划学派(Planning School)

该学派将战略形成看作一个正式规范的过程。计划学派的产生几乎与设计学派同时,以安索夫于1965年出版《公司战略》一书为标志。安索夫提出,战略应当包括四个构成要素(前面已介绍)。计划学派认为,战略的形成是一个受到控制的、有意识的、规范化的过程,原则上主要由领导承担整个制定过程的责任,但在实践中则由计划人员负责实施。因此,企业战略应当详细、具体,包括企业目标、资金预算、执行步骤等实施计划,以保证企业战略顺利实现。安索夫认为,战略行为是对其环境的适应过程以及由此而导致的企业内部结构变化的过程。

(三)定位学派(Positioning School)

该学派将战略形成看作一个分析研究的过程。这一学派的观点流行于20世纪80年代。1980年,迈克尔·波特明确提出企业在考虑战略时必须将企业与所处的环境相联系,而行业是企业经营最直接的环境,每个行业的结构又决定了企业的竞争范围,从而决定了企业的潜在利润水平。企业在制定战略的过程中必须做好两个方面的工作:一是企业所处行业的结构分析;二是企业在行业内的相对竞争地位分析。通过这些分析,就可以大大减少企业主之间由于程式化的产业结构分析而带来的定位趋同,并降低企业之间竞争的强度。因此,从这个意义上说,企业战略制定人员应该是分析家,其首要任务是选择利润潜力比较大的行业。定位学派中最为突出的是一个简单的,但具有革命性的观点,即只有少数的关键战略在某一既定的行业被重视和符合要求,这些战略可以用来防御现存的和潜在的竞争对手,定位学派把这种逻辑运用到各个行业中,最后得出基本的总体战略是有限的,并将它们称之为通用战略(Generic Strategies)。但是设计学派和计划学派均认为,在既定的环境中,可能实现的战略有多种,设计学派提倡把战略看作是观念,并且鼓励对战略进行创造性设计,而定位学派看重的是战略的通用性。

(四)企业家学派(Entrepreneurial School)

该学派将战略形成看作一个充满幻想的过程。企业家学派因其显著不同的研究角度和研究内容而获得了独特的地位。与设计学派极为相似的是,企业家学派研究的侧重点是企业高层管理者,但与设计学派不同和与计划学派完全相反的是,它从根本上认为战略形成过程是一个直觉思维、寻找灵感的过程。这就使得战略从精妙的设计、周密的计划或者准确的定位转而变为某种隐约可见的"愿景",认为企业战略主要应该关注以下一些方面的问题：企业产生、企业生存与发展以及企业在竞争力量主导下的转变。因此，企业必须有一个极富创新精神的领导，由他来提出有关这方面问题的创意。而且，企业家学派认为，企业领导者应当紧密控制实现他通过直觉思维所形成的"愿景"的过程。

（五）认知学派（Cognitive School）

该学派将战略形成看作一个心理过程，认为企业战略制定不仅是一个理性思维的过程，而且包括非理性思维的过程，面对大量真假难辨的信息、数据和有限时间的限制，非理性思维在战略决策中可以发挥更大的作用。不同的战略家对客观事物的认识也不同，对同一种企业会形成不同的战略：认知学派认为，战略家很大程度上是自学成才的，他们主要是通过直接经验来形成自己的知识结构和思考过程。经验决定了他们的知识，而知识又决定了他们的行为，进而决定着后来的经验。这种二元性导致该学派产生了两个截然不同的分支：一派倾向于实证主义，认为战略的形成是基于处理信息、获得知识和建立概念的认知过程——其中后者是战略产生的最直接、最重要因素，而在哪一阶段取得进展并不重要。另一派认为所有的认识都是主观的，他们接受了战略形成过程的更加具有主观解释性的或结构主义者的观点，即认知是通过对企业组织的内外环境条件的理解，借助于所掌握的方法和手段，来构造具有创造性解释功能的战略，而不是用更客观或更不客观的方法来简单地描绘实际上已被扭曲了的事实。明兹伯格认为，该学派是沟通较为客观的设计、计划、定位和企业家学派与较为主观的学习、权利、环境和结构学派的一座桥梁。

（六）学习学派（Learning School）

学习学派与以往学派的不同之处在于，它认为战略是通过渐进学习自然选择形成的，可以在组织上下出现，并且战略的形成与贯彻是相互交织在一起的。该学派最有影响力的著作是奎因于1980年出版的《应变战略：逻辑渐进主义》和圣吉于1990年出版的《第五项修炼》。该学派认为，组织环境具有的复杂和难以预测的特性，经常伴随着对战略而言不可或缺的知识库的传播，同时排斥有意识的控制，战略的制定首先必须采取不断学习的过程形式。在这一过程中，战略制定和实施的界限变得不可辨别。学习学派突出学习过程，对处于复杂环境下的企业来说尤其重要。在这些企业中，制定战略所需要的知识广泛分布于组织内的各个部门，不可能集中到某一个中心，甚至对企业优势和劣势的确定也需要通过逐渐的学习来完成。

（七）权力学派（Power School）

该学派将战略看作一个协商的过程，认为企业内外存在着各种正式和非正式的利益团体，他们会用各自的权力对企业战略施加影响，战略的形成是一个权力谈判及平衡的过程。权力学派大体上有两种不同的观点。微观权力观把企业组织的战略制定看作一种实质上的政治活动，是组织内部各种正式和非正式利益团体运用权力，施加影响，进行讨价还价、游说、妥协，最后在各派权力之间达成一致的过程。宏观权力观则把组织看作一个整体——运用其力量作用于其他各种相关的利益团体，包括竞争者、同盟者、合作者以及其他涉及企业战略利益的网络关系等。因此，权力学派认为，战略制定不仅要注意行业环境、竞争力量等经济因素，而且要注意利益团体、权力分享等政治因素。

（八）文化学派（Cultural School）

文化学派认为，战略形成是建立在组织成员共同信念和理解基础之上的社会交互过程。个人通过文化适应过程或社会化过程来获得这些信念，这个过程虽然有时也通过较为正规的教导来强化，但大多为潜移默化而非语言文字的形式。文化学派的主要观点有：战略制定过程是集体行为过程，建立在由组织成员共同拥有的信仰和价值观上；战略采取了观念的形式，以组织成员的意愿为基础，表现为有意识的行为方式；由于存在共同的信仰，组织内的协调和控制基本上是规范的；文化鼓励维持现有的战略，反对进行战略变革，即使是战略的变化也一定不会超出或违背企业的总体战略观点和现存文化。文化学派的观点在解释许多企业在同等条件下的经营行为和经营业绩存在很大差异方面，具有很强的说服力。一些企业之所以能够在激烈的市场竞争中立于不败之地，并获得长足发展，可以归结于企业文化的作用。

（九）环境学派（Environmental School）

该学派将战略形成看作一个反应的过程。在这一学派中，有两种不同的发展方向。一种称作"权变理论"，它侧重于研究企业在特别环境条件下和面临有限的战略选择时所做的预期反应。权变理论要求企业必须发挥主观能动性，因为企业可以在一定的环境条件下，对环境的变化采取相应的对策以影响和作用于环境，争取企业经营的主动权。另一种称作"规制理论"，它强调的是企业必须适应环境，因为企业所处的环境往往是企业难以把握和控制的，因而企业战略的制定必须充分考虑环境的变化，了解和掌握环境变化的特点，只有如此，企业才能在适应环境的过程中找到自己的生存空间，并获得进一步的发展。

（十）结构学派（Configuration School）

该学派将战略形成看作一个变革的过程。前面各学派的内容综合在一起就成了结构学派的内容，但它却运用了自己的独特视角。结构学派与其他各学派的一个根本区别就是：它提供了一种调和的可能，一种对其他学派进行综合的方式。这一学派有两个主要方面：一方面把组织和组织周围环境的状态描述为结构；另一方面把战略形成过程描述为转变。如果说结构是一种存在状态，那么，战略制定就是从一个状态到另一个状态的飞跃过程。换句话说，转变是结构的必然结果。

（十一）能力学派（Ability School）

该学派将战略形成看作核心能力的培育、开发的过程。1990年，普拉哈拉德和加里·哈默尔在《哈佛商业评论》上发表了《企业核心能力》一文。其后，越来越多的研究人员开始投入企业核心能力理论的研究。所谓核心能力，就是企业的所有能力中最核心、最根本的部分，它可以通过向外辐射，作用于其他各种能力，影响着其他能力的发挥和效果。一般说来，核心能力具有如下特征：①核心能力可以使企业进入相关市场参与竞争；②核心能力能够使企业具有一定程度的竞争优势；③核心能力应当不会轻易被竞争对手所模仿。

能力学派认为，现代市场竞争与其说是基于产品的竞争，不如说是基于核心能力的竞争。企业的经营能否成功，已经不再取决于企业的产品、市场的结构，而取决于其行为反应能力，即对市场趋势的预测和对变化中的顾客需求的快速反应，因此，企业战略的目标就在于识别和开发竞争对手难以模仿的核心能力。只有具备这种核心能力，企业才能很快适应迅速变化的市场，满足顾客的需求，才能在顾客心目中将企业与竞争对手区分开来。另外，企业要获得和保持持续的竞争优势，就必须在核心能力、核心产品和最终产品三个层面上参与竞争。在核心能力层面上，企业的目标应是在产品性能的特殊设计与开发方面建立领导地位，以保证企业在产品制造和销售方面的独特优势。

（十二）资源学派（Resource School）

该学派将战略形成看作发掘资源优势的过程。资源学派认为，每个组织都是独特的资源和能力的结合体，这一结合体形成了企业竞争战略的基础。因此，企业竞争战略的选择必须最大限度地有利于培植和发展企业的战略资源，战略管理的主要工作就是培植和发展企业对自身拥有的战略资源的独特运用能力，即核心能力。而核心能力的形成需要企业不断地积累战略制定所需的各种资源，需要企业不断学习、不断创新、不断超越。只有在核心能力达到一定水平后，企业才能通过一系列组合和整合，形成自己独特的、不易被人模仿、替代和占有的战略资源，才能获得和保持持续的竞争优势。

资源学派认为，资源与能力作为企业竞争地位的核心，要综合考虑三方面因素，即需求（是否满足顾客需求，是否具有竞争领先优势结构分析）、稀缺性（是可模仿的、可替代的，还是可持久的——企业核心能力）、适宜性（谁拥有利润）。柯林斯和蒙哥马利认为，资源价值的评估不能局限于企业自身，而要将企业的资源置于其所面对的产业环境，并通过与其竞争对手所拥有的资源进行比较，从而判断其优势和劣势。他们提出了资源价值评估的五项标准。在柯林斯和蒙哥马利研究的基础上，英国学者福克纳和鲍曼两人进一步拓展了资源观导向的竞争战略理论体系和分析模式，创造性地提出了"顾客矩阵"与"生产者矩阵"的分析工具。

资源观的战略管理思想是："产业环境分析、内部资源分析—制定竞争战略—实施战略—建立与产业环境相匹配的核心能力—竞争优势—业绩",即分析产业环境、内部环境,比较与竞争对手的资源优势,通过竞争战略的制定和实施建立与产业环境相匹配的核心能力,从而获得竞争优势。

第二章　企业战略管理

第一节　企业战略管理的特点

一、企业战略的概念和特点

（一）企业战略的概念

战略作为一个军事概念，已是相当古老的事了。但是，"战略"一词被运用于经济和社会领域，还是一个新颖的概念。"战略"一词与企业联系在一起并得到广泛应用的时间并不长，最初出现在西方经营学者巴纳德的《经理的职能》一书中，以说明企业组织决策机制，从企业的各种要素中产生了"战略"因素的构想。企业战略得到广泛的应用是从1965年美国经济学家安索夫的著作《公司战略》问世，并广泛应用于企业、经济、教育和科研等领域后开始的。

什么是企业战略？在西方战略管理文献中没有统一的定义，不同的学者与管理人员赋予企业战略以不同的含义。有的认为，企业战略应包括企业的目的与目标，即广义的企业战略；有的则认为企业战略不应包括这一内容，即狭义的企业战略。

企业战略是一个企业对外部环境充分把握，清楚认识自身的业务能力和可利用资源，在此基础上做出的关于企业未来定位、走向和结构的谋略与规划。战略的制定过程是对环境变迁的反应，是企业把握环境机遇，避免环境变化带来的威胁的趋利避害，寻求企业成长的过程。

通过对企业战略的分析，应该这样理解：企业生存的理由在于企业能够提供消费者所需的产品与服务，而不是即使做得很好但消费者已经不再需要的产品与服务。我们生活在一个技术飞速发展，社会生活方式、需求结构与消费结构都在不断变化的时代。企业必须不断改变自己，动态去适应时代的变革，把事情做好。

（二）企业战略的特点

1. 质变性

企业战略是战略管理者在把握外部环境本质或根本性变化的基础上做出的方向性决策。它不是企业对环境变化的应急反应，也不是以各种经济指标或财务数据为基础的逻辑推理的产物，而是对企业经营活动做出的具有质变性的决策，其目的是要创造未来。

2. 全局性

企业战略是对企业各项经营活动整体的规划。它是以企业的全局为研究对象来确定企业的总体目标，规定企业的总行动，追求企业的总效益。它不是各项活动的简单汇总，而是在综合平衡的基础上，确定优先发展的项目，权衡风险大小，实现企业整体结构和效益的优化。这是企业战略的基本特征。

3. 方向性

企业战略规定着企业未来在一定时期内的基本方向，企业短期的经营活动都应在这一基本方向的指导下进行，并对战略的实施提供保证。企业战略不是对经营活动或外部环境短期波动做出的反应，也不是对日常经营活动（如产量、质量、生产成本、竞争者的价格等）做出的反应。战略关心的是"船只航行的方向，而不是眼下遇到的波浪"。

4. 竞争性

企业战略的核心内容之一是要变革自身的经营结构，形成差别优势，以奠定未来竞争的基础。同时，企业战略不仅具有主动适应未来环境变化的功能，而且具有改造未来环境的功能。在这方面能力越强，未来的竞争力也就越强，即战略具有创造性和革新性。

5. 稳定性

依照科学程序制定的企业战略，一般不便轻易调整。对于战略实施过程中出现的多种不确定因素，一般只通过调整具体的战术或策略来解决。

（三）企业战略应解决的问题

1. 发展方向

发展方向是指由企业宗旨或使命所决定的，未来的产品结构和目标市场的发展方向，也称为企业未来的经营范围或经营领域。经营领域就是企业的生产领域和市场领域的组合。其中，市场领域可以是整体市场，也可以是细分市场，如图 2-1 所示。

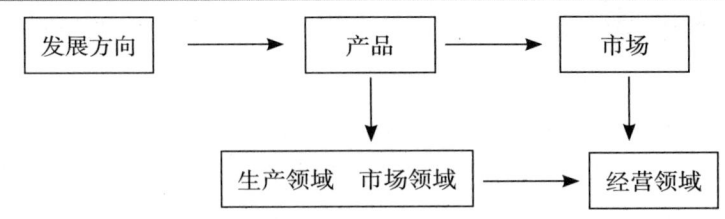

图2-1 企业的发展方向与经营领域

2. 经营结构

经营结构是指由企业的使命和经营领域所决定的各种资源和能力的配置状况，可分为软结构和硬结构两类。前者指企业的价值观念、经营思想、企业文化、公共关系等的组合，后者指企业的各种经济资源结构、生产技术结构和组织结构。所以，经营结构实质上反映了企业在一定价值观念和经营思想的指导下，围绕所从事的经营领域采取的资源配置状况。

从以上两个方面，也可以把企业战略理解为：企业根据环境和竞争形势的变化，做出的关于企业未来所要从事的经营领域及投入这些领域的方式和强度的决策和行动的总称。

二、企业战略的构成要素

（一）企业的使命和目标

每个企业从建立开始，就应该承担相应的责任并履行相应的使命。企业使命是指企业区别于其他类型组织而存在的原因或目的，它不是企业经营活动具体结果的表述，而是为企业提供一种原则、方向和哲学。

1. 企业宗旨

企业宗旨（或称为企业使命）是关于企业存在的目的或对社会发展的某一方面应做出的贡献的陈述。它不仅要陈述企业未来的任务，而且要阐明为什么要完成这些任务的原因，以及完成任务的行为规范是什么。尽管企业的宗旨陈述在各个企业中是千差万别的，但它必须回答两个基本问题：一是我们这个企业是做什么和按什么原则做的；二是我们这个企业应该树立什么样的社会形象，以区别于其他同类企业。

企业宗旨的陈述应包括以下三个方面的基本内容。

（1）企业形成和存在的根本目的。这一内容提出了企业的价值观念，即企业的基本责任和期望在某方面对社会做出的贡献。企业生存目的的定位应说明企业要满足顾客的某种需求。决定企业经营什么的是顾客，只有顾客愿意购买企业的产品，企业才能将资源变为财富。顾客所购买的并不是产品本身，而是产品所提供的效用，这种效用能满足他们的某种需要，所以顾客是企业存在的基础和生存的理由。在此基础上，企业才能不断开发新技术和新产品，使企业在不断的创新中得到发展。

（2）为实现基本目的应从事的经营活动范围。这一内容说明企业属于什么特定行业和领域。为了清晰地表达企业的共同经营主线，其经营活动范围常常需要分行业描述。这一内容影响着企业在战略期的生产范围和市场。

（3）企业在经营活动中的基本行为规范和原则。这一内容阐明企业的经营思想，它主要是通过企业对外界环境和内部条件的认识和态度来体现的。对外可以包括企业处理与顾客、社区、政府等关系的指导思想；对内包括企业对其投资者、员工及其他资源的基本观念。一般来说，企业的这种经营哲学与经营观念由于受文化的影响具有较大的共性；同时，不同国家的企业在管理理念上也表现出鲜明的差异性。

在实践过程中，很多企业家和学者将企业宗旨的陈述看成企业战略的重要组成部分。这是因为：首先，它可以明确提出企业的价值标准，确保企业内部对企业的目的和实现目的的行动达成共识。其次，为企业战略管理者确定战略目标、选择战略、制定政策、有效利用资源等提供方向性的指导。企业的目的是一个无时间限制的、永恒的方向性概念，而目标则是一定期限内应达到的水平。最后，据此可树立区别于其他企业的企业形象，因为它反映了企业处理自身与各方面关系的观点和态度。

2. 企业目标

企业目标是企业战略构成的基本内容，主要表明企业在实现其使命过程中所要达到的长期结果。由于它涉及企业长期的、整体的发展及应达到的水平，所以比起近期经营目标更为全面、更为复杂。为了保证实现企业的长期基本目标，必然要求企业在产品、市场及内部经营结构和生产率等方面都应达到相应的水平。

（二）经营范围

经营范围是指企业从事生产经营活动的范围，是产品领域和市场领域的集合，所以又被称为经营领域，它反映了企业与外部环境相互作用的程度。企业应该根据自己所处的行业、自己的产品和市场来确定自己的经营范围，只有将产品与市场相结合，才能真正形成企业的经营业务。

确定或描述企业的经营领域一般有三种形式：从生产的产品的角度进行描述，从进入市场的角度进行描述，从生产的产品和进入的市场相结合的角度进行描述。

确定企业的经营范围，应当反映企业任务或战略意图。所以，应解决以下三个方面的问题：企业应从事何种业务？应集中于何种顾客需求或细分市场？企业的长期战略意图是什么？

（三）竞争优势

竞争优势是指企业在所从事的经营领域中与竞争对手相比时，强于竞争对手的市场地位。寻求和确立企业在各领域中起主导作用的重点，创造相对优势，并通过重点集中产生放大效应，形成可持续发展的局面，这就要求战略管理者要仔细考察和分析企业每一项经营业务的市场机会，以及与竞争对手相比所拥有的独特能力。这里，具体应考虑以下几个方面的问题：企业如何达到期望的目标增长水平？能否通过扩展现有重点业务，达到期望的增长？能否通过使业务多样化达到将来的增长目标？

（四）资源配置

从经济学的观点来看，资源是有限的或短缺的，而需求则是无限的。从宏观上看，资源配置就是指社会在不同的部门和企业之间，以经济有效运行为原则所进行的社会资源的分配与组合，并对经济资源要素在各种可能的生产用途之间做出合理的选择，以获得最佳效益的过程。资源的有效性和需求的无限性，是人类社会发展中面临的最直接的问题。

企业的资源配置是指企业根据战略期所从事的经营领域以及确立竞争优势的要求，对其所掌握的各种经济资源在质和量上的分配。其目的是形成战略所需要的经营结构或战略体系。具体来说，应考虑以下问题：企业如何在各业务（领域）之间分配其有限的资源，以获取最高的回报？就每项业务的各种可能选择战略而言，哪种战略能带来最大的投资回报？如何有效地解决资源短缺问题？

（五）增长向量

增长向量说明企业的成长方向，主要表明企业从原有产品与市场组合向未来产品与市场组合移动的方向，如表2-1所示。

企业根据所处环境与自身实力的分析判断，可以选取表2-1中9个发展方向中的任意1个。在表2-1中，既有在一个行业发展的方向，也有跨行业甚至多个行业发展的方向，越偏向右下方，难度和风险越大，但是其发展速度可能越快。

表2-1　企业增长的向量矩阵

	原有产品	相关产品	全新产品
原有市场	市场渗透	产品发展	产品革新
相关市场	市场开拓	多元化	产品发明
全新市场	市场转移	市场创作	创新发展

（六）协同作用

协同作用，是指企业各经营领域之间联合作用所产生的整体效果大于各自单独进行时效果之和的效应，即整体大于部分之和的效应。

协同作用是衡量企业新产品与市场项目的一种变量。如果企业的共同经营主线是进攻型的，该项目就应该运用企业最重要的要素，如销售网络、技术等；如果经营主线是防御型的，该新项目则要提供企业所缺少的关键要素。同时，协同作用在选择多元化经营战略上，也是一个关键变量。

综合来看，以上六个企业战略构成要素更深层的意义还在于企业应考虑如何寻求获利能力。企业宗旨指明了企业发展的方向，经营范围确定了企业获利能力的范围，竞争优势指出了企业获取机会的特征，资源配置确定了企业各种经济资源的合理配置，增长向量指出了企业经营领域扩展的方向，利用协同作用来挖掘企业总体获利能力的潜力，它们之间相辅相成，共同构成企业战略的内核。

三、企业战略的层次

对于一个典型的现代企业，其战略一般包括公司总体战略、经营单位战略（事业部战略）和职能战略。相应地，企业战略管理也可以划分为公司战略管理、经营单位（事业部）战略管理和职能战略管理三个层次，如图2-2所示。

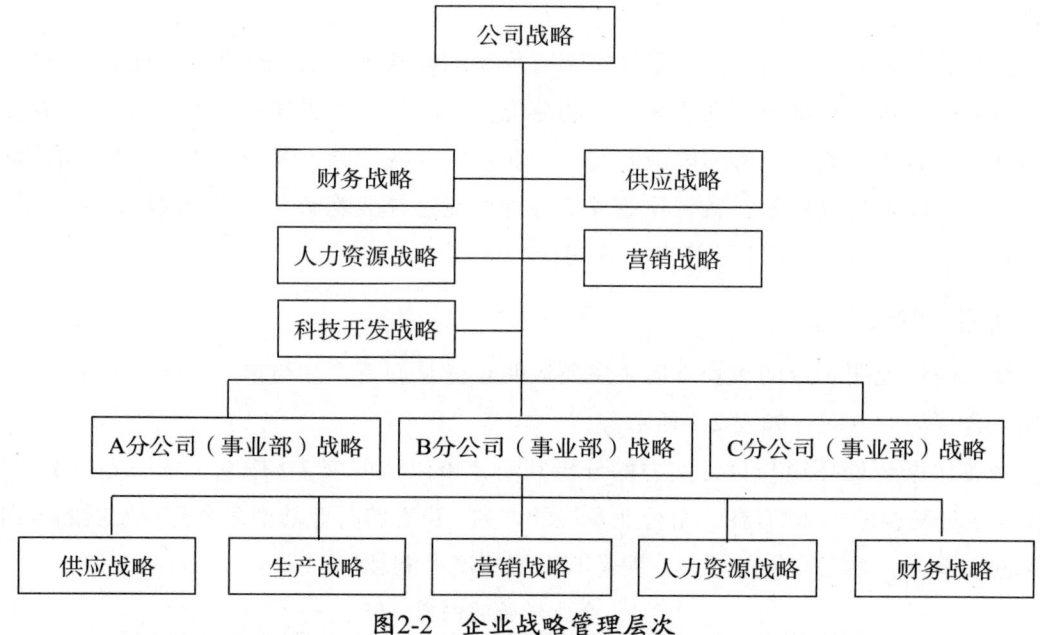

图2-2 企业战略管理层次

（一）公司总体战略

公司总体战略的研究对象是一个由相对独立的业务或战略经营单位组合而成的整体。这一层次的战略是一个企业整体战略的总纲，是企业最高管理层指导和控制企业一切行为的最高纲领，其主要内容包括企业战略决策的一系列最基本的因素，是企业存在的基本逻辑关系或基本原因。

概括来说,公司总体战略主要强调两个方面的问题：一是回答"我们应该做什么业务"，即确定企业的使命与任务，明晰企业的产品与市场领域以及企业经营活动的范围和重点；二是回答"我们怎样去发展这些业务"，即在企业不同的战略经营单位之间如何配置和安排企业有限的资源，以及确定怎样的成长方向。

从企业战略管理的角度来说，公司总体战略主要表现在以下几个方面：企业使命的确定，即企业最适合从事哪些业务领域，为哪些消费者服务，企业向何种经营领域发展，战略经营单位的划分及战略事业的发展规划，关键战略经营单位的战略目标。

公司的总体战略主要是回答公司应该在哪些经营领域里进行生产经营活动的问题。

因此，从战略的构成要素来看，企业使命、经营范围和资源配置是总体战略中的主要构成要素。竞争优势和协同作用则因企业的不同而需要进行具体分析。在生产相关产品的多元化经营的企业里，竞争优势和协同作用很重要，它们主要是解决企业内部各产品的相关性和如何在市场上进行竞争的问题。在多个行业联合的大企业里，竞争优势和协同作用相对来说不是很重要，因为企业中各经营业务之间存在一定的协调性，可以共同形成整体优势。

（二）经营单位战略

经营单位战略也称为经营领域战略。它是在总体性的公司战略的指导下，经营管理某一个特定的战略经营单位的战略计划，是公司总体战略之下的子战略。企业在组织上把具有共同战略因素的若干事业部或其中某些部分组合成一个经营单位，每个战略经营单位一般都有自己独立的产品和细分市场。在企业内，如果各个事业部的产品和市场具有特殊性，也可以视其为独立的经营单位。经营单位战略是企业某一特定经营领域的战略，主要是针对不断变化的外部环境，在各自的经营领域里有效地竞争。为了保证企业的竞争优势，各经营单位要有效地控制资源的分配和使用；同时，经营单位战略还要协调各职能层次的战略，使之成为一个统一的整体。

具体来说，经营单位战略是指企业在某一行业或某一特定细分行业内，确立其市场地位和发展态势的战略。对于大型企业或企业集团，一个经营领域战略表现为某一战略单位，如事业部或分公司在其特定经营领域的战略；在中小企业则表现为某一特定产品在其特定市场的战略。这一战略涉及的是企业在某一经营领域中如何竞争、在竞争中扮演什么样的角色，以及各战略经营单位如何有效地利用企业分配的资源等问题。

从战略管理的角度看，经营单位的战略应解决好以下问题：如何贯彻企业使命；各经营领域发展的外部环境中的机会与威胁分析；各经营领域的内部条件分析，以便认识自身的优势与劣势；战略目标的制定；明确各经营领域的战略重点、战略阶段和主要战略措施。

（三）职能战略

职能战略是总体战略和经营单位战略在各专业职能方面的具体化，它是企业内部主要职能部门的短期战略计划。职能战略可以使各职能部门的管理人员更加清楚地认识到本职能部门在实施企业总体战略中的责任和要求，使笼统的战略内容更加明确，以指导各项具体的业务决策，有效地运用研究开发、营销、生产、财务、人力资源等方面的经营职能，为实施公司总体战略和经营单位战略服务。这一层次的战略重点是提高企业资源的利用效率，使企业资源的利用效率最大化。职能层次的战略可分为营销战略、人力资源战略、财务战略、生产战略、研究与开发战略等。

从战略管理的角度看，职能战略应着力解决以下问题：如何贯彻企业发展的总体目标，职能目标的论证及细分,确定其战略重点、战略阶段和主要战略措施,战略实施中的风险分析和应变能力分析。

从实施意义上讲,只有在对各专业职能充分探讨的基础上制定职能战略,公司总体战略才得以形成。因为它既涉及在各专业经营职能之间如何形成战略体系,也涉及各职能如何利用所分配的资源及其利用的效果,来保证战略的实施。所以,职能战略若不明确,公司战略就仅仅是一个空中楼阁。

通过表 2-2 中战略管理的三个层次特点比较和分析,可以概括地认识三个战略层次的特点。

表2-2 战略管理三个层次特点比较

比较内容	战略层次		
	公司总体战略	经营单位战略	职能战略
管理要素	产品与市场领域成长方向	竞争优势	协同效应
管理者	高层	中层	基层
性质	观念型	中间型	执行型
明确程度	抽象	中间	确切
可衡量程度	以判断评价为主	半定量化	通常可定量
频率	定期或不定期	定期或不定期	定期
所起作用	开创型	中等	改善增补型
与现状的差异	大	中	小
承担的风险	较大	中等	较小

四、战略管理的产生

从投入产出要素的角度,可以将企业管理划分为生产管理阶段、经营管理阶段和战略管理阶段。

（一）生产管理阶段

在生产管理阶段,突出的特征是现场管理,即只考虑如何高效率地生产。这一阶段企业管理的核心问题是如何提高生产效率,提高产量,降低成本。企业一般以较为单一的产品来满足市场的需要,整个市场的需求基本上是被动的,消费者没有太多的选择余地。

（二）经营管理阶段

这一阶段经营管理的特征表现为经营管理基本上还停留在缺乏大目标的追求效率与效益的阶段上,而追求短期、局部利益的现象较为严重。

这一阶段企业管理的重点是从投入—产出的角度考虑问题,分析和研究市场需求,并在此基础上确定企业的产品线。

（三）战略管理阶段

一个企业能否成功，是看其能否灵活地运用战略管理，将各种资源变成社会所需要的产品和服务。特别是随着社会经济的发展，对现代企业的要求越来越高，这也对企业的经营管理提出了更高的要求。

现代企业的特征主要有以下五个方面：企业的规模日益壮大，管理层次越来越多，管理幅度也就越来越大；企业与社会的联系程度更加紧密，企业所承担的社会责任也不断提高；企业发展已由一业为主向多元化经营发展；企业竞争已从本地化、国内化过渡到国际化、全球化；企业所面临的环境更加复杂多变，多因素的影响大大胜于单一因素的作用，而且每一因素的变化节奏明显加快。

由此可见，战略管理的产生有着深刻的社会和历史根源及经济发展方面的迫切要求。战略管理时代的到来有其自身的必然性，正是由于各种要素的综合作用，战略管理得到了巨大的发展。若从企业投入—产出要素进行分析，管理的发展过程可用图2-3简单地表示。

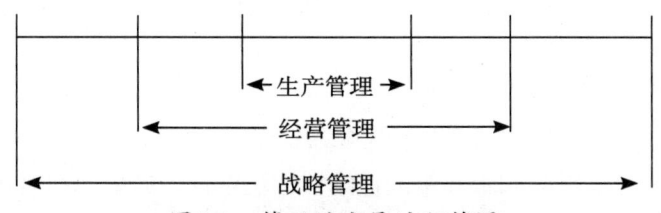

图2-3　管理的发展过程简图

战略管理的产生是社会经济发展的必然。由于企业经营环境的不确定性和复杂性，企业为了生存与发展，必须对周围的各项要素及未来的投入与产出进行分析。

战略管理与经营管理的主要区别可概括为：同样面对变化的环境条件，经营管理更偏重于依据原有的资源配置经验和产出方面的经验，来适应外部环境的变化；而战略管理则更偏重于通过没有现成经验可依据的未来投入和产出的组织管理，一方面使企业适应环境的变化，另一方面创造和改善环境。

五、企业战略管理过程

企业战略管理是依据企业外部环境与内部条件的变化，制定战略和实施战略，并根据执行情况的评价和反馈来调整、制定新战略的过程。

战略管理的基本思路有以下四个方面：①分析环境。认清优势和劣势，并提出战略问题，了解企业所处的环境和竞争地位。②制定战略。根据对企业内外条件的分析，确定宗旨、目标和政策，具体从经营领域、竞争优势、经营结构等方面进行战略规划，并对可行的战略方案进行评价和选择。③战略实施。即采取一定的步骤、措施，发挥战略的指导作用，实现预期的战略目标，并完善战略实施的计划体系，从战略实施的组织结构上加以保证。④战略的评价与控制。进行战略的评价与控制，并将信息反馈到之前的各阶段。

第二节 企业战略环境分析

一、宏观环境分析

构成企业宏观环境的因素很多。宏观环境因素分析主要是确认和评价政治、经济、科技、社会文化等因素对企业战略目标和战略选择的影响。

（一）政治环境因素分析

政治因素是指对企业经营活动具有现实的或潜在的作用与影响的政治力量、政治制度、体制、方针政策，同时也包括对企业经营活动加以限制和要求的法律和法规等。这些因素常常制约、影响企业的经营行为，尤其是影响企业较长期的投资行为。

1.政治因素分析的内容

具体来说，政治因素包括以下内容。

（1）企业所在地区和国家的政局稳定状况。

（2）执政党所要推行的基本政策的连续性和稳定性。政府通过各种法律、政策以保护消费者，保护环境，调整产业结构，引导投资方向。

（3）政府对企业行为的影响。作为供应者，政府拥有无法比拟的自然资源、土地和国家储备等，它的决定与偏好极大地影响着一些企业的战略。

（4）法律对企业的影响。法律是政府用来管理企业的一种手段。一些政治行为对企业行为有直接影响。一般来说，政府主要是通过制定法律和法规来间接影响企业的活动。法律制度对企业的管理行为有着不同的要求。针对企业管理的法律政策很多，这些法律政策的主要目的有四个：一是反对不正当竞争，保护企业利益；二是反对不正当商业活动，保护消费者权益；三是保护社会整体利益不受损害；四是促进整个社会全面发展。

（5）各种政治利益集团对企业活动产生影响。一方面，这些集团会通过代表发挥自己的影响力，政府的决策会去适应这些力量；另一方面，这些团体也可以对企业施加影响，如诉诸法律、利用传播媒介等。因此，企业必须花费时间、财力于各种利益集团。

此外，政治环境因素中还包括国际政治形势及其变化，主要包括国际政治局势、国际关系、目标国的国内政治环境等。对于一个开放的国家来说，国际政治形势的影响是显而易见的。

2.政治环境因素对企业影响的特点

政治环境因素直接影响着某些商品的生产和销售，对企业的影响具有刚性约束的特征，是保障企业生产经营活动的基本条件。

（二）经济环境因素分析

经济环境因素是指一个国家或地区的经济制度、经济结构、物质资源状况、经济发展水平、消费结构与消费水平以及未来的发展趋势等状况。经济环境对企业生产经营的影响更为直接具体。

1. 企业的经济环境构成

企业的经济环境主要由社会经济结构、经济发展水平、经济体制、宏观经济政策、社会购买力、消费者收入水平和支出模式、消费者储蓄和信贷等要素构成。

（1）社会经济结构是指国民经济中不同的经济成分、不同的产业部门以及社会再生产各方面在组成国民经济整体时相互的适应性、量的比例及排列关联的状况。社会经济结构主要包括产业结构、分配结构、交换结构、消费结构、技术结构五个方面，其中最重要的是产业结构。

（2）经济发展水平是指一个国家经济发展的规模、速度和所达到的水准。反映一个国家经济发展水平的常用指标有国民生产总值、国民收入、人均国民收入、经济发展速度和经济增长速度。

（3）经济体制是指国家经济组织的形式。经济体制规定了国家与企业、企业与企业、企业与各经济部门的关系，并通过一定的管理手段和方法，调控或影响社会经济流动的范围、内容和方式等。

（4）经济政策是指国家、政党制定的一定时期国家经济发展目标实现的战略和策略，它包括综合性的全国经济发展战略和产业政策、国民收入分配政策、价格政策、物资流通政策、金融货币政策、劳动工资政策和对外贸易政策等。

（5）社会购买力是指一定时期内社会各方面用于购买产品的货币支付能力。国民收入的使用主要由消费和积累两部分构成。其中，消费部分又分为个人消费和社会消费。前者形成居民购买力，后者形成社会集团购买力。市场规模归根结底取决于购买力的大小。调查社会购买力水平，要注意国家经济政策和分配政策带来的居民购买力的变化和不同地区居民货币收入的变动情况。

（6）消费者支出模式最终取决于消费者的收入水平。随着消费者人均收入的增加，消费者用于购买食品方面的支出比例会有所下降，而用于服装、交通、娱乐、卫生保健等方面的支出比例会上升。调查消费者支出模式，除要考虑消费者收入水平外，还要考虑不同国家、地区的生活习惯、价值观念以及家庭生命周期的不同阶段等因素。

（7）消费者储蓄的最终目的是消费，它来源于消费者货币收入。但在一定时期内，消费者储蓄水平直接影响消费者的本期货币支出和潜在购买力水平。所以，消费者储蓄的增减变动会引起市场需求规模和结构的变动，从而对企业的营销活动产生影响。调查消费者储蓄情况，应注意政策变动、利率变动、通货膨胀水平等因素的影响。

2.反映宏观经济运行状况的指标

宏观经济运行状况可通过一系列的指标来反映,如经济增长率、就业水平、物价水平、通货膨胀率、汇率、国际收支情况、利息率等。

(1)经济增长率。这是宏观经济环境的基础,在此,企业应当了解国民经济目前处于什么阶段,是产业结构调整时期、经济低速增长时期还是高速增长时期,并具体分析有关的经济指标,如国民生产总值、国民收入、国家预算收入的水平及其分配的状况等。一般来说,国民生产总值增长速度较快,居民用于个人消费的支出相应增加,从而提供了开辟新市场或开办新企业的机遇。反之,居民个人消费会有所减少,不利于企业的增长。

(2)利息率。利息率对企业的影响可从两个角度来看:一方面,利息率直接影响企业的销售市场状况。较低的长期利率对零售业十分有利,因为它意味着鼓励居民的短期消费;而较高的长期利率对建筑业或汽车制造业有利,因为它鼓励居民购买长期耐用消费品。另一方面,利息率还会直接影响企业的战略抉择。一般来说,利息率低有利于企业实施兼并战略,利息率高则不利于企业采用积极进取的增长战略。

(3)通货膨胀率。对于大多数企业而言,较高的通货膨胀率是一个不利因素,高通货膨胀率容易导致企业经营的各种成本(如购买原料费用、劳务费用、工资等)相应增加。同时,长期的通货膨胀率既抑制企业的发展,又会促使政府采取放慢增长速度的紧缩政策,导致整个宏观经济环境不利于某些企业发展,较高的通货膨胀率对某些企业也可能是一种机遇。

(4)汇率。汇率是一国货币购买力的表现形式。在国际市场上,它直接影响企业成本,并进而影响企业国际战略的制定。一般而言,如果本国货币购买力较高,企业将乐意购买外国的产品与原材料,或到外国投资,开办独资企业或合营企业。反之,如果本国货币购买力较低,则会降低企业到海外投资、贸易或开发新市场的热情。

另外,经济环境因素中还包括居民收入因素,这可进一步细分为名义收入、实际收入、可支配收入以及可随意支配收入等,消费支出模式和生活费用,经济体制,金融制度等。

企业的经济环境分析就是要对以上各个要素进行分析,运用各种指标,准确地分析宏观经济环境对企业的影响,从而制定正确的企业经营战略。

(三)社会文化环境因素分析

社会文化环境包括一个国家或地区的社会性质、人们共享的价值观、文化传统、生活方式、人口状况、教育程度、风俗习惯、宗教信仰等方面。这些因素是人类在长期的生活和成长过程中逐渐形成的,人们总是自觉或不自觉地接受这些准则。

1.文化传统

文化传统是一个国家或地区在较长历史时期内所形成的一种社会习惯,它是影响人们活动的一个重要因素。文化环境对企业的影响是间接的、潜在的和持久的。文化的基本要素包括哲学、宗教、语言文字、文学艺术等。它们共同构筑成文化系统，对企业文化有重大影响。哲学是文化的核心部分，在整个文化中起主导作用；宗教作为文化的一个侧面，在长期发展过程中与传统文化有着密切的联系；语言文字和文化艺术是文化的具体表现，是社会现实生活的反映，它对企业职工的心理、人生观、价值观、性格、道德及审美观点的影响及导向是不容忽视的。

2. 价值观

价值观是指社会公众评价各种行为的观念标准。不同的国家和地区，其价值观是不同的。例如，西方国家价值观的核心是个人的能力与事业心；东方国家价值观的核心是强调集体利益，日本、韩国等国的企业注重内部关系的融洽、协调与合作，形成了东方企业自己的高效率模式。

3. 社会发展趋向

近一二十年来，社会环境方面的变化日趋显著。这些变化打破了传统习惯，使人们重新审视自己的信仰、追求和生活方式，影响着人们对穿着款式、消费倾向、业余爱好以及对产品与服务的需求，从而使企业面临严峻的挑战。现代社会发展的倾向之一，就是人们对物质生活的要求越来越高。一方面，人们已从"重义轻利"转向注重功利、注重实惠，产品的更新换代日益加速，无止境的物质需求给企业发展创造了外部条件。另一方面，随着物质水平的提高，人们产生了更加强烈的社交、自尊、信仰、求知、审美、成就等较高层次的需要。人们希望从事能够充分发挥自己才能的工作，使自己的潜力得到充分发挥。

4. 社会各阶层对企业的期望

社会各阶层包括股东、董事会成员、原材料供应者、产品销售机构人员及其他与企业有关的阶层。这些阶层对企业的期望是各不相同的。例如，股东集团评价战略的标准主要是看投资回报率、股东权益增长率等；企业工作人员评价战略的标准主要是看工资收益、福利待遇及其工作环境的舒适程度等；而消费者则主要关心企业产品的价格、质量、服务态度等；至于政府机构，它们评价企业的立足点，主要看企业经营活动是否符合国家的政策、法规。

5. 人口因素

人口因素主要包括人口总数、年龄构成、人口分布、人口密度、教育水平、家庭状况、居住条件、死亡率、结婚率、离婚率、民族构成以及年龄发展趋势、家庭结构变化等。

人口因素对企业战略的制定有重大影响。人口总数直接影响社会生产总规模；人口的地理分布影响企业厂址的选择；人口的性别比例和年龄结构在一定程度上决定了社会需求结构，进而影响社会供给结构和企业生产结构；人口的教育文化水平直接影响企业的人力资源状况；家庭户数及其结构的变化与耐用消费品的需求和变化趋势密切相关，因而也影响耐用消费品的生产规模。

（四）科技环境因素分析

企业的科技环境指的是企业所处的社会环境中的科技要素及与该要素直接相关的各种社会现象的集合。科学技术是最引人注目的一个因素，新技术革命的兴起影响着社会经济的各个方面。人类社会的每一次重大进步都离不开重大科技革命。企业的发展在很大程度上也受科学技术方面因素的影响，包括新材料、新设备、新工艺等物质化的硬技术和体现新技术、新管理的思想、方式和方法等信息化的软技术。一种新技术的出现和成熟可能会导致一个新兴行业的产生。具体来说，科学技术迅猛发展给企业带来的影响表现在以下几个方面。

（1）科学技术的迅速发展，使商品从适销到成熟的时间不断缩短，大部分产品的市场生命周期有明显缩短的趋势。

（2）技术贸易的比例加大。

（3）劳动密集型产业面临的压力将加大。

（4）发展中国家劳动费用低的优势在国际经济联系中将被削弱。

（5）流通方式将更加现代化。

（6）生产的增长越来越多地依赖科技的进步。

（7）对企业的领导结构及人员素质提出更高要求。

二、微观环境分析

企业微观环境主要包括产业环境和市场环境两个方面。产业生命周期、产业结构、市场结构与竞争、市场需求状况、产业内的战略群体和成功关键因素分析都是微观环境分析的重要内容。

（一）产业生命周期

产业生命周期是指从行业出现直到行业完全退出社会经济活动所经历的时间。产业发展周期主要包括初创阶段（也称幼稚期）、成长期、成熟期和衰退期。只有了解产业目前所处的生命周期阶段，才能决定企业在某一产业中应采取何种策略，才能进行正确的投资决策，对企业在多个产业领域的业务进行合理组合，提高整体赢利水平。

（二）产业结构

某一行业中的企业盈利与否及盈利大小一般取决于两个基本因素：一是所处行业的盈利潜力，又称行业吸引力；二是其在行业中的地位。一般来说，一个行业的盈利潜力并非是由其产品外观或该产品技术含量高低所决定的，而由其内在的经济结构或竞争格局所决定。

美国哈佛大学商学院教授波特指出，一个行业的竞争远不止现有竞争对手之间的竞争，而是存在着五种基本的竞争力量——新加入者的威胁、替代品的威胁、购买商讨价还价的能力、供应商讨价还价的能力和行业内企业的竞争。这五种基本竞争力量的状况及其综合强度，决定着行业的竞争激烈程度，同时也决定着该行业的盈利潜力。一个行业的经营单位，其竞争战略目标应是在此行业中找到一个位置，在这个位置上，该企业能较好地防御五种竞争力量。或者说，该企业能够对这些竞争力量施加影响，使他们有利于本企业。因此，企业在制定经营战略时，应透过现象看本质，分析每个竞争力量的来源。对竞争力量基本来源的分析，有助于厘清企业生存的优势和劣势，有助于寻求本企业在行业中的有利地位。正因为如此，行业结构分析是制定经营战略的基础工作。

（三）市场结构与竞争

经济学家对市场结构进行了分类，即完全竞争、垄断竞争、寡头垄断和完全垄断四种市场结构，这有助于对市场竞争性质加以正确估计。

（四）市场需求状况

可以从市场需求的决定因素和需求价格弹性两个角度来分析市场需求。人口、购买力和购买欲望决定着市场需求的规模，其中生产企业可以把握的因素是消费者的购买欲望，而产品的价格、差异化程度、促销手段、消费者偏好等影响着购买欲望。影响产品需求价格弹性的主要因素有产品的可替代程度、产品对消费者的重要程度、购买者在该产品上的支出占总支出的比例、购买者转换到替代品的转换成本、购买者对商品的认知程度以及对产品互补品的使用状况等。

（五）产业内的战略群体

确定产业内所有竞争对手战略各方面的特征是产业分析的一个重要方面。一个战略群体是指某个产业中在某一方面采取相同或相似战略的各企业组成的集团。战略群体分析有助于企业了解自己的相对战略地位和企业战略变化可能产生的竞争性影响，使企业更好地了解战略群体竞争状况，了解战略群体内企业部分的主要着眼点，预测市场变化和发展战略机会等。

（六）成功关键因素

作为企业在特定市场获得赢利必须拥有的技能和资产，成功关键因素可能是一种价格优势、一种资本结构或组合，一种纵向一体化的行业结构。不同产业的成功关键因素存在很大差异，同时随着产品生命周期的演变，成功关键因素也会发生变化，即使是同一产业中的各个企业，也可能对该产业中的关键因素有不同侧重。

三、企业内部环境分析

内部战略环境是企业内部与战略有着重要关联的因素，是企业经营的基础，是制定战略的出发点、依据和条件，是竞争的根本。企业内部环境或条件分析的目的在于掌握企业历史和目前的状况，明确企业所具有的优势和劣势。它有助于企业制定有针对性的战略，有效地利用自身资源，发挥优势，同时避免企业的劣势。企业内部环境分析的内容包括很多方面，有组织结构、价值链、核心竞争力等，这里重点探讨核心竞争力。

当今社会越来越多的企业把拥有核心能力作为影响企业长期竞争优势的关键因素。越来越多的人认为，如果企业有意在未来的市场上获取较高的利润，就必须具有一种在未来依然重要的核心能力，然而在某一重要的核心能力方面占据世界领先地位，绝不是一朝一夕可以做到的。如果企业想在未来竞争中获得成功，现在就必须着手培养企业的核心能力。许多大型的多元化经营的企业目前更注重突出优势和明确主要业务，更加重视企业核心竞争能力的构建。在产品和市场战略被看作企业相对短暂现象的同时，企业核心能力被认为是企业竞争优势持久的源泉。

（一）企业核心能力的概念

近些年来，越来越多的企业注重战略的研究，以保持其竞争优势。企业的战略可以分为市场战略、产品战略、技术战略等，这些职能战略只能获取短暂的一时优势，唯有追求核心能力才是使企业永久立于不败之地的根本战略。因此，具有活的动态性质的核心能力是企业追求的长期战略目标，是企业持续竞争优势的源泉。

核心能力，又称核心专长、核心竞争力。根据普拉哈拉德和哈默尔的定义，核心能力是"组织中的积累性学识，特别是关于如何协调不同的生产技能和有机结合多种技术流派的学识"。其要点是核心能力的载体是企业整体，而不是企业的某个业务部门、某个行业领域；核心能力是企业过去成长过程中积累而产生的，而不是通过市场交易获得的；关键在于"协调"和"有机结合"，而不是某种可分散的技术和技能；存在形态基本上是结构性的、隐性的，而非要素性的、显性的。

综合地说，核心能力是指企业依据自己独特的资源（资本资源、技术资源或其他方面的资源）以及各种资源的综合培育创造本企业不同于其他企业最关键的竞争能力与优势。这种竞争能力与优势是本企业独创的，也是企业最根本、最关键的经营能力。换言之，也只有在本企业中，这种竞争能力与优势才能得到最充分的发挥。凭借这种最根本、最关键的经营能力，企业才拥有自己的市场和效益。核心能力是以知识、技术为基础的综合能力，是支持企业赖以生存和稳定发展的根基。

（二）核心能力的构成要素

企业核心能力是一个复杂和多元的系统，它包括以下能力。

1. 研究开发能力（R&D）

研究与开发是指为增加知识总量以及用这些知识去创造新的应用而进行的系统性创造活动。它包括基础研究、应用研究和技术开发三项。

基础研究主要是为获得关于现象和可观察事实的基本原理而进行的实验性或理论性

工作。其作用是既能扩大人们的科学知识领域，又能为新技术的创造和发明提供理论基础。从长远发展来看，基础研究是技术开发的基础工作，同时也是科研实力的重要组成部分。

应用研究是为了获得新知识而进行的创造性研究，有明确的目的性，是连接基础研究和技术开发的桥梁。

技术开发是指利用从研究和实际经验中获得的知识，或从外部引进的技术、知识，生产新的材料、产品、装置，建立新的工艺和系统，以及对已生产或建立的上述工作实质性改进而进行的系统性工作。

目前，越来越多的企业重视自身的研发能力，国外一些大公司都有自己专门的研发机构。这是因为企业所需要的一些关键的、先进的技术很难从市场上买到，特别是在企业竞争异常激烈的今天，具有最先进技术的企业不会在别人具有模仿能力之前轻易放弃丰厚的回报。尤其是随着科技的发展和企业竞争的需要，企业所需的技术也越来越先进和复杂，其价格也高，企业要获得技术就要支付更大的代价。再说，有的技术引进来也不是马上就能用得上，需要企业通过内部消化吸收，与本企业生产、管理融合之后，才能取得实效。企业还需要从企业外部不断获取所需要的信息和知识，在理解和消化的基础上创新。技术知识是企业核心能力的重要组成部分，只有通过研究与开发，形成与众不同的技术和知识积累，特别是形成自己的人才积累，才能使别人难以模仿和超越。

2. 创新能力发展

竞争和变化是绝对平衡的。一个企业要保持发展和竞争优势，就必须善于总结和提高自己，永远追求卓越，不断超越自我、进取和创新。所谓的创新，就是根据市场和社会变化，在原来的基础上，重新整合人才、资本等资源，进行新产品研发和有效组织生产，不断创造和适应市场，实现企业既定目标的过程。创新包括技术创新、产品及工艺创新和管理创新。

企业创新的主体是决策层、技术层、中间管理层和生产一线管理层。创新能力表现为创新主体在所从事的领域中善于敏锐地观察原有事物的缺陷，准确地捕捉新事物的萌芽，提出大胆新颖的推测和设想，并进行认真周密的论证，拿出切实可行的方案并付诸实施。

企业要取得核心能力，必须准确把握世界科技和市场的发展动态，制定相应创新战略，使技术创新、管理创新、产品创新等协调展开。在以技术变化迅速和产品周期不断缩短为特征的商业竞争中，创新是保持长久竞争优势的动力源泉，创新能力是一个企业的核心竞争能力。

3. 将科技成果转化为生产力的能力

只有将创新意识或技术成果转化为工作方案或产品，提高效率和效益，创新和研究开发才是有价值和意义的。转化能力与企业的技术能力、管理能力联系密切。转化的过程即创新的过程，转化不仅需要进一步创新，而且需要切实可行的方法和步骤。创新只有转化为实际效益，才是真正意义上的创新。

转化能力在实际应用中表现为综合、移植、改造和重组的技巧和技能，即把各种技术、方法等综合起来系统化，形成一个可实施的综合方案，将其他领域中的一些可行方法移植到本企业的管理和技术创新中来，对现有的技术、设备和管理方法等进行改造，并根据企业实际和时代发展进行重新组合，形成新的方法和途径，达到更优的效果。

4. 组织协调能力

面对激烈变化的市场，企业要有优势必须始终保持生产、经营管理各个环节、各个部门运转协调、统一、高效，特别是在创新方案、新产品、新工艺以及生产目标形成之后，要及时调动、组织企业所有资源，进行有效、有序运作。

这种组织协调能力涉及企业的组织结构、企业战略目标、运行机制、企业文化等多方面。突出表现在企业有坚强的团队精神和强大的凝聚力，即个人服从组织，局部服从全局，齐心协力，积极主动，密切配合争取成功的精神，表现在能根据生产的不同阶段要求，有效组织资源，并使其在各自的位置上正常运转。

5. 应变能力

应变是一种快速反应能力，它包含对客观变化的敏锐感应和对客观变化做出应对策略。客观环境时刻都在发生变化，企业决策者必须具有敏锐感应客观环境的能力，保持经营随着客观环境变化而变化。特别是竞争环境会经常出现无法预料事件的今天，如某一国家或地区金融危机的发生、某项技术的发明、政府政策的调整等，要把这种变化对企业自身的影响降低到最低限度，企业就必须迅速、准确地拿出应变的措施和办法。应变能力表现为能审时度势、随机应变，在变化中产生应对的策略。

四、战略环境分析方法

企业战略环境分析的方法有很多，比如，SWOT分析法、外部因素评价矩阵（EFE）、内部因素评价矩阵（IFE）等都是常用的方法。这里我们仅介绍SWOT分析法（见图2-4）。

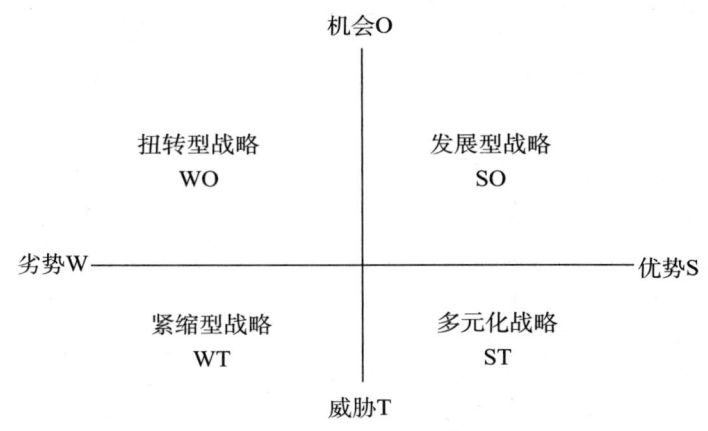

```
           机会O
            |
扭转型战略   |   发展型战略
  WO       |     SO
           |
劣势W ──────┼────── 优势S
           |
紧缩型战略   |   多元化战略
  WT       |     ST
            |
           威胁T
```

图2-4　SWOT分析象限

SWOT分析法又称为态势分析法，它是20世纪80年代初被提出来的，是一种能够较客观而准确地分析和研究一个单位现实情况的方法。SWOT四个英文字母分别代表：优势（Strengths）、劣势（Weaknesses）、机会（Opportunities）和威胁（Threats）。从整体上看，SWOT可以分为两部分：第一部分为SW，主要用来分析内部条件；第二部分为OT，主要用来分析外部条件。利用这种方法可以从中找出对自己有利的、值得保持的因素以及对自己不利的、要避开的风险，发现存在的问题，找出解决办法，并明确以后的发展方向。

进行SWOT分析时，主要有以下几个步骤。

（一）分析环境因素

运用各种调查研究方法，分析公司所处的各种环境因素，即外部环境因素和内部环境因素。外部环境因素包括机会因素和威胁因素，属于客观因素；内部环境因素包括优势因素和劣势因素，它们是公司在其发展中自身存在的积极和消极因素，属主观因素，如表2-3所示。

表2-3　××公司环境因素分析表

	项目		评价内容	分值/权重	总分值/总权重
优势	内部因素	1	公司相关人员有信心、感兴趣、热情高	1/5	15/27
		2	资金实力强	2/4	
		3	对该产品的销售前景有充分的市场调研和策划	2/5	
		4	公司管理好	4/3	
		5	一定的客户群	2/5	
		6	可以招聘到现成的销售队伍	4/5	
劣势	外部因素	1	没有产品的销售经验	2/4	12/27
		2	对产业发展的前景预测不够	1/5	
		3	没有找到理想的广告和媒体宣传渠道	2/4	
		4	公司所处的地理位置不佳	2/5	
		5	没有非常合适的销售团队	2/4	
		6	对销售该产品的财务分析有技术问题	3/5	

项目			评价内容	分值/权重	总分值/总权重
机会	外部因素	1	公司和政府主管部门关系	2/27	16/27
		2	融资渠道多,得到多家金融机构的支持	2/27	
		3	有实力的销售伙伴愿意合作	1/9	
		4	同行业竞争者实力不足	2/27	
		5	本地区生活水平普遍提高,支付能力强	4/27	
		6	消费者对使用本产品表现出浓厚的兴趣	1/9	
威胁	外部因素	1	销售量大增后会遭到竞争对手的报复	1/9	11/27
		2	经济前景难以预测	1/9	
		3	竞争对手可能不断增加,抢占现有市场份额	1/27	
		4	国家和地区法规的不确定性	1/27	
		5	会受到消费者的投诉及政府和社会团体的质疑	2/27	
		6	交通工具等基础设施是否满足长远发展	1/27	

（二）构造 SWOT 矩阵

将调查得出的各种因素根据轻重缓急或影响程度等排序，构造 SWOT 矩阵，如表 2-4 所示。在此过程中，将那些对公司发展有直接的、重要的、久远的影响因素优先排列出来，而将那些间接的、次要的、不急的、短暂的影响因素排在后面。

表2-4　SWOT矩阵

外部分析＼内部分析	优　势 S 1 2（列出优势） 3	劣　势 W 1 2（列出优势） 3
机　会 O 1 2（列出机会） 3	战　略 SO 1 2（发挥优势，利用机会） 3	战　略 WO 1 2（克服劣势，利用机会） 3
威　胁 T 1 2（列出威胁） 3	战　略 ST 1 2（发挥优势，回避威胁） 3	战　略 WT 1 2（克服劣势，回避威胁） 3

（三）制订行动计划

在完成环境因素分析和 SWOT 矩阵的构造后，便可以制订出相应的行动计划。制订计划的基本思路是发挥优势因素，克服劣势因素，利用机会因素，化解威胁因素。运用系统分析的方法，将各种环境因素相互匹配起来加以组合，得出一系列公司未来发展的可选择对策。

第三节　企业战略类型与选择

制定战略是战略管理的核心部分，它是在战略分析的基础来完成的。企业战略类型形式各异，各个企业都有自己的一套适合自身条件与所处环境及发展要求的独特的战略体系。对于一个企业来说，达成战略目标的战略方案可能有多个，战略决策者就必须对这些战略方案进行评价和比较，从中选择最适合的战略。

一、企业总体战略

企业总体战略是指企业业务发展的方向，企业业务发展的方向本质上体现了企业资源配置的方向与模式，企业总体战略可以划分为稳定型战略、发展型战略和紧缩型战略三种类型。

（一）稳定型战略

稳定型战略是指企业不改变其生产性质、主要产品和为社会提供的服务，在一定时期内企业也并不准备扩大生产规模的一种战略。其核心主要是以提高企业现有生产条件下的经济效益为目的。它的优点是风险小，失败的可能性也小，企业的内部经营机制得以完善，企业的产品结构、组织结构及其他各项工作合理化，可以提高企业对外界环境变化的应变能力及抗干扰能力；缺点主要是长期采用此战略，企业发展缓慢，在稳定战略实施中，企业领导者往往把眼光放在企业内部结构调整上，而容易忽略企业外部环境的变化及提供的机遇，在当今行业竞争激烈的市场中也容易被竞争者击败。稳定型战略一般适用于外部环境和内部条件暂时处于劣势或市场不稳定、经营中既无突出优势又无明显有利因素的企业（或者资金、技术、原料供应或销售渠道存在较大困难的企业）。

（二）发展型战略

发展型战略是企业在现有基础水平上向更高一级的方向发展。它是指企业扩大生产规模，并在保持原有主要产品优势的同时，增加新的产品的生产，挖掘企业的潜力，提高销售量，扩大市场占有率，降低成本，提高盈利能力，超过竞争对手，使经济技术指标超过或达到同行业的先进水平，在提高产品质量、降低物耗、增加经济效益上有大幅度提高的一种战略，其核心是发展壮大。企业为了发展，就必须采取发展型战略。发展型战略面临的风险较大，管理者也缺乏对扩大后的企业进行良好管理的经验。因此，采用发展型战略的企业家一般都是开拓型的，敢于承担风险。而且研究战略发展的可行性是制定战略扩张的重要环节，要对企业现有的实力与应对扩张战略可能带来的风险做出正确评估。企业发展型战略包括一元化战略、一体化战略和多元化战略等类型。

1. 一元化战略

一元化战略就是指专业化战略。传统理论认为，一元化战略是一种存在较大风险的投资与经营战略，其原因就在于特定产业与市场的容量有限，产业的发展有其周期性。相应地，企业集团的发展也将随之陷入不良的周期性波动境地。但实际上一些采用专业化战略的企业集团，不仅没有陷入不良的周期性波动，其市场竞争中的优势反而日渐强化。

投资的专业化虽不意味着竞争优势取得的必然性，却是竞争优势产生的基础。专业化投资策略的基本点是将企业集团的资源优势聚合于某一特定的产业或产品领域，而不会引起经营结构与市场结构的改变。因此，在专业化投资战略下，资源的聚合意味着企业集团在特定市场上优势的集中，从而为谋求特定市场的竞争优势、增强风险抗御能力、推进市场领域的拓展提供了充分的资源支持。

2. 一体化战略

一体化战略是指企业充分利用自己在产品、技术、市场上的优势，根据产业或者企业价值链从原材料（甚至从技术开发）到最终产品销售和售后服务的工艺顺序，使企业不断地向深度和广度发展的一种战略。一体化战略主要包含三种类型：业务向原材料生产方向扩展称为后向一体化，业务向销售方向扩展称为前向一体化，将价值链中的某一个环节扩展、做大称为水平一体化。同时，前向一体化与后向一体化又统称为纵向一体化，而水平一体化又称为横向一体化。一体化战略是企业的一个非常重要的成长战略，它有利于深化专业分工协作，提高资源的利用深度和综合利用效率。

3. 多元化战略

多元化战略又称多角化战略或多样化战略，是指企业同时从事两项或两项以上业务的战略。采取多元化战略一方面是来自企业扩张的需要，另一方面是来自企业分散风险的动机。

企业的多元化战略有两种类型：相关多元化与非相关多元化。相关多元化是指公司即将进入的业务领域与现在正开展的各项业务之间有着明显的关联关系，如相似的技术、共同的市场和分销渠道、共同的生产流程、共同采购等，这些相关业务之间的价值活动能够实现有效共享。宝洁公司是相关多元化特别成功的代表，尽管宝洁公司涉足的产品包括食品、保健品、宠物食品、清洁剂、口腔护理系列、洗发用品系列、纸品系列等，它们都有着不同的竞争者和生产要求，看起来似乎互不相关，但这些产品几乎都使用同样的分销渠道，在同样的零售网络销售，采用同样的市场营销方式，卖给同样的顾客。

非相关多元化则是指进入与现有行业和业务完全不同的领域开展经营，即在企业中增加新的产品或事业部，但这些新增加的产品或事业部与企业原有产品或事业几乎毫不相关，不存在什么关联。通用电气公司是非相关多元化的典型代表，它所涉足的行业多达12种，从飞机发动机到医疗器材，从工业塑料到发电设备，从新闻电视到金融服务，从照明到保险，无所不包，而且这些业务之间几乎完全互不相关，但可贵的是，通用电气在其所经营的各个领域都获得了巨大的成功，均保持着行业前三名的位置。

海尔的多元化战略是相关多元化向非相关多元化发展的线路，其所依赖的核心竞争能力也有一条清晰的脉络，即技术研发能力——核心业务夯实的品牌效应销售渠道管理、创新能力。特别是海尔的企业文化和管理创新能力，是在不相关领域发展业务的最重要的能力。海尔的相关多元化道路一直被人们认为是非常成功的。海尔通过冰箱的专业化完成了名牌化战略，然后利用品牌优势和强大的营销服务网络，逐步开始从冰箱做到白色家电，接着从白色家电到黑色家电，最后到彩色家电，最终成就了家电王国。然而，当海尔从1995年起开始其非相关多元化道路后，它的发展受到了人们的质疑。海尔的非相关多元化战略使其从家居用品到手机，从生物制药到物流，从餐饮业到金融业无所不包，跨度之大，涉及的产业之多，让人目不暇接。相比之下，男人品牌的七匹狼，走的是一品多牌，以独特的品牌魅力进入男人生活的各个领域——烟草、啤酒、皮革、服饰等。

显然，相关多元化有利于增强企业的竞争优势，但同时也削弱了分散企业风险的能力。而非相关多元化虽然有利于分散风险，但难以形成竞争优势。

实施多元化战略需要考虑的首要问题是进入新的产业，是通过从头起步开始一项新业务的方式，还是以并购目标产业中的某一家公司的方式。选择什么产业进行多元化经营决定了公司的多元化是基于狭窄的几个产业，还是宽范围的多个产业。进入每一个目标产业的方式选择（从头建立一项新的经营或者并购一家现成的公司，一家正在进取的公司或者是一家有着起死回生潜力的困难公司）决定了公司进入每个所选择的产业时开始所处的地位。

4. 紧缩型战略

紧缩型战略是指企业缩小生产规模，或暂停某些产品的生产，减少企业的投入，封存或出卖部分设备的一种战略。其核心是通过紧缩战略来摆脱企业生存所面临的困境，使财务状况好转，否则企业可能面临倒闭破产的境地。这种战略一般适用于经济不景气、需求紧缩、资源有限、产品滞销、内部矛盾重重、财务状况恶化以及在原经营领域中处于严重不利竞争地位的情况。

紧缩型战略可以分为以下四种类型。

（1）整顿战略（以退为进），先暂时从现有的水平往后退，等到条件成熟后再前进。

（2）削减战略（抽资战略），减少对某一经营领域的投入，只投入最低限度的经营资源。

（3）放弃战略，就是将经营资源从某一经营领域中抽出。

（4）清理战略（清算战略），就是企业由于无力偿还债务，通过出售或转让企业的全部资产，以偿还债务或停止全部经营业务（只有当其他战略全部失灵时才采用此战略）。

二、基本竞争战略

基本竞争战略是指无论在什么产业或企业都可以被选择采用的战略。波特在《竞争战略》一书中曾经提出过三种基本战略，即成本领先战略、差异化战略和目标集中战略。他认为，企业要获得竞争优势，一般有两种途径：一是在产业中成为成本最低的生产者；二是在企业的产品和服务上形成与众不同的特色。

（一）成本领先战略

成本领先战略是指企业通过在内部加强成本控制，在研究开发、生产、销售、服务和广告等领域内把成本降到最低限度，成为行业中成本领先者的战略。企业凭借其成本优势，可以在激烈的市场竞争中获得有利的竞争优势。

1. 采用成本领先战略的动因

采用成本领先战略的动因包括以下几个方面。

一是形成进入障碍。企业的生产经营成本低，便为产业的潜在进入者设置了较高的进入障碍。那些生产技术尚不成熟、经营上缺乏规模的企业都很难进入此产业。

二是增强企业讨价还价的能力。企业的成本低可以使自己应对投入费用的增长，提高企业与供应者讨价还价的能力，降低投入因素变化所产生的影响。同时，企业成本低，可以提高自己对购买者讨价还价的能力，以对抗强有力的购买者。

三是领先的竞争地位。当企业与产业内的竞争对手进行价格战时，由于企业的成本低，可以在竞争对手毫无利润的水平上保持盈利，从而扩大市场份额，保持绝对竞争优势的地位。

总之，企业采用成本领先战略可以使企业有效地面对产业中的五种竞争力量，以其低成本的优势，获得高于产业平均水平的利润。

在考虑成本领先战略的实施条件时，一般从两个方面考虑：一是考虑实施战略所需要的资源和技能；二是组织需要落实的必要条件。在所需要的资源和技能方面，企业所需要的是持续投资和增加资本，提高科研与开发能力，增强市场营销的手段，提高内部管理水平。在组织落实方面，企业要考虑严格的成本控制、详尽的控制报告、合理的组织结构和责任制以及完善的激励管理机制。

在实践中，成本领先战略要想取得好的效果，还要考虑企业所在的市场是否是完全竞争的市场、该行业的产品是否是标准化的产品、大多数购买者是否以同样的方式使用产品、产品是否具有较高的价格弹性、价格竞争是否是市场竞争的主要手段等。如果企业的环境和内部条件不具备这些因素，企业便难以实施成本领先战略。

2. 成本领先战略的风险

企业在选择成本领先战略时还要看到这一战略的弱点。如果竞争对手的竞争能力强，或者发生下面一些变化，采用成本领先战略就有可能面临风险。

一是竞争对手开发出更低成本的生产方法。例如，竞争对手利用新的技术，或更低的人工成本，形成新的低成本优势，使得企业原有的优势成为劣势。

二是对手采用模仿的办法。当企业的产品或服务具有竞争优势时，竞争对手往往会采取模仿的办法，形成与企业相似的产品和成本，使企业陷入困境。

三是顾客需求的改变。如果企业过分地追求低成本，降低了产品和服务的质量，则会影响顾客的需求，结果会适得其反，企业非但没有获得竞争优势，反而会处于劣势。

（二）差异化战略

差异化战略是通过提供与众不同的产品和服务来满足顾客的特殊需求，以形成竞争优势的战略。企业形成这种战略主要是依靠产品和服务的特色，而不是产品和服务的成本。但是应该注意的是，差异化战略不是讲企业可以忽略成本，只是强调这时的战略目标不是成本问题。

1. 采用差异化战略的动因

企业采用这种战略，可以很好地防御产业中的五种竞争力量，获得超过产业平均水平的利润。具体地讲，主要表现在以下几个方面。

一是形成进入障碍。由于产品的特色，顾客对产品或服务具有很高的忠实度，从而该产品和服务具有强有力的进入障碍。潜在的进入者要与该企业竞争，则需要克服这种产品的独特性。

二是降低顾客对价格的敏感程度。由于差异化，顾客对该产品或服务具有某种程度的忠实性，当这种产品的价格发生变化时，顾客对价格的敏感程度不高。

三是增强讨价还价的能力。产品差异化战略可以为企业带来较高的边际收益，降低企业的总成本，增强企业对供应者讨价还价的能力。同时，由于购买者别无其他选择，对价格的敏感程度降低，企业也可以运用这一战略削弱购买者讨价还价的能力。

四是防止替代品的威胁。企业的产品或服务具有特色，能够赢得顾客的信任，便可以在与替代品的较量中比同类企业处于更有利的地位。

企业成功地实施差别化战略，通常需要特殊类型的管理技能和组织结构。例如，企业需要具有从总体上提高某项经营业务的质量、树立良好的产品形象、保持先进技术和建立完善分销渠道的能力。为实施这一战略，企业需要具有很强的研究开发与市场营销能力的管理人员；同时，在组织结构上，成功的差别化战略需要有良好的结构以协调各个职能领域，以及有能够确保激励员工创造性的激励和管理体制。在这里，企业文化也是一个十分重要的因素，高科技企业格外需要良好的创造性文化，因此，应鼓励技术人员大胆地创新。

2. 采用差异化战略的风险

企业在实施差异化战略时，会面临两种主要风险：一是企业没有能够形成适当的差别化；二是在竞争对手的模仿和进攻下，行业的条件又发生了变化，企业不能保持差别化，第二种风险经常发生。企业在保持差异化时，普遍存在着形成产品差异化的成本过高，大多数购买者难以承受产品的价格等威胁。

（三）目标集中战略

目标集中战略是指把经营战略的重点放在一个特定的目标市场上，为特定的地区或特定的购买者集团提供特殊的产品或服务。

1. 目标集中战略的特征

成本领先战略与差异化战略面向全行业，在整个行业的范围内进行活动。而目标集中战略则是围绕一个特定的目标进行密集型的生产经营活动，要求能够比竞争对手提供更为有效的服务。企业一旦选择了目标市场，便可以通过产品差异化或成本领先的方法，形成目标集中战略。目标集中的企业由于其市场面狭小，可以更好地了解市场和顾客情况，提供更好的产品与服务。

目标集中战略与其他两个竞争战略一样，可以防御行业中的各种竞争力量，使企业在本行业中获得高于一般水平的收益。这种战略可以用来防御替代品的威胁，也可以针对竞争对手最薄弱的环节采取行动，需要形成产品的差异化，或者在为该目标市场的专门服务中降低成本，形成低成本优势，或者兼有产品差异化和低成本的优势。在这种情况下，其竞争对手很难在目标市场上与之抗衡。这样，企业在竞争战略中成功地运用目标集中战略，就可以获得超过产业平均水平的收益。应当指出的是，企业实施目标集中战略，尽管能在其目标市场上保持一定的竞争优势，获得较高的市场份额，但由于其目标市场是相对狭小的，该企业的市场份额的总体水平是较低的。目标集中战略在获得市场份额方面有某些局限性，因此，企业选择目标集中战略时，应该在产品获利能力和销售量之间进行权衡和取舍，有时还要在产品差异化和成本状况中进行权衡。

2. 选择目标集中战略的条件

企业实施目标集中战略的关键是选好战略目标。一般的原则是企业要尽可能地选择那些竞争对手最薄弱的目标和最不易受替代产品冲击的目标。在选择目标之前，企业必须确认，购买群体在需求上存在的差异；企业的目标市场上没有其他竞争对手试图采用目标集中战略；企业的目标市场在市场容量、成长速度、获利能力、竞争强度方面具有相对的吸引力；本企业资源实力有限，则不能追求更大的目标市场。

3. 目标集中战略的风险

采用目标集中化战略也有一定的风险，主要表现在：①竞争对手可能会寻找可与本企业匹敌的、有效的途径来服务于细分目标市场；②购买者细分市场之间的差异减弱会降低进入细分目标市场的进入壁垒，会为竞争对手采取目标集中战略打开一扇方便之门；③采取目标集中战略的厂商所聚焦的细分市场非常具有吸引力，以至于各个竞争厂商蜂拥而入，瓜分细分市场的利润。

三、战略评价方法及战略选择

对于有多种产品的企业，由于其不同的产品可能具有不同的市场地位和价值优势，如何对这些业务进行投资组合分析是企业管理者在战略制定时需要重点考虑的问题。要综合评价企业的价值能力，应进行投资组合分析。广泛采用的投资组合分析方法是矩阵分析方法，通过这种方法，企业可以找到企业资源的产生单位和这些资源的最佳使用单位。

（一）增长率—市场占有率矩阵法

增长率—市场占有率矩阵法就是通常所讲的波士顿矩阵。它是波士顿咨询公司1960年为美国米德纸业公司进行经营咨询时提出的分析方法，也称成长—份额矩阵、产品（事业）结构分析法或事业结构转换矩阵。它以企业经营的全部产品或业务的组合为研究对象，分析企业相关经营业务之间的现金流量的平衡问题，寻求企业资源的最佳组合。增长率—市场占有率矩阵示意图，如图2-5所示。

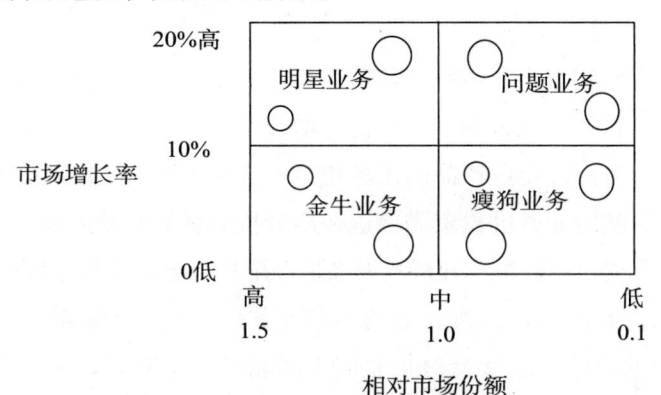

图2-5 增长率—市场占有率矩阵

在图2-5中，矩阵的横轴表示企业在行业中的相对市场份额，是指企业的某项产品或服务的市场份额与最大的竞争对手的市场份额的比率，相对市场份额用1.0分界为高、低两个区域。某项产品或业务的相对市场份额多，表示其竞争地位强，在市场中处于领先地位；反之则表示其竞争地位弱，在市场中处于从属地位。

纵坐标表示企业所在行业的成长性，表示该行业过去两年和今后两年的平均市场销售增长速度，通常以10%的增长速度为限划分为两个区域，最近两年平均增长率超过10%的为高增长业务，低于10%的为低增长业务。这样划分出如下四种经营单位。

1. 明星业务

明星业务是指那些市场增长率和相对市场占有率都较高的经营单位。此类业务处于迅速增长的市场，具有很大的市场份额，被形象地称为"明星产品"。这类产品或业务既有发展潜力，企业又具有竞争力，是高速成长市场中的领先者，行业处于生命周期中的成长期，应是企业重点发展的业务或产品，但它们是企业资源的主要消费者，企业要采取追加投资、扩大业务的策略，支持它继续发展。

2. 金牛业务

金牛业务是指那些有较低市场增长率和较高相对市场占有率的经营单位。行业可能处于生命周期中的成熟期，企业生产规模较大，本身不需要投资，反而能为企业提供大量资金，用以支持其他业务的发展，被形象地称为"金牛业务"。企业通常以金牛业务支持明星业务、问题业务和瘦狗业务。企业的策略是维持其稳定生产，不再追加投资，以便尽可能地回收资金，获取利润。

3. 瘦狗业务

瘦狗业务是指那些相对市场占有率和市场增长率都较低的经营单位。行业可能处于生命周期中的成熟期或衰退期，市场竞争激烈，企业获利能力差，不能成为利润源泉。如果这类业务还能自我维持，则应缩小经营范围，加强内部管理。如果这类业务已彻底失败，企业应当及时采取措施，清理业务或退出经营领域。

4. 问题业务

问题业务是指那些相对市场占有率较低而市场增长率却较高的经营单位。这类业务通常处于最差的现金流状态：一方面，所在行业增长率较高，需要企业投入大量资金支持其生产经营活动；另一方面，企业产品的市场相对占有率不高，不能给企业带来较高的资金回报。因此，企业对问题业务的投资需要进一步分析是否具有发展潜力和竞争力优势，判断使其转移到业务所获的投资量，分析其未来是否盈利，研究是否值得投资的问题。

增长率—市场占有率矩阵法将企业的不同业务组合到一个矩阵中，可以简单地分析企业在不同业务中的地位，从而针对企业的不同业务制定有效策略，集中企业资源，提高企业在有限领域的竞争力。该矩阵分析的目的在于为企业确定自己的总体战略。在总体战略的选择上，它指出了每个经营业务在竞争中的市场地位，使企业了解了它的作用或任务，从而有选择和集中地运用企业优势的资金。同时，该矩阵将企业不同经营领域内的业务综合到一个矩阵中，具有简单明了的效果。在其他战略没有发生变化的前提下，企业可以通过该矩阵判断自己各经营业务的机会和威胁、优势和劣势，判断当前存在的主要战略问题和企业未来的竞争地位。比较理想的投资组合是企业有较多的明星业务和金牛业务，少数的问题业务和极少的瘦狗业务。

但是，增长率—市场占有率矩阵法也存在局限性。该矩阵按照市场增长率和相对市场份额，把企业的市场业务分为四种类型，相对来说，有些过于简单。同时，在实践中，企业要确定各业务的市场增长率和相对市场份额是非常困难的，该矩阵中市场地位和获利之间的关系会因行业和细分市场的不同而发生变化。另外，企业要对自己一系列的经营业务进行战略评价，仅仅依靠市场增长率和相对市场份额是不够的，还需要行业的技术水平等其他指标。

（二）行业吸引力竞争能力分析法

行业吸引力竞争能力分析法是由美国通用电气公司与麦肯锡咨询公司共同发展起来的。它是为克服波士顿矩阵的局限性而提出的改良分析矩阵，也称通用电气-麦肯锡矩阵或行业吸引力-企业实力矩阵。

该矩阵在理论上与波士顿矩阵类似，但它考虑了更多的因素，对不同的业务进行比较。通用矩阵的纵坐标用行业吸引力代替了行业成长速度，横坐标用企业实力代替了相对市场份额。同时，通用矩阵针对波士顿矩阵坐标尺度过粗的缺陷，增加了中间等级。根据行业吸引力和经营单位的竞争能力，可以确定各经营单位在总体经营组合中的位置，据此制定不同的战略，如图2-6所示。

行业吸引力	高	中	低
高	A	B	D
中	C	E	G
低	F	H	I

经营单位竞争力

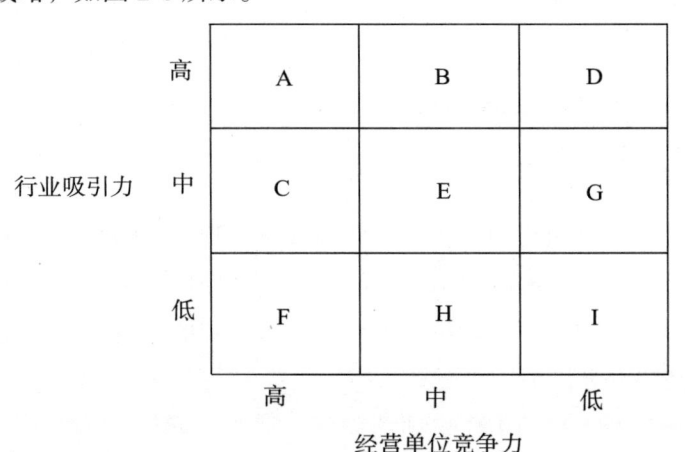

图2-6 行业吸引力-竞争能力矩阵

经营单位所处行业的吸引力按强度分成高、中、低三等，所评价的因素一般包括行业规模、市场增长速度、产品价格的稳定性、市场的分散程度、行业内的竞争结构、行业利润、行业技术环境、社会因素、环境因素、法律因素、人文因素。

经营单位所具备的竞争能力按大小也分为高、中、低三等，所评价的因素包括生产规模、增长、市场占有率、营利性、经营单位竞争力。

行业吸引力的三个等级与经营单位竞争能力的三个等级构成一个具有九象限的矩阵，公司中的每一经营单位都可放置于矩阵中的每一位置。总体来说，公司内的所有经营单位可归结为三类，而对不同类型的经营单位应采取不同的战略，如下所述。

1. 发展类。这类包括处于A、B和C位置的经营单位。对于这类经营单位，公司要采取发展战略，即要多投资以促进其快速发展。因为这类行业很有前途，经营单位又具有较强的竞争地位，因此应该多投资，以便巩固经营单位在行业中的地位。

2. 选择性投资类。这类包括处于D、E和F位置的经营单位。对这类经营单位，公司的投资要有选择性，选择其中条件较好的单位进行投资，对余者采取抽资转向或放弃战略。

3. 抽资转向或放弃类。这类包括处于G、H和I位置的经营单位。这类单位的行业吸引力和经营单位实力都较低，应采取不发展战略。对一些目前还有利润的经营单位，采取逐步回收资金的抽资转向战略，而对不盈利又占用资金的单位则采取放弃战略。

第四节 企业战略的实施与控制

企业一旦选择合适的战略，战略管理的重点就从战略选择转移到了战略实施阶段。如果没有有效的实施战略，那么任何战略都不可能实现其价值，即实现企业战略目标。战略控制是为了有效地实施战略，同时也是为了对不适应的战略及时做出调整，以更好地实现企业可持续发展的目标。

一、企业战略的实施

（一）战略实施的内容

所谓战略实施，就是执行达到战略目标的战略计划或战略方案，这是将战略付诸实际行动的过程。企业战略实施应包括建立能够执行并完成战略计划的强有力的组织，围绕战略目标有重点地配置资源，动员整个组织投入选定的战略计划，设置内部战略管理支持系统并发挥战略领导作用。

企业战略实施涉及大量的工作安排、资金和时间，而不像战略制定和选择过程中所参加的人员主要是高层管理者。在战略实施过程中，企业从最高管理者到作业人员，每个人都参与战略的实施。因此，战略实施较之战略分析和战略选择来说，所涉及的问题更多、更复杂。按照小罗伯特·沃特曼的观点，企业的战略匹配包含7个因素（见图2-7）。这7个因素又被称为"麦肯锡7S模型"。

（1）战略，是旨在获得超过竞争对手的持续优势的一组紧密联系的活动。

（2）结构，是指组织结构图及其相应的部分，它表明人员、任务的分工及整合。

（3）制度，是指完成日常工作的过程及流程，包括信息系统、资本预算系统、制造过程、质量控制系统和绩效度量系统等。

（4）风格，是指集体管理人员所花费时间和精力的方式，以及他们所采取的代表性的行为方式。

（5）人员，是指企业中的所有人，更重要的是指企业中人员的分布状况。

（6）技能，是指企业作为一个整体所具备的能力。

（7）共同价值观，是指企业的哲学和文化，即使企业保持团结一致的那种指导性的观念、价值和愿望等。

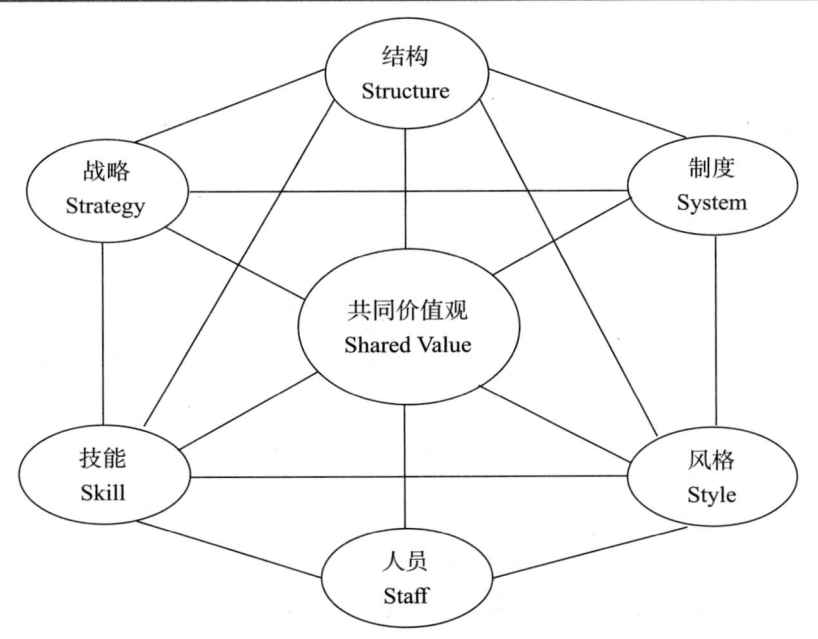

图2-7 麦肯锡7S模型

在该模型中，战略、结构和体制被认为是企业成功的"硬件"风格、人员、技能和共同价值观被认为是企业成功经营的"软件"。该模型认为软件和硬件同样重要。7S模型同时表明，当这些因素相互适应和匹配时，企业实施的战略就可以成功；反之，当这7个因素不能互相融洽时，战略实施将不可能取得成功。

（二）战略实施的一般过程

1.诊断战略问题

在战略管理中，战略实施是战略制定的继续，即企业制定出目标和战略以后，必须将战略的构想转化成战略的行动。在这个转化过程中，企业首先要考虑战略制定与战略实施的关系，两者配合得越好，战略管理越容易获得成功。

图2-8说明了这两者的重要性，并指出了战略制定与战略实施的不同搭配会产生四种结果，即成功、摇摆、艰难和失败。

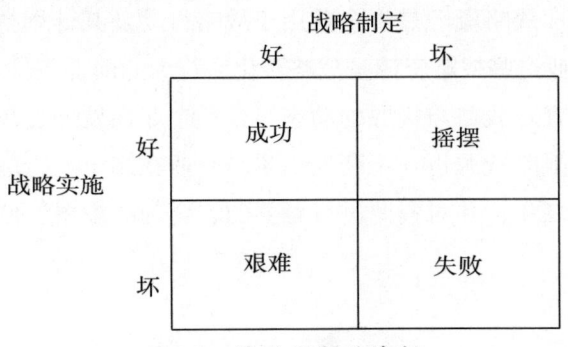

	战略制定 好	战略制定 坏
战略实施 好	成功	摇摆
战略实施 坏	艰难	失败

图2-8 战略问题的诊断

作为成功的企业，企业不仅有好的战略，而且能够有效地实施这一战略。在这种情况下，尽管企业处于不能控制的环境，但由于它能够成功地制定与实施战略，企业的目标便能够较顺利地实现。

在摇摆象限里，企业没有很好的战略，但执行这种战略却一丝不苟。在这种情况下，企业会遇到两种不同的局面：一种局面是由于企业能很好地执行战略而克服战略的不足，或者至少为管理人员提出了可能失败的警告；另一种局面是企业认真制定了一个"不好"的战略，结果加速了企业的失败。

在艰难象限里，企业有很好的战略但贯彻实施得很差。这种情况往往是由于企业管理人员过分注重战略的制定而忽视战略实施的缘故。一旦问题发生，管理人员的反应常常是重新制定战略，而不是检查实施过程是否出了问题。结果，重新制定出来的战略仍按照老办法去实行，只有失败一条路。

在失败象限里，企业所面临的问题是既没有好的战略又没有很好地执行战略。在这种情况下，企业的管理人员很难把战略转到正确的轨道上来。因为企业如果保留原来的战略而改变实施的方式或者改变战略而保留实施的方式，都不会产生好的结果，仍旧要失败。

因此，企业要取得好的战略管理绩效，就需要在摇摆、艰难和失败象限里诊断出战略失败的原因，以便找到一种补救的方法，以便更有效地实施战略。

2. 分解战略目标

要将战略转化为战略行动，需要在分析战略变化的基础上，把战略方案的内容层层分解，要使企业的每个员工都能明确自己在战略中的地位，明确自己的任务和职责。

企业要将战略分解战略实施阶段，并确定分阶段的战略目标的政策措施、部门策略与方针等。特别需要注意各个阶段的分目标及计划应该具体化和可操作化，使战略最大限度地变成企业各个部门可以具体操作的业务。

3. 调整组织结构

企业需要调整或重新组建适当的组织结构以支持变革。作为适应战略实施需要的新型组织结构，它应符合履行基本职能的效率要求，符合企业不断创新的需要，同时能确保面临重大威胁时做出快速反应的要求。

配置战略资源企业战略资源是指企业用于战略行动及其计划推行的人力、财力、物力等要素的总和。企业这些战略资源是战略转化为行为的前提条件和物资保证。

企业战略资源配置是战略与资源的动态组合。企业在发展过程中，在不同阶段将其战略不断推陈出新，战略资源也在不断地积累。企业在制定现行战略时，应该充分预测将来的环境、资源的变化，并对资源进行必要的、合理的配置，使资源配置与战略连成一体。

4. 考核与激励

企业要对战略实施的情况进行绩效考核与激励，其内容包括企业是否制定了发展战略目标；企业如何将战略目标有效分解到战术操作层面（各职能战略）；企业采用什么样的绩效管理工具评估战略目标和引导资源配置走向；企业如何通过绩效考核，控制各业务单元和员工的工作绩效和管理行为等。企业战略实施业绩的考核可以利用关键业绩指标法（KPI）和平衡计分法等方法。

同时，需要注意战略实施的激励。对一般人员的激励，其目的就在于促使企业的人员对长期目标、战略计划和创业精神有足够的了解和认识，鼓励他们的战略活动要与企业的战略相一致；对领导人员的激励，目的是鼓励及时创造性地调整战略行为，以调动和维持战略领导人员实施战略管理的积极性和主动性。

5. 过程领导

在战略实施过程中，领导技巧是一个重要因素。就整个组织成员而言，领导需要鼓励全体成员承担实施战略的义务。因此，保证领导风格与战略相适应是非常重要的。战略管理要求具有机智果敢、勇于创新、远见卓识、知识广博、富有经验同时有独特管理魅力的人来担任企业领导者。只有这样，企业战略才会在制定过程中不容易产生偏差。

二、企业战略实施的控制

战略实施的控制是指在战略方案实施过程中，为了保证按战略方案的要求进行经营而对实施活动所采取的评审、信息反馈和纠正措施等一系列活动。

（一）战略实施控制的要素

战略实施控制有三个基本要素。

1. 确立标准

确定战略控制评价标准、战略控制评价标准是用以衡量战略执行效果好坏的尺度，是战略控制的依据，它由定性和定量两大类指标组成。定性评价标准主要包括战略与环境的适应性、战略执行中的风险性、战略的稳定性、战略与资源的配套性、战略执行的时间性和战略与组织的协调性。定量评价标准可选用下列指标：经济效益综合指数、产值、实现利润、资本利润率、销售利润率、成本费用利润率、人均净产值、市场占有率、物质消耗率、新产品开发等。

2. 衡量绩效

就是把实际战略实施成效与评价标准比较，找出实际战略实施成效与评价标准的差距及其产生的原因。

3. 纠正偏差

绩效评价就是对通过成效衡量发现的问题（负偏差）并针对其产生的原因采取纠正措施。

（二）战略实施控制在战略管理中的作用

第一，企业战略实施的控制是企业战略管理的重要环节，它能保证企业战略的有效实施。战略决策仅能决定哪些事情该做，哪些事情不该做，而战略实施控制的好坏将直接影响企业战略决策实施的效果好坏与效率高低。因此，企业战略实施的控制虽然处于战略决策的执行地位，但对战略管理来说是十分重要、必不可少的。

第二，企业战略实施的控制能力与效率的高低又是战略决策的一个重要制约因素，它决定了企业战略行为能力的大小。企业战略实施的控制能力强、控制效率高，则企业高层管理者可以做出较为大胆的、风险较大的战略决策；若相反，则只能做出较为稳妥的战略决策。因此，提高战略实施的控制能力，也是企业战略管理的一项重要任务。

第三，企业战略实施的控制与评价可为战略决策提供重要的反馈，帮助战略决策者明确决策中哪些内容是符合实际的、正确的，哪些是不正确的、不符合实际的，这对于提高战略决策的适应性和水平具有重要作用。

第四，企业战略实施的控制可以促进企业文化等企业基础建设，为战略决策奠定良好的基础。

（三）战略实施控制的方法

1. 以控制时间分类

以控制时间分类可分为事前控制、事中控制和事后控制。

（1）事前控制。事前控制是指对战略实施进行监测，用前馈控制方法对事物前兆进行控制。前馈控制是在工作成果尚未实现前，去发现将来工作的结果可能出现的偏差，采取校正措施，使可能出现的偏差不容易发生，从而防患于未然。

（2）事中控制。事中控制就是监督实际正在进行的业务，以保证既定目标的实现。企业的战略要依赖于人的活动，没有人的活动，战略就不能实现。所以，对组织成员活动的控制是战略控制的重要组成。

（3）事后控制。事后控制是指将执行结果与期望的标准相比较，看是否符合控制标准，然后进行偏差分析，找出原因，确定纠正方案。

2. 以控制主体的状态分类

（1）避免型控制，即采用适当的手段，使不适当的行为没有产生的机会，从而达到不需要控制的目的。如通过自动化使工作的稳定性得以保持,按照企业的目标正确地工作；通过与外部组织共担风险减少控制；转移或放弃某项活动，以此消除有关的控制活动。

（2）开关型控制。开关型控制又称为事中控制或行与不行的控制。其原理是在战略实施的过程中，按照既定的标准检查战略行动，确定行与不行，类似于开关的开与关。开关控制法一般适用于实施过程标准化的战略实施控制，或某些过程标准化的战略项目实施控制。

3. 以控制的切入点分类

（1）财务控制。这种控制方式覆盖面广，是用途极广的重要的控制方式，包括预算控制和比率控制。

（2）生产控制，即对企业产品品种、数量、质量、成本、交货期及服务等方面的控制，可以分为产前控制、过程控制及产后控制等。

（3）销售规模控制。销售规模太小会影响经济效益，太大会占用较多资金，也会影响经济效益，为此要对销售规模进行控制。

（4）质量控制，包括对企业工作质量和产品质量的控制。工作质量不仅包括生产工作的质量，而且包括领导工作、设计工作、信息工作等一系列非生产工作的质量，因此，质量控制的范围包括生产过程和非生产过程的其他一切控制过程。质量控制是动态的，着眼于事前和未来的质量控制，其难点在于全员质量意识的培养。

（5）成本控制。通过成本控制使各项费用降低到最低水平，达到提高经济效益的目的。成本控制不仅包括对生产、销售、设计、储备等有形费用的控制，而且包括对会议、领导、时间等无形费用的控制。在成本控制中要建立各种费用的开支范围、开支标准并严格执行，要事先进行成本预算等工作。成本控制的难点在于企业中大多数部门和单位是非独立核算的，因此缺乏成本意识。

（四）战略实施的控制过程中应注意的问题

1. 战略控制应具有前瞻性

战略控制与日常生产经营控制不同，其重点是企业的目标和方向，所以管理人员要能预见未来，及时发现和纠正对企业发展方向与长远目标有重大影响的有利和不利因素。

2. 战略控制应该采用例外原则

对战略控制不要样样都抓，有标准的事件只需适当关注，主要是处理非标准情况下出现的例外事件，抓住战略实施的重点进行控制。

3. 战略控制应该有伸缩性

战略控制要有较大的回旋余地，有伸缩性。只要能保持正确的方向，便可取得预期的效果。

4. 战略控制应考虑组织特征

不同的组织有不同的经营环境，管理者和职工在战略控制中的作用也有很大差异，要根据组织的特征采取相应的控制方法。

第三章 企业使命与战略目标

第一节 企业愿景

一、企业愿景的内涵

1. 企业愿景的基本概念

企业愿景是企业战略发展的重要组成部分。所谓愿景,是指由组织内部的成员所制订,借由团队讨论,获得组织一致的共识,确立大家愿意全力以赴的未来方向。企业愿景是企业战略家对企业前景和发展方向的高度概括,由企业核心理念和对未来的展望构成。在企业经营管理过程中,企业愿景应根据企业现有阶段经营与管理发展的需要,对企业未来发展方向的一种期望、一种预测、一种定位,并通过市场的效应,及时有效地整合企业内外信息渠道和资源渠道,以此来规划和制定企业未来的发展方向、企业的核心价值、企业的原则、企业的精神、企业的信条等抽象的观念或姿态,和企业的使命、存在意义、经营方针、事业领域、核心竞争力、行为方针、执行力度等细微性的工作,从而让企业的全体员工及时有效地通晓企业愿景赋予的使命和责任,使企业在"计划—实行—评价—反馈"的循环过程中,不断增强自身解决问题的能力和强度。

在西方的管理论著中,企业的愿景不只专属于企业负责人所有,企业内部每位成员都应参与构思制订愿景与沟通共识,制订愿景,可使得愿景更有价值,企业更有竞争力。在先进企业的经营活动中,很容易发现优秀企业愿景的例子。如重视实际和价值的通用电气公司的理念、强调人类健康信条的强生公司的理念等。许多杰出的企业大多具有一个特点,就是强调企业愿景的重要性,因为唯有借助愿景,才能有效地培育与鼓舞组织内部所有人,激发个人潜能,激励员工竭尽所能,增加组织生产力,达到顾客满意的目标。

2. 企业愿景的层次

企业愿景可以分为三个不同层次:企业对社会的价值处在愿景的最高层,中层是企业的经营领域和目标,下层是员工的行动准则或实务指南。企业对人类社会的贡献和价值是企业赖以存在的根本理由,也是其奋斗的方向,它是最高层次的企业愿景,具有最高的效力；企业的经营领域和目标是低一层次的概念，指出企业实现价值的途径和方式；行为准则和实务指南是在这个过程中应该遵循的经济和道德准则。愿景所处的层次越高，具有的效力就更大、延续的时间就更长。

愿景形成以后，组织负责人应对内部成员做简单、扼要且明确的陈述，以激发内部士气，并应落实为组织目标和行动方案，具体推动实施。因此，基于企业愿景，企业进一步进行愿景管理，就是结合个人价值观与组织目的，透过开发愿景、瞄准愿景、落实愿景的三部曲，建立团队，促使极大化发挥组织力量。

3. 企业愿景的基本内容

企业愿景大都具有前瞻性的计划或开创性的目标，作为企业发展的指引方针。由于企业不仅是企业领导者的企业，而且是员工、合作伙伴和社会的企业，随着企业走向发展和壮大，企业必须经历企业迈向社会化的过程。因此，一般来讲，企业的愿景通常包含以下四个方面的内容。

（1）使整个人类社会受惠受益。这是一个比较宏观的概念，有很多企业会选择这样的内容作为自己的企业愿景。例如，有些企业的愿景就表达出企业的存在就是要为社会创造某种价值。

（2）实现企业的繁荣昌盛。这部分内容主要是针对本企业而言的，其主要愿景就是为了实现企业自身的不断发展。例如，美国航空公司提出要做"全球的领导者"，这就是谋求企业的繁荣昌盛。

（3）为员工谋更大的利益。愿景的这部分内容主要是针对企业的员工而言的，目的是为员工创造更多的利益，促进员工的敬业爱业。

（4）使客户心满意足。客户满意是最基础的愿景，因为客户是企业成功最重要的因素，如果客户对企业的愿景都不能认同，那么愿景也就失去了其本身的意义。

二、企业愿景的价值

企业愿景的价值是促使组织的所有部门涌向同一目标并给予鼓励，同时它也是员工日常工作中的价值判断基准。为此，在规定企业愿景时应明确企业提供的价值和目的。企业愿景的另一构成要素企业目的是给企业员工指示发展方向，提供激励的基本框架。因此，企业愿景的内容及其实行方法并不是在企业创立之初就能规定明确的，也没有怎样才是最好的标准答案。也就是说，企业愿景不是由其内容，而是由其理念的明确性和理念下的整合性的经营活动来规定和强化的。在当今的企业活动中，企业愿景的价值主要体现在以下六个方面。

1. 提升企业的存在价值

企业愿景的终极目标就是将企业的存在价值提升到极限。企业的存在价值是企业本质存在的理由和信念。

传统观念认为，企业的存在价值在于它是实现人类社会幸福的手段与工具，是在促进全社会幸福和寻找新的财富来源的过程中创造出来的。而且急剧变化的企业环境会引发企业的生存危机，企业要想摆脱困境，就迫切需要设定正确的企业愿景。如果以危机为借口，不去明确企业愿景，而是在现有状况下随波逐流，采取与企业愿景相违背的行动，那么即使能获得高额利润，最终也无法取得社会认同。即使是在危机中，企业也应在日常的企业活动中努力遵守源于经济理论、社会道德的企业愿景，如果企业不从企业愿景出发去选择行动方案，就不可能进行真正的危机管理或对策，所以明确的企业愿景是企业解决问题或进行革新活动的必要条件。

近来由于企业价值观经历全球化和信息时代的变革，企业愿景的概念范围也随之扩大。在以往那些企业活动的基础上增加了与全球自然环境共生和对国际社会的责任和贡献等内容，从而使企业存在价值这一概念更加完整。

2. 整合个人愿景

现代社会的员工特别是知识员工非常注重个人的职业生涯规划，都有描述自己未来的个人愿景。要使企业员工都自觉、积极投入企业活动中，就需要有企业愿景整合员工的个人愿景。

在现代社会，企业不能仅仅从经济代价或交换的角度去理解个人和企业的关系。当个人能理解和参加到企业愿景中时，就能融进企业里，文字化的企业愿景不应是抽象的概念或只言片语，而应包含具体明确的方针。当提出明确的企业愿景，并传播到每个员工，激发起员工的自觉参与意识时，企业就能获得发展。

在企业发展过程中，相对经济利益，员工往往更加重视自我价值的实现和个人能力的提升。企业在制定愿景的时候，应当激发员工的自觉参与意识，理解和尊重员工的个人愿景并将它们恰当地融入到企业共同愿景当中。通过这种方式产生的企业愿景能够获得员工的认同和响应，因为他们在充分发挥个人能力去达成企业共同愿景的同时也能够实现自我，而且可促使企业员工充分发挥个人能力去达成企业共同的目标和愿景。

3. 协调利害关系者

对于一个特定的组织来说，利害关系者通常是指那些与组织有利益关系的个人或者群体。如果组织忽略了某个或者某些能够对组织产生影响的群体或者个人，就有可能导致经营失败。正像利害关系者会受到企业的决策、行动的影响一样，这些利害关系者也会影响该企业的决策、行动，两者之间存在着双向的影响和作用力。实质上，企业与利害关系者之间是一种互动的共生关系。企业在制定企业愿景时，必须界定利害关系者的类型、他们的利益诉求以及相应的策略。如何识别各种各样的利害关系者，并通过企业愿景加以反映和协调，是企业高层管理人员的重要任务。如果利害关系者的利益不能在愿景中得到尊重和体现，就无法使他们对企业的主张和做法产生认同，企业也无法找到能对他们施加有效影响的方式。

要协调利害关系者就必须有企业愿景。近年来，在管理和营销领域，关系性概念受到更多关注。这是企业在对大量生产、大量销售体制造成个体的人际关系衰退后进行反思产生的概念，许多学者认为这种概念对于曾坚持生产者观念的企业是必要的。关系的概念不但适用于企业和顾客的交往，也适用于企业与内部员工之间的关系。经营者和员工之间的关系不是指简单的劳动合同，而是指在相互信赖和密切联系基础上的关系，即非机械疏远的伙伴关系，这种关系需要通过公司内部沟通创造出共同价值的共同创造观念。另外，这种关系的基础要求由企业成员共享的共同企业愿景。有了共享的企业愿景，就能迅速正确地沟通，企业成员在同一企业愿景、共同的目标下建立关系的话，企业成员就能在相互沟通和活动中创造共享价值。

4. 增强知识竞争力

当前，企业愿景受重视的另一个理由是组织知识、应变能力等"知识竞争力"作为企业竞争力要素开始受到广泛关注。这些要素的作用发挥取决于企业愿景这种基于知识资源管理体系的建立。

传统观念的企业竞争力是由产品或服务的生产能力、销售能力、资本的调配和运营能力等与企业利润直接相关的要素决定的。但随着近年来企业活动领域发生的巨大变化，企业开始重新审视竞争力的来源，组织知识和应变能力受到广泛关注。而企业愿景有助于知识和能力的获取及其作用的发挥。

许多学者把企业组织看作知识主体，而把它的知识创造力看作企业应当追求的竞争力要素。组织知识是企业多年以来周而复始地开发、应用、总结形成的，是以往采取的众多战略步骤的结果，存在一种路径依赖性。路径依赖性越高，就越不易被对手所模仿，企业的竞争优势就能更长久。企业如能制定明确的、长期的愿景，保持战略的稳定性和连续性，并保证一切战略战术行动均围绕愿景而展开，就能使组织知识拥有长期的战略积淀和深厚的文化底蕴，从而提高其路径依赖性，增强对手模仿的难度。

在动态竞争条件下，如果不能创造性地、灵活地应对环境变化，企业本身的生存发展就会出现问题。一般认为，组织取决于战略，战略的张力和柔性决定着组织的灵活程度和应变能力。而企业愿景是战略规划的最终目的和根本依据，其长期性和预见性提供了规避风险的线索。科学明确的愿景决定着企业战略的选择范围，在保证战略方向正确的同时留有回旋的余地，有助于提升企业的应变能力。

5. 累积企业的努力

企业的现状是日积月累努力的最终结果，而企业愿景就是有选择地、高效地累积这些努力的关键手段。愿景是企业有能力实现的梦想，也是全体员工共同的梦想。愿景能描绘出企业将来的形态，引导企业资源投入的方向。企业有愿景，就可以一直朝一定的方向前进，在追求短期目标的同时，也可以为中、长期目标的实现奠定基础。共同愿景还能让每一个人的努力发生累积的效果。

企业没有愿景，就会分散力量，也会导致经营上的问题，即使短期内有不错的业绩，也会因为和长期目标不够一致，各种力量互相抵消。不管是现在的事业或新事业都是为了达成企业愿景，反过来说企业有了愿景，才有新事业诞生。在动态竞争中，环境要素复杂多变，拥有愿景的企业可以在别人还未看见、尚无感觉的时候，已经开始对未来的规划和准备。经过长时间努力，当市场机会出现时，企业已经备妥所有的竞争力，从而占据竞争的主动，赢得先动者优势。相反，企业如果没有愿景，只是看着别人的做法亦步亦趋，终究要因为累积的时滞而被淘汰。

6. 应对企业危机

在动态竞争条件下，环境的关键要素复杂多变且具有很大的随机性。企业的生存时刻面临极大挑战，处理不慎就可能演变为致命危机。

企业应对危机、摆脱困境迫切需要愿景，明确的企业愿景是动态竞争条件下企业应对危机的必要条件和准则。一方面，企业不能停留于简单的"刺激—反应"模式，不能只考虑解决危机而忘记抽出时间进行长远规划。如果以未来的不可预测性或情况紧急为托词而不去明确企业愿景，只是在危机到来时被动应付，那么即使能勉强渡过难关，最终也会因迷失方向而无所适从。另一方面，已经拥有远景的企业在制订危机处理方案时，必须努力遵循源于经济理论、社会道德的企业愿景。必须从企业愿景出发去寻找行动方案，考虑所采取的行动是不是与企业一贯的方针和自身承担的使命及社会责任相一致。以愿景为危机处理的基准才能保证企业的长远利益和社会认同。

企业愿景还有可能将危机转化为机遇。本质上，所谓机遇，是指同企业环境建立良好的、建设性的互动关系；而危机常以某种方式出现，迫使企业必须处理好环境的问题，否则就会在财务、公众形象或者社会地位方面受到损害。但是，危机如果处理得当，就可能转变为企业的机遇。世界上成功的企业在面对危机时，往往为了保证愿景的贯彻而不惜牺牲巨大的当前利益，这些负责任的举动为它们赢得了广泛的尊重，无形中提升了企业形象，提高了其在消费者心目中的地位，这些都为以后的市场开拓提供了便利。

三、企业愿景的设定

企业愿景是企业未来的目标、存在的意义，也是企业的根本所在。它回答的是企业为什么要存在，对社会有何贡献，它未来的发展怎样等根本问题。因此，企业愿景的设定一般应该包括以下两个方面。

1. 明确核心经营理念

在企业发展过程中，核心经营理念界定了一个企业经久不衰的特征，这种特征是一个企业的稳定标志，它超越了产品或市场的生命周期、技术突破、管理时尚和个人领袖。事实上，对于建构远见卓识的企业具有贡献的那些因素中，核心经营理念是最持久、最显著的因素。

核心经营理念包括核心价值观和核心使命。核心经营理念用以规定企业的基本价值观和存在的原因，是企业长期不变的信条，如同把组织聚合起来的黏合剂，核心经营理念必须被组织成员共享，它的形成是企业自我认识的过程。核心价值观是一个企业最基本和持久的信仰，是组织内成员的共识，它是企业不随时间而改变的指导原则。核心价值观无须外界的评判，它对于企业内部成员有着内在的价值和重要性。在企业发展过程中，企业的核心价值观可以起到凝聚企业全体成员并激励员工积极性的重要作用。

核心经营理念的第二个内容是核心使命。核心使命是一个企业存在的理由，反映了人们在组织中从事工作的理想动力。它并不是仅仅描述组织的产量或目标客户，它抓住的是企业的灵魂。

2. 提出企业未来前景

企业未来前景包括两部分：一个 10—30 年实现的战略目标，一个对实现目标后将会是什么样子的生动描述。大部分公司都有目标，但在拥有什么样的目标上存在差异：有的公司仅仅是有一个目标而已；有的公司则愿意面对重大、令人畏惧的挑战。真正的愿景目标应该是清楚、明确而且让人充满斗志的，它是一个企业共同努力的目标，是团队精神的催化剂。它有着明确的终点线，因此，组织能够知道什么时候自己达到了目标。尽管在同一时间里，组织的不同层级有很多奋斗目标，但愿景规划需要的是一种特殊类型的目标，即可以应用于整个组织中，并要经过 10—30 年的努力才能实现。在为企业的长远未来而设置目标时，不应只停留在现有经营能力和现有环境层面上，而要深入下去进行思考。的确，制定这种目标需要高层管理团队具有远见卓识，而不仅仅是在战略或战术上考虑。

除了远景基础上的战略目标外，生动的未来前景中还需要生动形象的描述，也就是说，用一种形象鲜明、引人入胜和具体明确的描述，来说明实现目标后会是什么样子。例如，亨利·福特用生动形象的描述给"使汽车大众化"这一目标赋予了生命：我要为大众生产一种汽车……它的价格如此低，不会有人因为薪水不高而无法拥有它，人们可以和家人一起在上帝赐予的广阔无垠的大自然里陶醉于快乐的时光中……当我实现它时，每个人都能买得起它，每个人都将拥有它。马会从我们的马路上消失，汽车理所当然地取代了它……（我将会）给众多的人提供就业机会，而且报酬不薄。

第二节 企业使命

一、企业使命的内涵

1. 企业使命的基本概念

在制定企业战略之前首先应弄清企业应承担什么样的社会责任,是一个什么性质的企业,它应从事什么事业,即要弄清企业的使命。一个企业总是为了满足社会的某种需要和获得一定经济利益动脑筋建立的,从企业建立开始就承担着社会赋予其的一定社会责任,这个责任就是企业应该对社会履行的历史使命。使命是指对自身和社会发展所做出的承诺,公司存在的理由和依据,是组织存在的原因。所谓企业使命,是指企业在社会进步和社会经济发展中所应担当的角色和责任,是企业的根本性质和存在的理由,说明企业的经营领域、经营思想,为企业目标的确立与战略的制定提供依据。企业使命应该包含以下含义。

(1)企业的使命实际上就是企业存在的原因或者理由,也就是说,是企业生存的目的定位。不论这种原因或者理由是"提供某种产品或者服务",还是"满足某种需要"或者"承担某个不可或缺的责任",如果一个企业找不到合理的原因或者存在的原因连自己都不明确,或者连自己都不能有效说服,那么企业的经营问题就大了。

(2)企业使命是企业生产经营的哲学定位,也就是经营观念。企业确定的使命为企业确立了一个经营的基本指导思想、原则、方向、经营哲学等,它不是企业具体的战略目标,或者抽象的存在,不一定表述为文字,但影响经营者的决策和思维。这中间包含了企业经营的哲学定位、价值观凸显以及企业的形象定位。

(3)企业使命是企业生产经营的形象定位。它反映了企业试图为自己树立的形象,诸如,"我们是一个愿意承担责任的企业""我们是一个健康成长的企业""我们是一个在技术上卓有成就的企业"等,在明确的形象定位指导下,企业的经营活动就会始终向公众明确这一点。

2. 企业使命的内容

一般来说,企业使命的内容主要包括以下两个方面。

(1)经营哲学。经营哲学是指企业在从事生产经营活动中所持有的基本信念、价值观和行为准则,是企业在创造物质财富和精神财富的实践中所体现出来的世界观和方法论,它表明企业对自己承担的使命和所起的作用以及如何起作用的根本看法。企业经营哲学是企业在长期的生产经营实践中形成的、被企业全体职工所接受的共同信念、共同价值观等,具体表现为一系列经营观念,反映了企业领导人在经营企业过程中的信念、抱负和所关注的重点，这是企业确定生产经营活动方式的行为准则。正确的经营哲学是对企业成功经验的集中总结和高度概括。它决定了企业经营行为的基本性质和方向，是企业一切行为与活动刻意追求的目标或精神。它对企业经营战略的形成与实施具有重要作用，能够引导企业走上兴旺发展之路，是一个企业在发展过程中必须明确的企业使命的内容。

（2）企业宗旨。经营宗旨是企业经营哲学的具体化，即企业从事什么生产经营活动、达到什么目的和对社会起什么作用的具体表述。具体地说，确定企业宗旨就是确定企业的性质，明确企业的经营范围和服务对象，明确企业今后生产经营活动发展的方向。它反映了企业高层领导者对企业未来的构思和设想，是企业制定战略决策的基础和依据。不同的企业宗旨有所不同，有的侧重于表述企业要干什么，给社会和顾客贡献什么。

3. 企业使命的构成要素

企业使命的构成要素主要包括以下几个方面。

（1）企业性质的确定。这是指企业从事何种经营事业，在哪个或哪几个经营事业领域从事经营活动所做出的选择，实际上就是对企业的行业和为之服务的市场定位进行决策，如果企业所从事的行业和为之服务的市场定位准确，那么将为企业长远的发展打下坚实基础。

（2）企业成长方向的选择。当企业正在从事的经营领域进入成熟期，甚至进入衰退期，现有产品的市场需求已接近饱和或已开始下降，企业就需考虑研究进入新的经营领域和新的市场。究竟进入哪个或哪些新的领域、进入哪个或哪些新的市场，这就应尽快做出决策。

（3）企业经营目的的确定。企业作为一个经济组织，一般有三个经济性目的，即长期生存、持续发展、获得盈利。这三个目的有时会发生矛盾，企业常常为了某些产品的短期利润很高而投入大量资源，放松对另一些目前看来盈利不显著而长期获利颇丰的产品和技术的投入，从而严重影响企业自身未来的生存和持续发展。所以，对这三个目的的关系需要妥善地安排和恰当地处理。

（4）企业经营哲学的选择。企业经营哲学是指企业在从事生产经营活动中所特有的基本信念、价值观念和行为准则，其内涵就是企业经营者有广大员工的世界观和方法论。作为世界观，它表明企业经营者和员工群众对企业确定的使命和应起的作用以及如何起作用的总体看法；作为企业的方法论，表明经营者和员工群众对企业与各方面发生的经济关系，出现的经济矛盾所持有的态度和解决矛盾所采用的方法。随着我国社会主义市场体制的确定，企业的经营环境发生了重大变化，企业需确立与社会主义市场经济相适应的基本信念、价值观念和行为准则，与之不适应的经营观念、价值观念、行为准则应变革和扬弃。

（5）企业经营方针的选择。企业经营方针是指企业为贯彻战略思想和实现战略目标，突出战略重点所确定的基本原则、指导方略和行动指针。经营方针是企业经营哲学的具体反映，是企业宗旨的表达方式。如企业在产品和服务质量上的方针，既可表述为"以优取胜""以质取胜"的方针，也可表述为"以质量求生存"的方针；在产品品种开发上，既可提出"以新取胜"的方针，也可制定"以品种求发展"的方针；在营销上既可提出"薄利多销"的方针，也可制定"优质优价"的方针。这些不同方针都有其适用的条件，应从企业实际和市场供需状况出发，做出正确的选择。

（6）企业社会责任的确定。企业向市场、向顾客提供产品和服务，这是企业应对社会承担的首要责任；同时，企业还承担着保护消费者权益，保护生态环境，治理"三废"，提供新的就业机会，为社区的公益事业在力所能及的条件下做出一定贡献的责任。

二、企业使命与企业愿景的关系

为了真正挖掘、提炼、运用、发挥好企业愿景和企业使命的文化理念作用，有必要具体分析、理解企业愿景和企业使命的异同点及其之间的关系。

1. 企业使命与企业愿景的密切联系

企业愿景和企业使命都是对一个企业未来的发展方向和目标的构想和设想，都是对未来的展望、憧憬，也正是因为两者都是对未来的展望，人们很容易理解为一个相同的意思或一个概念，因此在很多不同的企业或在一个企业内部经常出现企业愿景和企业使命等互相通用或混用的现象。事实上，当企业在设计和展示企业文化理念时，如果一个企业的员工大多数都不能较准确地、清晰地理解两者的概念和内涵，最好是选用一个有关企业未来发展情形的文化理念，或者企业使命，或者企业愿景。为了避免和集团的员工在企业愿景和企业使命的理解上出现矛盾或记忆难度的现象，可以只用企业使命一个概念来设计或说明企业未来的发展方向、目标、目的、使命，在企业使命里面具体再分解到"社会使命""经济使命""产品使命"三个方面，这样一来，员工理解有关企业未来的文化理念就很清晰了。

2. 企业使命与企业愿景的本质差别

如果一个企业必须分开表述企业愿景和企业使命才能足以清楚地说明、设计企业未来的发展方向和目标，并对员工产生激励、导向作用，那就首先要在企业愿景和企业使命的概念及其区别上达成统一的理解和认同，尤其是要统一认清企业愿景和企业使命的差别在哪里。

首先，企业愿景是指企业长期的发展方向、目标、目的、自我设定的社会责任和义务，明确界定公司在未来社会范围里是什么样子，这种主要是从企业对社会的影响力、贡献力、在市场或行业中的排位、与企业关联群体（客户、股东、员工、环境）之间的经济关系等方面表述。企业愿景主要考虑的是对企业有投入和产出等经济利益关系的群体产生激励、导向、投入作用，让直接对企业有资金投资的群体、有员工智慧和生命投入的群体、有环境资源投入的机构等产生长期的期望和现实的行动，让这些群体、主体在通过企业使命的履行和实现感受到实现社会价值的同时，自己的利益和发展得到保证和实现。

其次，企业使命是在界定企业愿景概念的基础上，这时就要把企业使命具体地定义到回答企业在全社会经济领域经营活动的这个范围或层次，也就是说，企业使命只具体表述企业在社会中的经济身份或角色，在社会领域里，该企业是分工做什么的，在哪些经济领域里为社会做贡献。企业使命主要考虑的是对目标领域、特定客户或社会人在某确定方面的供需关系的经济行为及行为效果。

最后，从企业愿景和企业使命等理论概念的关系来讲，企业使命是企业愿景的一个方面，换句话说，企业愿景包括企业使命，企业使命是企业愿景中具体说明企业经济活动和行为的理念。

三、确定企业使命的必要性

企业使命对战略管理来说十分重要。实践表明，一个企业要取得真正的成功，单靠资金、技术、产品等还不够，必须有一套明确的指导思想和价值理念。

1. 明确企业发展方向

明确企业发展方向可帮助企业界定战略的边界，排除某些严重偏离企业发展方向、前景不明的投资领域，从而做到目标明确、资源集中，保证企业内各公司经营目标的一致性。

企业使命反映了企业领导人的企业观，它不仅受企业外部环境等客观因素的影响，更会受企业高层领导人政策水平、科学知识、实践经验、思想方法和工作作风等主观因素的影响。

明确企业的使命也有利于吸引志同道合的人才一起奋斗。同时，也使公众对企业的政策有清晰的了解，并得到信任、好感和合作，使企业政策能够符合公众的需求，从而企业与公众都能获得利益，使企业更好地承担自己的社会责任。

2. 协调企业内外部矛盾

各个利益主体对企业使命都有不同要求，公众比较关心企业的社会责任，股东比较关心自己的投资回报，政府主要关心税收与公平竞争，地方社团更为关心安全生产与稳定就业，职工比较关心自己的福利及晋升。因此，各利益主体可能会在企业使命认识上产生分歧与矛盾，一个良好企业使命的表述，应当能在不同程度上满足不同利益相关者的需求，注意协调它们之间的关系。

3. 帮助企业建立客户导向的思想

良好的企业使命应能反映客户的期望。企业经营的出发点就是要识别客户的需要并努力满足客户的需要，这是企业定义使命时的根本指导思想。所以，在定义企业使命时，必须明确企业的产品和服务对客户所具有的效用，企业想要生产什么不是最重要的，对企业未来成功最重要的是客户想买什么、珍视什么，而客户所购买的或认为有价值的绝不是产品或服务本身，而是体现在产品和服务所能够带来的效用，即产品或服务所能提供给客户的满足心理。明确企业应该提供的产品与服务只是一种手段，目的是要满足社会和客户的需求，一定要理清手段与目的的关系。

4. 企业战略制定的前提

企业使命是确定企业战略目标的前提。只有明确地对企业使命进行定位，才能正确地树立企业的各项战略目标。另外，企业使命是战略方案制订和选择的依据。企业在制定战略过程中，要根据企业使命确定自己的基本方针、战略活动的关键领域及其行动顺序等。

5. 企业战略的行动基础

企业使命是有效分配和使用企业资源的基础。有了明确的企业使命，才能正确合理地把有限的资源分配在关键的经营事业和经营活动上。企业使命通过对企业存在的目的、经营哲学、企业形象三方面的定位为企业明确经营方向、树立企业形象、营造企业文化，从而为企业战略的实施提供激励。

四、企业使命的表达与制定

1. 企业使命的界定与表达

企业使命是企业生产经营的哲学定位，也就是经营观念。企业确定的使命为企业确立了一个经营的基本指导思想、原则、方向、经营哲学等，它不是企业具体的战略目标，或者是抽象的存在，不一定表述为文字，但影响经营者的决策和思维。这中间包含了企业经营的哲学定位、价值观凸显以及企业的形象定位。因此，确定企业使命是一个复杂的系统过程，除应遵循一定的步骤外，还需把握以下要点。

（1）企业使命表述应简洁、有力。使命的表述应该简洁、有力，令人信服和振奋人心，这样有利于培养管理者的使命感，促使"使命"成为管理者内在的驱动力，进而激发一种完成"使命"的责任感和成功的强烈欲望。简短有力，富有挑战性的使命能让员工时时记得自己的目标是什么，工作努力的方向在哪里。

（2）企业使命应追求各方利益的和谐平衡。制定使命宣言的信息必须来自各个方面，如客户、供货商、上级主管部门、工作职责目标等，要追求各方利益的和谐。佛瑞德·大卫认为，企业使命应尽可能地包含顾客、产品或服务、技术、公司哲学、自我认知、对公众形象的关心、对员工的关心及对生存、增长和盈利的关心九个要素。

此外，企业还应不断审视外部环境的变化，使得使命宣言既具有可行性又具有挑战性，既具有稳定性又具有动态性。

（3）企业使命应与远景、价值观密切结合。使命给出了企业存在的理由，为企业注入了激情和耐心，但并没有告诉员工企业未来的景象。仅有使命，没有愿景的组织不能有效地界定组织所希望达到的、最终可以评估的目标是什么。组织的价值观是组织的一套坚定的信念，它指导着组织活动的开展。使命与共享的价值观相结合，能够建立员工之间的协作和信任关系，使得组织更勇于冒险和尝试新方法，更乐于学习和发展。例如，惠普的核心价值观是"信任并尊重个人；追求卓越的成就和贡献；靠团队精神达到共同目标；鼓励灵活性和创造性"，其共享的愿景是"让人类驾驭科技的机会"，其使命是"创造信息产品，以加速知识的进步，并从本质上提高个人和组织的效率"。这三者有效地结合在了一起，形成了著名的"惠普之道"，极大地推动了公司的发展，刺激了经营业绩的增长。

（4）企业使命应以增强企业竞争力为出发点。作为一个社会组织，企业应当承担应有的公共责任和使命，但归根结底，要增强企业的竞争力。迈克尔·波特认为，"企业从事公共事业的目标，从表面上看是为了博得更多的认同和社会影响，而实质上，则应该集中于公司竞争力的增强"。因此，在明确企业使命时，还要防止走极端，要注意增强公司竞争力。

（5）企业使命应体现企业的独特性、专业性。企业使命必须能表明企业的独特贡献，团队或部门使命必须能表明团队或部门的独特贡献。例如，公司捐赠利润的一定比例给慈善机构或许是一种很大的贡献，但除非这能表明公司的独特性，否则就不能称为使命。企业使命还应表明企业的专业性，有明确的边界感，不掺杂不可捉摸的、容易被夸大的要素。过去100年来企业使命的衍变轨迹表明，企业使命正由"抱负化的使命"向"专业化的使命"衍变，"玫瑰色"被更为理性的"深蓝色"替代。例如，微软公司创办之初，公司的使命被定义为：让每张桌面上和每个家庭里都有一台电脑。2000年前后，微软公司重新定义了其使命：在微软，我们的使命是创造优秀的软件，不仅使人们的工作更有效益，而且使人们的生活更有乐趣。

2. 企业使命确定应考虑的因素

确定企业使命应综合考虑各方面的因素，具体来说，主要包括以下几个方面。

（1）外部环境。外部环境是企业生存和发展的基本条件。当外部环境发生变化时，企业使命必须做出相应的改变。特别是对这些变化可能带来的威胁和机遇，企业更要善于发现和及时做出相关处理措施。

（2）企业领导者的偏好。企业主要领导者偏好对企业使命的确定有很大影响。企业主要的领导者都有自己的人生观和价值观，对某些问题有自己独特的偏好，如追求产品的创新、注重产品的品质或顾客服务等，这些偏好对企业使命的确定有很大影响。

（3）企业的发展历史。现实和未来是相连的，不了解过去就无法规划未来。因此，确定企业使命应考虑企业的发展历史，吸取经验教训。

（4）企业资源。企业资源是企业实现其使命的物质基础，主要包括人力资源、金融资源、物质资源、信息资源和关系资源等。确定企业使命应从企业资源的实际出发。

（5）企业的核心能力。在确定企业使命时，企业应明确自身的竞争优势，从而指导企业获取较高的市场地位。

（6）其他与企业相关利益者的要求与期望。企业的利益相关者包括股东、员工、债权人、顾客、供应商、竞争者、政府、社区和公众等。这些利益相关者的要求和期望也应是确定企业使命必须考虑的因素之一。

3. 企业使命的确定原则

企业使命的重要性是毋庸置疑的，但不是每个公司都能真正理解并身体力行，使命就是公司存在的理由。使命是公司事业的价值取向和事业定位，指明了公司对经济和社会应做出什么贡献。使命代表着公司的目的、方向、责任，规定着公司的发展目的、发展方向、奋斗目标、基本任务和指导原则。很多企业都有自己的使命陈述，可同样很多企业的使命都没有转化为公司的自觉行为，没有成为凝聚企业全体成员的感召和动力。因此，确定企业使命一定要遵循一定的原则。

（1）合理性原则。企业使命不是随便写的，目前大多数企业使命都是些主观口号性的东西。使命的确立有其方法，但现在的管理教材在谈到企业使命的重要性时，都只谈使命的重要性，或举一些企业的使命陈述作为案例，没有讲述如何确定适合企业正确而合理的使命。

（2）可能性原则。使命的形成是在主体和环境之间展开的，是要解决主体意愿和环境可能之间的矛盾，解决其可能性的问题，包括机会利用的可能性和机会实现的可能性。机会利用的可能性涉及环境的供需情况，机会实现的可能性涉及主体的利益包容情况。通过对各类信息的综合分析，了解需求的容许范畴，并对其做出可用与否和能用与否的检验，明确什么时间、什么空间、哪部分人群、做什么事最有意义、最符合客观环境的核心条件。只有既可用（物质性）又能用（能动性）的机会，才是切实的。由此形成的客体使命可能，才有实际意义。使命反映的是组织应当而且可以负有的重大社会责任。只有是组织能胜任而又能被环境所接纳的重大社会责任才形成组织的使命可能。使命要有针对性。使命不是一成不变的，使命是一个历史的范畴、动态的概念，在不同时期有不同的内涵。

（3）真诚性原则。使命是发自组织内心的，是一种自觉的意识。而现在很多企业的使命是写给客户、员工和社会看的，只是为了哗众取宠，不是老板或高层自觉的意识和行为，是虚假的使命，所以起不到应有的作用。一个企业的使命必须是组织能胜任而又能被环境所接纳的责任才是合理的，使命要符合所选择事业发展的趋势，而且使命的确立本身是自觉的、真诚的，并且企业所有的行为都是围绕企业的使命在进行，才能被客户、员工和社会所认可和接纳，才能激励企业的员工为实现其使命而奋斗。

五、企业使命管理

企业使命管理是指企业通过使命的定义和强化来指引和影响企业成员，为实现企业愿景而做出努力的过程。企业使命管理的关键任务，就是通过使命分解、量化、实施等过程实现使命与实践的统一，由此获取企业的竞争优势。企业使命管理的实施，可大致分为以下几个方面的内容。

1. 加强对企业使命基本作用的认识

要认识企业使命的基本作用，即企业使命要体现社会对企业的期望和需求，体现企业道德，集合企业全体成员的意志；激发人的感情和创造力，使每个人具有使命感，感到自己是事业的一部分；使命能经得起时间的考验，长期支持企业朝既定的方向前进。

2. 将确定下来的企业使命文字化

企业使命通常由企业的创立者确立，可依据企业的现状和职能抽象企业使命的内容，或者从企业的未来趋向推出企业使命宣言。有时，刚起步的公司对使命还难以准确描述，需要逐步积累并总结出企业使命内容。对于按事业部结构组织的大型公司来说，其战略决策者还应关心整个公司、事业部以及职能领域等各个层次的使命表述与战略制定问题，考虑怎样才能有效地推动各个事业部积极开展包括开发使命表述在内的企业战略管理活动。

3. 使命评估

对于制定的使命，组织必须给予反馈以进行检查。审视使命是否给出了存在的理由，是注重客户和结果导向的吗？能把所有成员的精力集中在一起吗？与愿景相互结合了吗？与核心价值观一致吗？等等。

4. 使命的宣传与灌输

企业使命宣言不仅仅是企业的座右铭或标语口号，而且是企业的目标、理想、行为、文化及策略，是企业在经营、道德及财务方面的指导方针。因此，企业使命不能仅仅停留在纸上，必须传播给每个员工成为人所共知，还要将使命理念传递给顾客、供应商、经销商、债权人、政府管理部门、竞争者、社会公众和舆论界等。当使命变成企业的自律宗旨，并能经常鼓舞员工乃至整个企业时，企业使命才算真正确定下来，真正发挥效力。

5. 使命重审

世界上没有一成不变的东西，在科技和资讯发达的今天，环境、顾客以及顾客的需求变化很快。组织的使命也必须随着组织环境的变化而变化，就像我们打开窗户看风景一样，每次只能看到尽可能远的风景，而窗外的风景是会改变的，所以需要每隔一段时间就重新审视一下我们的使命，看看它与窗外的风景是否合拍。

6. 建立起完整的使命管理制度

为了增强使命管理的长效性，必须将使命管理制度化、规范化。首先，要建立使命管理的培训体系，除了对企业现有员工进行培训外，还要保证对每位新进员工进行培训；其次，将企业使命转化为部门使命与岗位使命，与日常工作任务结合起来；最后，要建立围绕使命的绩效考核制度和激励机制。衡量业绩的标准应是企业使命，而不仅仅是利润，这样可以避免企业的短期行为。建立制度的最终目的，是实现企业管理的使命化。

第三节 企业战略目标

一、企业战略目标的内涵

1. 企业战略目标的概念

企业要制定正确的经营战略，仅仅有明确的企业使命还不够，必须把使命转化成具体的战略目标。企业使命比较抽象，战略目标则是比较具体的业绩目标，是使命的具体化。因此，企业战略目标是指企业在实现其使命过程中所追求的长期结果，是在一些重要领域对企业使命的进一步具体化。它反映了企业在一定时期内经营活动的方向和所要达到的水平，既可以是定性的，也可以是定量的，比如，竞争地位、业绩水平、发展速度等。

企业战略目标是企业经营战略的核心，反映了企业的经营思想，表达了企业的期望，指明了企业今后较长时期内的努力方向。从广义上看，企业战略目标是企业战略构成的基本内容，战略目标是对企业战略经营活动预期取得的主要成果的期望值。从狭义上看，企业战略目标不包含在企业战略构成之中，它既是企业战略选择的出发点和依据，又是企业战略实施所要达到的结果。

在企业战略管理过程中，企业战略目标是对企业战略经营活动预期取得的主要成果的期望值。战略目标的设定，同时也是企业愿景的展开和具体化，是企业愿景中确认的企业经营目的、社会使命的进一步阐明和界定，也是企业在既定的战略经营领域展开战略经营活动所要达到水平的具体规定。

2. 企业战略目标的战略定位

企业战略目标是企业使命和宗旨的具体化和定量化，是企业的奋斗纲领，是衡量企业一切工作是否实现其企业使命的标准，是企业经营战略的核心。

在企业发展过程中，企业战略目标有着非常重要的意义。

（1）企业战略目标是企业使命的具体化和数量化。企业使命比较抽象，如果不落实为定量化的战略目标，企业的战略任务就有落空的危险。战略目标是企业在一段时间内所需实现的各项活动的数量评价。有了战略目标，可以把企业各单位、部门、各项生产经营活动有机地连接成一个整体，能够实现企业外部环境、内部条件和企业目标之间的动态平衡，发挥企业的整体功能，提高经营管理的效率。

（2）企业战略目标对企业的行为具有重大指导作用。正确的战略目标是企业制定战略的基本依据和出发点，战略目标明确企业的努力方向，体现了企业的具体期望，表明了企业的行动纲领；它是企业战略实施的指导原则，战略目标必须使企业中的各项资源和力量集中起来，减少企业内部冲突与矛盾的产生，提高管理效率和经济效益；它是企业战略控制的评价标准，战略目标必须是具体的和可衡量的，以便对目标是否最终实现进行比较客观的评价考核。

（3）企业战略目标为战略方案的决策和实施提供评价标准和考核依据。战略方案是实现战略目标的手段，有了战略目标，就为评价和择优选取战略方案提供了标准。同时，也为战略方案的实施结果提供了考核的依据，从而促进经营战略的实现。

（4）企业战略目标是企业员工积极性和创造性的鼓励。企业战略目标规定了公司前进的方向，满足了各级组织和每个员工的需求，这对职工是一种激励，它会鼓励每位职工发扬本人的积极性和创造性，为完成公司使命和使命而尽力。因此，有了战略目标，不只使整个企业有了清晰的发展方向，并且使企业的各个方面、各个层次有了奋斗目标，从而使企业各方面的资源在这些目标引导下汇集起来，形成一股合力，推进企业不断发展。

3. 企业战略目标的特点

战略目标与企业其他目标相比，具有以下一些特点。

（1）宏观性。战略目标是一种宏观目标。它是对企业全局的一种总体设想，它的着眼点是整体而不是局部。它是从宏观角度对企业未来的一种较为理想的设定。它所提出的，是企业整体发展的总任务和总要求。它所规定的，是整体发展的根本方向。因此，人们所提出的企业战略目标总是高度概括的。

（2）长期性。战略目标是一种长期目标。它的着眼点是未来和长远。战略目标是关于未来的设想，它所设定的，是企业职工通过自己的长期努力奋斗而达到的对现实的一种根本性改造。战略目标所规定的，是一种长期的发展方向，它所提出的，是一种长期的任务，绝不是一蹴而就的，而是要经过企业职工相当长时间的努力才能实现。

（3）相对稳定性。战略目标既然是一种长期目标，那么它在其所规定的时间内就应该是相对稳定的。战略目标既然是总方向、总任务，那么它就应该是相对不变的。这样，企业职工的行动才会有一个明确的方向，大家对目标的实现才会树立坚定的信念。当然，强调战略目标的稳定性并不排斥根据客观需要和情况的发展而对战略目标做必要的修正。

（4）全面性。战略目标是一种整体性要求。它虽着眼于未来，但没有抛弃现在；它虽着眼于全局，但又不排斥局部。科学的战略目标，总是对现实利益与长远利益、局部利益与整体利益的综合反映。科学的战略目标虽然总是概括的，但它对人们行动的要求，又总是全面的，甚至是相当具体的。

（5）可分性。战略目标具有宏观性、全面性的特点本身就说明它是可分的。战略目标作为一种总目标、总任务和总要求，总是可以分解成某些具体目标、具体任务和具体要求的。这种分解既可以在空间上把总目标分解成一个方面又一个方面的具体目标和具体任务，又可以在时间上把长期目标分解成一个阶段又一个阶段的具体目标和具体任务。人们只有把战略目标进行分解，才能使其具有可操作性。可以这样说，因为战略目标是可分的，因此才是可实现的。

（6）可接受性。企业战略的实施和评价主要是通过企业内部人员和外部公众来实现的。因此，战略目标必须被他们理解并符合他们的利益。但是，不同的利益集团有不同的甚至是相互冲突的目标，因此，企业在制定战略时一定要注意协调。一般来说，能反映企业使命和功能的战略易于为企业成员所接受。另外，企业的战略表述必须明确，有实际含义，不至于产生误解，易于被企业成员理解的目标也易于被接受。

（7）可检验性。为了对企业管理的活动进行准确的衡量，战略目标应该是具体的和可以检验的。目标必须明确，具体地说明将在何时达到何种结果。目标的定量化是使目标具有可检验性的最有效的方法。但是，由许多目标难以数量化，时间跨度越长、战略层次越高的目标越具有模糊性。此时，应当用定性化的术语来表达其达到的程度，要求一方面明确战略目标实现的时间，另一方面详细说明工作的特点。

（8）可挑战性。目标本身是一种激励力量，特别是当企业目标充分体现企业成员的共同利益，使战略大目标和个人小目标很好地结合在一起的时候，就会极大地激发组织成员的工作热情和献身精神。

二、企业战略目标的构成

1. 企业战略目标体系

企业战略目标不止一个，而是由若干目标项目组成的一个战略目标体系。从纵向上看，企业的战略目标体系可以分解成一个树形图。在企业使命和企业宗旨的基础上制定企业的总战略，为了保证总目标的实现，必须将其层层分解，规定保证性职能战略目标；也就是说，总战略目标是企业主体目标，职能性战略目标是保证性的目标。

从横向上来说，企业的战略目标大致可以分成以下两类。

第一类是用来满足企业生存和发展所需要的项目目标，这些目标项目又可以分解成业绩目标和能力目标两类。业绩目标主要包括收益性、成长性和安全性指三类定量指标。能力目标主要包括企业综合能力指标、研究开发能力指标、生产制造能力指标、市场营销能力指标、人事组织能力指标和财务管理能力指标等一些定性和定量指标。

第二类是用来满足与企业有利益关系的各个社会群体所要求的目标。与企业利益关系的社会群体主要有顾客、企业职工、股东、所在社区及其他社会群体。

2. 企业战略目标的结构

企业的战略目标应转化为具体的一系列指标，成为各部门、各单位直至每个人的行动指南。由于对战略目标的认识不同，因而对目标的构成也有不同的看法，分类的角度也不同。按照企业战略的指标体系可以将战略目标的结构分解为以下几个方面。

（1）发展性目标，即提高企业各方面素质，增强其发展能力的目标，如生产规划目标、人员素质目标、技术进步目标、产品开发目标、管理现代化目标、质量水平目标等。

（2）效益性目标，如产出目标、投入目标；产出与投入对比目标，如成本目标、利润目标、资金利润率目标等。

（3）竞争性目标，即在市场竞争中提高自己的竞争地位，争取在行业竞争中取得较高的产品占有率、市场占有率和市场覆盖率。

（4）利益性目标，即在增加对国家贡献和满足顾客需要的前提下，增加对投资者的回报目标，增加企业收益和经营者、劳动者收入的目标。

3. 企业战略目标的内容

企业的战略目标是多元化的，既包括经济性目标，也包括非经济性目标。企业的战略决策者应从以下几个方面考虑企业战略目标的内容，但不必全部包括下面的所有项内容，找出对本企业发展最关键的指标作为企业战略目标。

（1）盈利能力。企业作为一个经济实体，必须获得经济效益才能得以生存和发展。企业经营的成效在很大程度上表现为具有一定的盈利水平，常用的利润目标包括利润额、资本利润率、销售利润率、投资收益率、每股平均收益率等。

（2）生产效率。企业要不断提高生产效率，经常用投入产出比率、年产量和设备自动化水平等指标衡量企业的生产效率，有时也会把产品成本降低率、产品质量和废品率等指标作为企业生产效率指标提出来进行分析。

（3）市场竞争地位。企业经营成效的表现之一是企业在市场上竞争地位的提高。我国的一些大型企业经常把在国际、国内的市场竞争地位列为一个战略目标，以测定其在竞争中的相对实力。通常以市场占有率、总销售收入、准时交货、增加售后服务项目、顾客满意度以及比竞争对手有更好的企业形象等指标来衡量企业的市场竞争地位。

（4）产品目标。产品目标通常用产量、质量、品种、规格、产品销售额、优质品率、产品盈利能力、新产品开发周期等来衡量。

（5）财务状况。企业财务状况是企业经营实力的重要表现。我国的许多大中型企业财务状况不佳、竞争力低及活力不强，因此应当把企业财务状况作为企业经营的一个重要目标。通常以资本构成、流动资金、新增普通股、红利偿付、固定资产增值、总成本、收益增长、提高资本回报率、获得经济附加价值、良好的证券和信用评价等指标来衡量。

（6）企业建设和发展的目标。企业为适应内外部的环境变化必须不断发展，因此企业的建设和发展应成为企业战略目标中的一项重要内容。这方面的目标指标有年产量增加速度、经济效益提高速度、企业生产规模的扩大、生产用工作面积的扩大、生产能力的扩大、生产自动化、数控化、信息化水平的提高以及企业管理水平的提高等。

（7）市场目标。市场是企业竞争的战场，市场目标是企业竞争的重要目标。常用的衡量指标有市场占有率、市场覆盖率、产品销售额、产品销售量、新市场的开发和传统市场的渗透等。

（8）企业的技术水平。未来战略期内企业在技术上应达到什么水平，往往也是企业战略目标的重要内容。企业必须从现在行业中的实际技术水平出发，决定在未来战略期内的技术状态。衡量指标有应完成的开发和创新项目、新产品开发费用占销售额的百分比、新产品开发速度和新产品获得的专利数量等。

（9）人力资源的开发。企业的发展不仅依赖于职工、技术人员的数量增加，还依赖于企业内所有人员素质的提高。衡量指标有在未来几年内企业培训人数及培训费用、技术人员在全体职工中比例的增长、各种技术职称比例的增加、职工技术水平的提高、人员流动率、缺勤率及迟到率、淘汰率的降低等。

（10）职工福利。职工的福利待遇满足状况对企业生产经营有直接影响，是企业的内在动力，是衡量企业经营效果的尺度。衡量指标有工资水平的提高、福利设施的增加、住房条件和教育条件的改善等。

（11）社会责任。社会责任目标反映了企业对社会贡献的程度，企业作为社会中的一个子系统，对社会需要承担一定的责任，因此企业只履行自身的经营责任是远远不够的，它还要考虑到社区、消费者、相关企业、股东、社会整体以及国家的利益。因此，企业不仅应有经济观念，而且应具有社会观念、公众利益观念及人类生存与发展观念等。

三、企业战略目标的制定

1. 企业战略目标的制定过程

一般来说，确定战略目标需要经历调查研究、拟定目标、评价论证和目标决断这四个具体步骤。

（1）调查研究阶段。在制定企业战略目标前，必须进行调查研究工作。但是在进行确定战略目标的工作时还必须对已经做过的调查研究成果进行复核，进一步整理研究，把机会和威胁、长处与短处、自身与对手、企业与环境、需要与资源、现在与未来加以对比，理清它们之间的关系，才能为确定战略目标奠定可靠的基础。调查研究一定要全面进行，但又要突出重点。为确定战略而进行的调查研究是不同于其他类型的调查研究的，它的侧重点是企业与外部环境的关系和对未来研究和预测。关于企业自身的历史与现状的陈述自然是有用的，但是，对战略目标决策来说，最关键的还是那些对企业未来具有决定意义的外部环境的信息。

（2）拟定目标阶段。经过细致周密的调查研究，便可以着手拟定战略目标了。拟定战略目标一般需要经历两个环节：拟定目标方向和拟定目标水平。首先在既定的战略经营领域内，依据对外部环境、需要和资源的综合考虑，确定目标方向，通过对现有能力与手段等诸种条件的全面衡量，对沿着战略方向展开的活动所要达到的水平也做出初步的规定，这便形成了可供决策选择的目标方案。前面对企业战略目标包含的内容已经做了相关介绍。在确定过程中，必须注意目标结构的合理性，并要列出各个目标综合排列的次序。另外，在满足实际需要的前提下，要尽可能减少目标的个数。在拟定目标的过程中，企业领导要注意充分发挥参谋智囊人员的作用。要根据实际需要与可能，尽可能多地提出一些目标方案，以便对比选优。

（3）评价论证阶段。战略目标拟定出来之后，就要组织多方面的专家和有关人员对提出的目标方案进行评价和论证。在评价论证阶段，第一，要论证和评价的话需围绕目标战略是否正确进行。要着重研究拟定的战略目标是否符合企业精神，是否符合企业的整体利益与发展需要，是否符合外部环境及未来发展的需要。第二，要论证和评价战略目标的可行性。论证与评价的方法，主要是按照目标的要求，分析企业的实际能力，找出目标与现状之间的差距，然后分析用以消除这个差距的措施，而且要进行恰当的运算，尽可能用数据说明。如果制定的途径、能力和措施，对消除这个差距有足够的保证，那就说明这个目标是可行的。还有一个倾向要注意：如果外部环境及未来的变化对企业发展比较有利，企业自身也有办法找到更多发展途径、能力和措施，那么就要考虑提高战略目标的水平。第三，要对所拟定的目标完善化程度进行评价。要着重考察目标是否明确、目标的内容是协调一致、有无改善的余地等问题。如果在评价论证时，人们已经提出了多个目标方案，那么这种评价论证就要在比较中恰当进行。通过对比、权衡利弊，找出各个目标方案的优劣所在。拟定目标的评价论证过程，也是目标方案的完善过程。要通过评价论证，找出目标方案的不足，并想方设法使之完善起来。如果通过评价论证发现拟定的目标完全不正确或根本无法实现，那就要回过头去重新拟定目标，然后再重新评价论证。

（4）目标选择阶段。在决断选定目标时，要注意从以下三方面权衡各个目标方案：一是目标方向的正确程度；二是有望实现的程度；三是期望效益的大小。对这三个方面宜做综合考虑。所选定的目标，三个方面的期望值都应该尽可能大。目标决断，还必须掌握决断时机。因为战略决策不同于战术决策。战术目标决策常常会时间方面比较紧迫，回旋余地很小，而且战略目标决策的时间压力相对不大。在决策时间问题上：一方面要防止在机会和困难都还没有搞清楚之前就轻率决策；另一方面又不能优柔寡断,贻误时机。

2. 企业战略目标制定应考虑的因素

简单来讲，制定企业战略目标就是综合考虑企业经营管理过程中的问题，考虑好这些问题，企业战略目标也就清晰可见了。

（1）企业的定位问题。企业无论大小首先要明确自己的业务对象，即为谁提供产品或服务。业务对象越明确，准备也就越充分，工作也就越有针对性，其成功概率也就高；业务对象模糊，准备工作很难聚焦，即使碰巧接触到了业务对象，也很难打动对方。因此，制定企业战略目标，首先要识别自己的客户特征，比如，是大企业还是中小企业、新企业还是老企业、中老年还是青少年、男人还是女人等。只有辨清客户的基本特征，才可以恰当地设计自己的产品或服务，有效区隔竞争对手，抢占市场份额。

（2）企业的利润来源。如何创造利润，指的是企业要设计好产品组合或服务组合。在市场经济日趋成熟的今天，每组产品或服务都要赚钱已经成为一种奢望，成熟的企业必须知道自己的进攻产品（服务）是哪些，防守产品（服务）是哪些，这些产品（服务）仅能保本甚至亏损，但为了赢得或保护市场而必须继续存在，只有这样才能维护企业核心产品、稳定利润和市场份额。

（3）企业保护利润渠道。高额利润是企业经营者竞争的焦点，如何保护自身的利润自然也是企业战略的核心内容之一。通常自我保护的方法有专利申请、品牌积累、渠道控制等，如可口可乐的配方、奔驰宝马的品牌、沃尔玛、家乐福的销售渠道等，正是这些经营策略打造了企业的核心竞争力，使它们穿越历史和地域，成为经久不衰的标杆企业。

（4）企业经营范围的界定。企业经营讲究"有所为有所不为"，就是企业要清楚自己能做什么，不能做什么；该做什么，不该做什么，这样才能有所作为。许多大型企业垮掉的原因都是主营业务不突出，跨行业过多，最后导致资金链断裂。因此，在确定企业战略目标时一定要界定清楚企业的业务范围，持续培养企业的核心竞争力。

3. 企业战略目标的制定原则

在战略构思的基础上，根据已经确定的企业社会责任、社会定位、市场定位、目标客户群定位，确定企业要做的事业和需要实现的目的，规定组织完成其规划任务需要达到的状况和实现的目标，这就是企业的战略目标。企业战略应该量化或者定性为具体的目标，制定企业战略目标时，应坚持以下原则。

（1）制定企业战略目标应坚持目标系统的协调性原则。制定企业战略目标时应考虑系统的协调性。完成制定的企业战略目标，需要靠每一个层次及各个子系统的协调、配合，一般有三个方面的协调需要：一是目标层次的协调性。要有总的战略目标、分战略目标和必要的指标体系。二是职能目标的协调性。为完成总目标，需要为各个管理职能确立目标，比如，经济效益、技术进步、产品质量、管理水平、团队建设、人才培养、市场培育与市场占有等。在总目标前提下，分目标或者管理职能目标必须相对具体，有量化、权重百分比。三是时间的协调性。把总目标的实现划分成若干时间段，比如，长期目标、中期目标和短期目标，使时间上实现衔接和协调。一般房地产公司的中、短期时间目标划分以项目周期为原则，在大项目的前提下，制定年度或者跨年度分期实现目标。

（2）制定企业战略目标应坚持简洁性原则。企业的经营战略的制定，说到底是为了战略目标的实现，这个实现过程应该是全体企业员工共同的努力朝着目标前进的过程，因此，企业战略应该能够让员工理解、明白、易记，知道在这个战略实施过程中自己的作用，把自己的作用自觉融入企业战略的系统中，这种认识可以激励能动性，而能动性就是变督促工作为目标指导的主动工作，进而就有了创新力、执行力，有了在战略促进和约束条件下的行为规范。

（3）制定企业战略目标应坚持"自上而下，再自下而上"的原则。在制定企业战略目标过程中，应该把决策层的意志或者决定按层次递交管理层直至执行层讨论，充分发挥集体的智慧，把战略制定行为变成全体员工的事，增加员工的"主人公"意识，体现企业对员工的尊重，同时也是全员参与和有效的措施，这个过程是非常必要的。有些领导者，不认可员工在战略制定上的作用，认为战略的制定这是决策层或者老板的事，忽略了管理层和执行层的作用，往往是推行困难，最后只是形成了两张"皮"，甚至被决策层无奈地束之高阁。

（4）制定企业战略目标应坚持"全员参与"原则。企业经营战略的制定需要全体员工的参与，这不仅体现在集体的智慧，还是对员工的尊重，也是实施行动执行力的保证。让全体员工明白企业发展的愿景，知道自己伴随企业的进步会不断改善自己和家人的生活质量，也就有了同舟共济的动力。把全体员工参与制定的战略，细化成实施或者需要实现目标，自上而下地分解，变成管理职能目标和全体员工的行为规则，使大家都知道企业将会怎样发展、向哪个方向发展，自己评估自己对目标过程实现的适应性，决定自己应该努力的方向。

（5）制定企业战略目标应坚持利益一致原则。在现代企业中，员工和老板间的关系实际上就是劳资双方的雇用与被雇用关系，薪酬是联系劳资双方的纽带，尊重和激励是企业执行力的促进手段，远景和实现共同的价值观使员工可以长期参与和执行力的保证。如何通过战略目的实现，把劳资双方用利益、尊重、共同价值实现变成具体的执行力，也是企业经营战略的一部分。目标实现必须有责、权、利的统筹，要让员工明白他们可以与企业共享发展成果，这就是促进目标实现的激励机制。

第四章 企业战略选择

第一节 企业战略选择概述

随着全球经济一体化的持续发展和市场竞争的日趋激烈，企业将面临更加严重的挑战。企业要想在激烈的竞争环境中生存和发展，必须重视经营战略的选择。企业只有具有战略眼光，制定适合自己的发展战略，才能在经济全球化的环境下，看准方向、把握时机，获得更快更好的发展。

一、企业战略选择的含义

企业战略实际上是一家业务多元化的企业整体上的策略规划，它包括企业为其所涉足的各个业务单元在各自不同的行业中确立相应的地位所采取的各种策略和行动，以及企业用以管理多元化业务相互关系及协调发展的策略和方法。业务战略是指企业某些业务的策略规划，它所要回答的核心问题是如何建立并加强企业在行业市场上的竞争地位，特别是长期竞争地位。战略的本质是选择，企业之所以要做战略选择，是因为企业的资源和能力毕竟有限，能力不足，不能所有的都选择。企业战略选择是以市场为主导，综合考虑市场竞争的多种因素而对企业的战略做出正确选择的过程。

随着世界经济全球化和一体化进程的加快和随之而来的国际竞争的加剧，各企业对企业战略的要求越来越高。每一种经营都是根据某种战略进行的。战略是企业前进的方向，是企业经营的蓝图，企业依此建立其对客户的忠诚度，赢得一个相对其竞争对手持续的竞争优势。战略选择的目的在于建立企业在市场中的地位，成功地同竞争对手进行竞争，满足客户的需求，获得卓越的企业业绩。

企业战略管理是一个不断循环、永远没有终点的过程，而不是一个既有起点又有终点的简单事件。战略管理的任务无论从内容上还是时间上讲都不存在完全明确、可以分割的界限，也没有严格的先后顺序，它们之间只是一种概念上的区别。在战略管理的过程中，战略管理的任务必须作为一个整体来进行，而不能人为地将其割裂开来。无论是企业的远景规划和业务使命、目标体系、具体战略，还是战略实施的过程，在外部环境或内部运作发生变化时，都应根据实际需要对其本身做出适应性调整。而且，作为企业领导者和战略管理者，重要责任之一就是跟踪战略执行进度，评估企业业绩，关注环境变化，并根据需要采取调整性措施，而这种调整可能会涉及战略管理的各个方面，可能需要调整企业的长远发展方向，可能需要重新界定企业的业务内容，可能需要提高或者降低企业的总体目标，也可能需要对企业的战略及实施策略和行动做出修改和调整。

一般来说，企业的战略选择是为了发挥企业内部的资源、能力、知识、文化优势来适应外界环境的变化，从而击败竞争对手获取可持续的竞争优势。外界环境的机遇与威胁、同行业不同企业的战略竞争是企业战略选择的外在动力；企业内部特有的资源、技术、能力、知识、文化等因素是战略选择的内在约束条件。只有与企业内部资源、能力、知识、文化相匹配的战略才能适应外界环境的变化，才能使企业获取可持续的竞争优势。但是，由于外界环境的多变性、信息的不对称性以及人的有限理性，面对同行业不同企业的战略竞争，战略实施的结果并不能完全达到预期的结果，必须重新思索具体的战略实施结果来不断调整企业的战略，因而，企业的最优战略是一个随着高层管理者认知能力的提高而不断适应内外环境动态的调整过程。

二、企业战略选择的意义

随着经济的进一步发展，经济全球化已经成为世界经济发展的基本趋势，世界各国或各地区的生产、经营活动都将被纳入全球经济中，企业的经营环境、市场竞争态势、客户不断变化的需求，一切都充满着变数和风险。企业的管理者殚精竭虑地寻求一条通往成功的道路，努力朝着设定的企业目标，不断进行创新、变革和演进。这个设定的目标即是基于企业战略选择的企业的生存和发展，是竞争中求胜，这种求胜之道即是企业的竞争战略。企业选择什么样的战略，就决定了企业有所为和有所不为，因此，选择正确的企业战略进入市场至关重要。企业战略选择的意义是由企业发展战略本质特征决定的。根据企业战略的本质特征，企业战略选择的意义表现在以下四个方面。

1. 企业战略选择是谋划企业整体发展的需要

企业是一个由若干相互联系、相互作用的局部构成的整体。局部有局部性的问题，整体有整体性的问题，整体性问题不是局部性问题之和，与局部性问题也会具有本质的区别。企业发展面临很多整体性问题，如对环境重大变化的反应问题，对资源的开发、利用与整合问题，对生产要素和经营活动的平衡问题，对各种基本关系的理顺问题。谋划好整体性问题是企业发展的重要条件，要时刻把握企业的整体发展。

2. 企业战略选择是谋划企业长期发展的需要

企业存在寿命，寿命有长有短。投资、经营者应该树立"长寿企业"意识。为了使企业"长寿"，不但要重视短期发展问题，也要重视长期发展问题。企业长期发展问题不是短期发展问题之和，与短期发展问题具有本质上的区别。希望"长寿"的企业面临的长期性问题很多，如发展目标问题、发展步骤问题、产品与技术创新问题、品牌与信誉问题、人才开发问题、文化建设问题。希望长寿的企业就要关心未来。对未来问题不但要提前想到，而且要提前动手解决，因为解决任何问题都需要一个过程。要正确处理短期利益与长期利益之间的关系。到了夏季，农民不但要忙于夏收，也要忙于夏耕和夏种。预测未来是困难的，但不是不可能的。谁都想象不到未来的偶然事件，但总可以把握各类事物的发展趋势。人无远虑，必有近忧。

3. 企业战略选择是把握企业发展基本问题的需要

在企业发展过程中，领导人要集中精力谋划企业发展的基本性问题。假如企业发展的基本问题解决不好，那么即使带动员工再努力奋斗也不会收到成效，甚至越努力奋斗赔钱越多。领导人要增强基本问题意识，不要只注意把决定的事情办好，也要注意决定本身是否有毛病；不要只忙于摆脱困境，也要忙于铲除困难产生的根源。

4. 企业战略选择是研究企业发展谋略的需要

企业发展战略不是常规思路，而是新奇办法。企业发展战略应该使企业少投入、多产出、少挫折、快发展。谋略是智慧结晶，不是经验搬家和理论堆砌。智慧之中包含知识，但知识本身并不是智慧。智慧与知识具有本质的区别，许多军事家都有"空城计"知识，但没有诸葛亮那样的智慧，先知为智。智慧是对知识的灵活运用，也是对信息的机敏反应。谋划企业发展靠智慧，谋划企业整体性、长期性发展靠大智慧。谋划企业发展固然要借鉴先进理论和先进经验，但如何借鉴还要靠智慧去思考。

三、企业战略选择应考虑的因素

战略选择是确定企业未来战略的一种决策。关于企业战略选择的决定因素的分析，管理学家和战略管理学家有过很多精辟的论述，总体来看可以分为两条线路：一是从外部环境（特别是产业结构）的视角探讨企业战略选择的决定因素；二是从内部资源和能力的角度研究企业战略选择的决定因素。一般来说，备选战略提出以后，就要进行战略选择。战略决策者经常面临多个可行方案，往往很难做出决断。在这种情况下，影响战略选择的行为因素很多。其中，较为重要的有以下几个方面。

1. 过去战略的影响

在开始进行战略选择时，首先要回顾企业过去所制定的战略。因为过去战略的效果对现行战略的最终选择有极大影响。现在的战略决策者往往也是过去战略的制造者。由于他们对过去战略投入了大量的时间、资源和精力，会自然地倾向于选择与过去战略相似的战略或增量战略。这种选择与过去战略相似的战略和沿袭过去战略的倾向已渗透到企业组织中。研究表明，在计划过程中，低层管理人员认为，战略的选择应与现行战略相一致，因为这种战略更易被人接受，推行起来阻力较小。

2. 企业对外界的依赖程度

在战略选择中,企业必然要面对供应商、顾客、政府、竞争者及其联盟等外部环境因素。这些环境因素从外部制约着企业的战略选择。如果企业高度依赖其中一个或多个因素,其最终选择的战略方案就不能不迁就这些因素。企业对外界的依赖程度越大,其战略选择的范围和灵活性就越小。

3. 对待风险的态度

企业如果对风险持接受态度,战略选择的范围和多样性便会得到拓展,风险大的战略也能被人接受。反之,企业对风险持畏惧、反对态度,选择的范围就会受到驳制,风险型战略方案就会受到排斥。冒险型管理人员喜欢进攻性的战略,保守型管理人员则喜欢防守性的战略。

4. 时间因素

时间因素主要从以下几个方面影响战略选择:一是外部的时间制约对管理部门的战略决策影响很大。如外部时间制约紧迫,管理部门就来不及进行充分的分析评价,往往不得已而选择防御性战略。二是做出战略决策必须掌握时机。实践表明,好的战略如果出台时机不当,也可以带来灾难性后果。三是战略选择所需超前时间同管理部门考虑中的前景时间是相关联的。企业着眼于长远的前景,战略选择的超前时间就长。

5. 竞争者的反应

在进行战略的选择时,高层管理人员往往要全面考虑竞争者对不同选择可能做出的反应。如果选择的是直接向某一主要竞争对手挑战的进攻性战略,该对手很可能用反攻性战略进行反击。企业高层管理人员在选择战略时,必须考虑到竞争者的这类反应、其反应的能量,以及它们对战略成功可能产生的影响。

四、企业战略选择的原则

在企业发展过程中,如何制定和选择具有自身特色的发展战略是关键中的关键。因此,企业选择战略时一定要遵循一定的原则,并归纳出一个基本的战略选择模式,才能在正确的战略指引下,实现企业又好又快的发展目标。

1. 合理性原则

企业选择发展战略,首先要使企业的战略与企业的使命、愿景与目标相一致,与组织内各个部门的目标相一致,这是企业战略选择首先应考虑的问题。同时,应考虑以下几个方面,以实现企业战略的合理性:一是要考虑企业发展的长远性;二是要考虑企业的外部适应性;三是要考虑企业的内部可行性;四是要考虑企业相关者的可接受性。一个成功的战略应该是一个合理的战略,只有合理的战略选择才是正确的战略选择,才能不断促进企业的发展。

2. 竞争性原则

现代战略理论的前沿资源基础理论认为，企业的竞争优势主要来源于企业内部优质的、特异的资源。因此，在进行企业战略选择过程中，企业应认真分析自身的优势和劣势，结合外部环境的机会和威胁，找到本企业与众不同的资源，坚持专业化发展，集中企业内部资源，强化核心专长，以此培育企业长期的竞争优势。

3. 有效性原则

企业没有了市场，就等于人没有了生命。但竞争的全球化和消费者需求周期的变短将使新市场不断地出现。这意味着对于企业而言，不存在没有市场机会的问题，存在的只是市场机会是什么？它具体在哪儿？如何找到它？这些就是制定战略潜在的出发点和目标。德国著名管理学家沃尔夫冈·梅韦斯认为，如果一家公司把全部有限的资源用于解决精心挑选的一个客户群的问题，那么该公司就能兴旺发达。每个企业都不会有足够的能力面向整个市场，在本行业的所有领域进行竞争，故只能集中力量进入一个目标市场，为该市场开发一种理想的产品，实行高度专业化的生产和销售，这就是目标集聚，也称为集中性经营。坚持这个原则通常是为了使企业在一个细分市场上取得较高的甚至是支配地位的市场份额，而不是追求在整体市场或较大的细分市场上占有较小的份额。

4. 差异性原则

差异化是将企业提供的产品标新立异，形成全产业内具有独特性的东西。差异化的方式可以是设计或品牌形象、技术特点、客户服务、经销网络及其他方面的独特性。坚持差异化原则可以利用客户对品牌的忠诚以及由此产生的对价格敏感性的下降，可以增加利润却不必追求低成本。企业为保持在特定市场上的优势地位，不以扩大市场规模为目标，而是以开发高附加值的、有别于其他企业的产品为方向，力求达到无人可敌的境地，这样做自然可获得丰厚回报。差异化要求企业要有一定的创新能力，这种创新不一定必须是实质性的创新开发，重要的是顾客"能感觉到的创新"。企业贴近市场，可根据消费需求，采用差异化战略，生产与其他企业产品有差异的特色产品，吸引消费者。企业如果以特色产品和优质服务赢得消费者的信任，就能树立良好的市场形象，提高消费者或用户对该企业产品的依赖程度和购买频率。

五、企业战略选择的误区

企业战略选择要结合不同方面的因素进行相关的规划。很多企业由于没有结合自身的实际情况，从而导致其制定的发展战略脱离了自身的实际需求。企业发展战略在规划过程中，要掌握其有效的实施方法，依据外部分工和专业化协作来获得规模经济效应，防止出现战略选择的误区。

1. 对竞争环境的错误判断

许多企业错误地认识和判断竞争环境中所发生的变化。尽管它们中有不少曾占据行业领先地位，呼风唤雨，但它们忽视或误解了竞争环境中变化的征兆，最后导致自身的竞争优势遭受严重侵蚀。因此，在竞争环境分析时，必须正确定义自己的竞争空间，不能只局限于现有竞争者，必须将潜在和新生的竞争者纳入视野。另外，必须构建一个行之有效的竞争信息系统，保证相关信息在组织内部的畅通，并使其能得到妥善的处置和应用，能为经营战略的正确制定提供可靠有效的信息平台。

2. 失之偏颇的假设前提

有些企业将自己的战略建立在一系列错误的前提条件上，或者没有随着环境条件的变化而更新战略决策的前提假设。企业摆脱这种困境，就必须实时对自己习以为常的一些假设、前提和理念缜密验证。一些被认作是理所当然的前提条件往往不经推敲便被采用，由此而来的企业经营策略潜藏着极大的风险。另外所有的前提假设应该有很强的一致性，在总体战略框架内彼此能相互印证。同时可以按照对于企业经营战略的重要性的差异，将不同的前提假设分门别类地加于区分对待。最后不要忘记对于各种前提假设，随着时间的推移和环境的演变，一定要重新界定以确保它们的有效性。

3. 竞争优势的自我削弱

战略选择的一个重要误区就源自采用一成不变的企业战略，或者用静止的观点来看待战略，导致企业不能适应外部环境的变化，企业一时的优势不能成功地转化为可持续的竞争优势。针对这个问题，企业主管必须树立一种全局和动态的意识，把企业活动建立在流程的基础上，注意力集中在企业的价值链上，并要拓展企业活动的范畴使它能涵盖客户和供货商。对于企业价值链的每个环节相对于竞争对手的优劣必须洞若观火，并环绕价值链以多种形式创造价值。应该设法整合企业的各种增值活动，注重竞争环境的动态进程，以创新方式为企业增添独特价值。只有这样，才能使企业在市场上保有可持续的竞争优势。

4. 盲目扩张自损价值

企业往往失败于不顾自身条件而一味多元化的冲动，盲目进入一些自己并不擅长的业务领域。结果经常得不偿失，反而削减了企业的价值基础。要使多元化经营有所建树，必须时刻紧扣企业的核心竞争能力。企业的核心竞争是企业在市场中的立足之本，是企业竞争优势的源泉。所以，在企业多元化的进程中，务必使新的业务领域得到企业核心竞争力的有力支持，并在市场上转化为相应的竞争优势，这样才能获取多元化经营中的协同效应。如果从企业价值链的角度出发，新的业务能否成为整个企业现有价值链的自然延伸或有效补充，应该成为多元化经营决策时的重要砝码。

5. 受组织结构制约

在传统的企业组织中，不同部门之间泾渭分明，承担不同的职能和责任。而在企业战略实施过程中，组织结构上的条块分割往往演变为难以逾越的障碍。而要突破此类困境，就需要对传统的组织结构进行脱胎换骨的改造，营造新颖的无边界的组织形态。在这里，同样需要沿用业务流程和价值链的概念和方法。首先要界定战略氛围，找出战略涉及的关键对象以及它们的相互关系。紧接着，设计相对应的组织结构，再就是在同一组织内和不同组织间实现协调和整合。只有通过树立明确的目标，有效地沟通，并利用跨职能部门的组织机构，才能突破樊篱，使组织的各个部门珠联璧合，运转自如。

第二节 发展型战略

一、发展型战略的概念

发展型战略是企业在现有战略的基础上向更高一级目标发展的战略。该战略以发展为导向，引导企业不断地开发新产品，开拓新市场，采用新的生产方式和管理方式，以便扩大企业的产销规模，提高竞争地位，增强企业的竞争实力。发展型战略也称增长型战略或成长型战略，是一种使企业在现有的战略基础水平上向更高一级的目标发展的战略。从企业发展的角度来看，任何成功的企业都会经历长短不一的发展型战略实施期，因为本质来说只有发展型战略才能不断地扩大企业规模，使企业从竞争力弱小的小企业逐渐发展成为实力雄厚的大企业。

发展型战略目标按其对发展速度的追求，可分为三种不同类型的发展型战略目标，它们分别是激进型发展战略目标、稳妥型发展战略目标和保守型发展战略目标。

1. 激进型发展战略目标

激进型发展战略目标是指企业对其发展速度的目标大于其行业发展速度许多倍，以其现有的资源与能力来看战略目标实现有非常大的挑战性的发展型战略目标。激进型发展战略目标需要企业投入较大的资本或其他资源，当行业面临绝佳的发展机会时，如行业被众多消费者认知，正进入快速增长阶段时，或者国家政策的重大变化可能改变行业格局时，或者企业自身在某个技术方面取得突破时，比较适合激进型发展战略，如果错失这样的机会，企业可能会永远难以遇到类似的机会。

2. 稳妥型发展战略目标

稳妥型发展战略目标是指企业对其发展速度的目标大于其行业发展速度，充分发挥其现有的资源与能力基本能实现目标的战略目标。稳妥型发展战略目标需要企业进行一定的资本或其他资源的投入，当行业环境未出现重大变故，企业自身能力也未出现重大变化时，比较适合稳妥型发展战略目标。

3. 保守型发展战略目标

保守型发展战略目标是指企业对其发展速度的目标稍微快于其行业发展速度，以其自身拥有的资源与能力及其相应战略性措施的实施，基本能实现目标的战略目标。保守型发展战略目标不需要企业进行过多投入，基本维持现有资本与资源状况，当行业环境和企业自身能力都未发生重大变化时，企业也不想投入过多资源来发展时，比较适合保守型发展战略目标。

二、发展型战略的特征

与其他类型的战略相比，发展型战略有以下特征。

1. 扩大企业规模

市场占有率的发展可以说是衡量发展的一个重要指标，发展型战略的体现不仅应当有绝对市场份额的增加，更应有在市场总容量发展的基础上相对份额的增加。因此，发展型战略倡导企业投入大量资源，扩大产销规模，提高产品的市场占有率，增强企业的竞争实力。

2. 立足创新发展

在发展型战略指导下的企业经常开发新产品、新市场、新工艺和对旧产品开发新用途等，以把握更多发展机会，谋求更大的回报。同时，发展型战略强调通过创造新产品和新需求来引导消费，创造消费契机。

3. 改善经营效果

实施发展型战略的企业往往会取得大大超过社会平均的利润水平。由于发展速度较快，制定发展型战略的企业更容易获得较好的规模经济效益，从而降低生产成本，获得超额的利润率。

4. 主动适应环境

与简单的适应外部环境的变化不同，采用发展型战略的企业倾向于通过创造以前并不存在的某物或对某物的需求来改变外部环境使之适合自身。这种去引导或创造合适环境的特点是由其发展的特性决定的，要真正实现既定的发展目标，势必要有特定的合适外部环境，并要求企业主动适应环境变化。

5. 非价格手段竞争

采用发展型战略的企业不仅仅需要在开发市场上下功夫，还需要在新产品开发、管理模式上寻求优势，因而企业通常会很少采用损伤自身利益的价格战，而是以产品创新、优质服务及高效管理等作为竞争手段。

三、发展型战略的优缺点

企业的发展要靠发展型战略目标来实现,但企业不能一味地采取发展型战略目标。是否采用发展型战略目标,由企业所处的外部环境和企业自身的实力决定,发展型战略目标既有优点,也有缺点。

1. 发展型战略的优点

和其他战略相比,发展型战略的优点主要表现在以下几个方面。

(1)发展型战略目标可以使企业通过发展扩大自身规模,实现更大的价值,这体现了经过发展后的公司市场份额和绝对财富的增加,这种价值既可以成为企业员工的一种荣誉,又可以成为企业进一步发展的动力。

(2)发展型战略目标可以使企业通过不断变革创造更高的生产经营效率与效益。由于企业的发展,企业可以获得过去不能获得的崭新机会,避免企业组织的老化,使企业总是充满生机和活力。

(3)发展型战略目标能保持企业的竞争实力,实现特定的竞争优势。如果竞争对手都采取发展型战略,企业还在采取稳定型战略或收缩型战略,那么在企业发展规模上会落后于竞争对手,就很有可能在未来与竞争对手相比丧失竞争优势。

2. 发展型战略的缺点

发展型战略目标同样存在缺点,发展型战略目标的缺点主要表现在以下几个方面。

(1)发展型战略有可能造成超过企业自身实力盲目发展。发展型战略目标获得初期的效果后,很可能使企业盲目发展,导致企业为了发展而扩张,而其发展目标超出企业自身资源和能力,致使欲速则不达。要克服这一弊端,要求企业在做每一个战略态势决策之前都必须重新审视和分析企业的内外部环境,判断企业的资源状况和外部机会。

(2)发展型战略目标很可能降低企业的综合素质。企业的应变能力虽然表面上不错,而实质上却出现内部危机和混乱。这主要是由于企业新增机构、设备、人员太多而未能形成一个有机的相互协调的系统引起的。针对这一问题,企业人可以考虑设立一个战略管理的临时性机构,负责统筹和管理发展后企业内部各部门、人员之间的协调,在各方面的因素都融合在一起后,再考虑取消这一机构。

(3)发展型战略可能造成企业重视宏观发展而忽视微观问题。发展型战略目标很可能使得企业管理者更注重投资结构、收益率、市场占有率、企业的组织结构等问题,而忽视产品的服务或质量,因而不能使企业达到最佳状态。要克服这一弊端,需要企业管理者对发展型战略有一个正确全面的理解,要意识到企业的战略态势是企业战略体系中的组成部分,因而在实施过程中必须通盘考虑。

四、发展型战略的适用性

发展型战略是一种最流行、使用最为广泛的战略。虽然发展型战略能够给企业带来某些好处，但并不是所有的企业都适用采取发展型战略。因此，企业在采取发展型战略前，必须分析自己是否有条件采取该战略。这主要包括以下几个方面。

1. 企业必须分析战略规划期内宏观经济景气度和产业经济状况

这是由企业发展型战略的发展公式所决定的——企业要实施发展型战略，就必须从环境中取得较多的资源。如果未来阶段宏观环境和行业微观环境较好的话，企业比较容易获得这些资源，所以就降低了实施该战略的成本。从需求的角度来看，如果宏观和中观的走势都较令人乐观的话，消费品需求者和投资品需求者都有一种理性的预期，认为未来的收入会有所提升，因而其需求将会有相应幅度的发展，保证了企业发展型战略的需求充足。从上面的分析可以看出，在选择发展型战略之前必须对经济走势做一个较为细致的分析，良好的经济形势往往是发展型战略成功的条件之一。

2. 发展战略必须符合政府管制机构的政策法规和条例等约束

世界上大多数国家都鼓励高新技术企业的发展，因而这类企业可以考虑用一定的发展战略。例如，菲利普·莫里斯公司就将发展的重点放在受政府管制较少的啤酒行业，因此获得了企业总体的发展。

3. 企业必须有能力获得充分的资源来满足发展型战略的要求

由于采取发展型战略需要较多的资源投入，因此企业从内部和外部获得资源的能力就显得十分重要。这里的资源是一个广义的概念：既包括通常意义上的资本资源，也包括人力资源、信息资源等。在资源充分性的评价过程中，企业必须问自己一个问题：如果企业在实行发展型战略的过程中由于某种原因暂时受阻，它是否有能力保持自己的竞争地位？如果回答是肯定的，那就表明企业具有充分的资源实施发展型战略，反之则不具备。

4. 判断发展型战略的合适性还要分析企业文化

企业文化是一个企业在其运行和历史发展中积淀下来的深植于员工心中的一套价值观念。不同的企业具有各异的文化特质。如果一个企业的文化氛围是以稳定为主旋律的话，那么发展型战略的实施就要克服相应的"文化阻力"，这无疑增加了战略的实施成本。然而，企业文化也并不是一成不变的事物，事实上，积极和有效的企业文化的培育必须以企业战略作为指导依据。这里要强调的只是企业文化有可能会使某种战略的实施带来一定的成本，而并不是认为企业文化决定企业战略。

五、发展型战略的类型

企业发展战略强调充分利用外部环境所给予的机会，大量投资以求得企业在现有规模基础上向更高一级的期望目标发展。从企业选择发展的经营业务内容和范围来看，我们把发展战略主要归纳为三种类型：密集型发展战略、一体化发展战略、多样化发展战略。

1. 密集型发展战略

密集型发展战略是指企业在原有生产范围内充分利用产品和市场方面的潜力，以快于过去的增长速度求得成长与发展的战略。该种战略又称为集中型发展战略或集约型成长战略，是普遍采用的一种公司战略类型。这种发展战略往往采用以快于过去的增长速度增加企业现有产品或劳务的销售额，利润额或市场占有率。这是企业内部战略经营单位或中小企业最常采用的发展战略之一，并且在社会对该产品或劳务的需求日益增大时最为成功。

采用这种战略的前提是对本企业产品或劳务的销售量、利润额或市场占有率的增长潜力做出分析，然后再针对分析的结果，企业可采取相应策略和措施。在具体实施过程中，密集型发展战略主要有以下几种策略。

（1）市场渗透战略。市场渗透战略是以现有产品在现有市场范围内通过更大力度的营销努力提高现有产品或服务的市场份额的战略。一般情况下，当企业的产品或服务在当前市场中还未达到饱和时，即市场处于成长期，采取市场渗透战略具有潜力。当现有用户对产品的使用率还可显著提高时，企业则可以通过营销手段进一步提高产品的市场占有率。在整个行业的销售额增长时，竞争对手的市场份额却呈现下降趋势，企业就可通过市场份额的增加获得收益。企业在进行产品营销时，随着营销力度的增加，其销售呈上升趋势，且二者的相关度能够保证市场渗透战略的有效性。企业通过市场渗透战略带来市场份额的增加，使企业达到销售规模的增长，且这种规模能够给企业带来显著的市场优势。

市场渗透战略的主要实现途径包括提高现有顾客的使用频率、吸引竞争对手的顾客和潜在用户购买现有产品。实施市场渗透战略的主要措施包括增加销售人员、增加广告开支、采取多样化的促销手段或加强公关宣传。

市场渗透战略既可单独采用，也可同其他战略结合使用。这种战略风险一般较小。但如果出现这样四种情况，也可能风险很大：第一，企业在市场上不能处于绝对优势地位；第二，企业管理者把精力放在现有事务处理上，错过了好的投资机会；第三，顾客兴趣的改变导致企业现有目标市场的衰竭；第四，一项大的技术突破可能会使产品成为废物。

（2）市场开发战略。市场开发战略是密集型发展战略在市场上的扩展，是将现有产品或服务打入新市场的战略。比市场渗透战略具有更多的战略机遇，能够减少由于原有市场饱和带来的风险，但不能降低由于技术的更新而使原有产品遭受淘汰的风险。

实施市场开发战略的一般条件主要有五个方面：一是在空间上存在未开发或未饱和的市场区域；二是企业可以获得新的、可靠的、经济的、高质量的销售渠道；三是企业拥有扩大经营所需的资金、人力和物质资源；四是企业存在过剩生产能力；五是企业的主营业务是全球化惠及的行业。

市场开发有三种主要方法：一是在当地寻找潜在顾客，这些顾客尚未购买该产品，但是他们对产品的兴趣有可能会被激发；二是企业可以寻找新的分市场，使现有产品进入新的细分市场；三是企业可以考虑扩大其市场范围，建立新的销售渠道或采取新的营销组合方式，发展新的销售区域。

（3）产品开发战略。产品开发战略是密集型成长战略在产品上的扩展。它是企业在现有市场上通过改造现有产品或服务，或开发新产品或服务而增加销售量的战略。从某种意义上讲，产品开发战略是企业成长和发展的核心，实施这一战略可以充分利用现有产品的声誉和商标，吸引对现有产品有好感的用户对新产品产生关注。这一战略的优势在于企业对现有市场有充分了解，产品开发针对性强，容易取得成功。但由于企业局限于现有的市场上，也容易失去获取广大新市场的机会。

实施产品开发战略的一般条件主要有五个：一是企业拥有很高的市场信誉度，过去的产品或服务的成功，可以吸引顾客对新产品的尝试；二是企业参与竞争的行业属于迅速发展的高新技术产业，在产品方面进行的各种改进和创新都是有价值的；三是企业所处的行业高速增长，必须进行产品创新以保持竞争优势；四是企业在开发产品时，提供的新产品能够保持较高的性能价格比，比竞争对手更好地满足顾客的需求；五是企业具备很高的研究和开发能力，拥有完善的新产品销售系统，可以不断进行产品的开发创新。

实施产品开发战略具体的做法如下：利用现有技术增加新产品；在现有产品的基础上，增加产品的花色品种；改变产品的外观、造型，或赋予产品新的特色；推出不同档次、不同规格、不同式样的产品。

2. 一体化发展战略

一体化发展战略是指企业充分利用自身产品（业务）在生产、技术和市场等方面的优势，沿着其产品（业务）生产经营链条的纵向或横向，通过扩大业务经营的深度和广度来扩大经营规模，提高收入和利润水平，不断发展壮大。一体化战略是将独立的若干部分加在一起或者结合在一起成为一个整体的战略，其基本形式有横向一体化和纵向一体化。

（1）横向一体化战略。横向一体化战略是指企业通过购买与自己有竞争关系的企业或与之联合及兼并扩大经营规模，获得更大利润的发展战略。企业采用横向一体化战略的主要目的是减少竞争压力、实现规模经济和增强自身实力以获取竞争优势。

横向一体化战略是企业在竞争比较激烈的情况下进行的一种战略选择，主要实现途径包括三个：一是购买，即一家实力占据优势的企业购买与之竞争的另一家企业；二是合并，即两家相互竞争而实力和规模较为接近的企业合并为一个新的企业；三是联合，即两个或两个以上相互竞争的企业在某一业务领域进行联合投资、开发和经营。

一般比较适宜采用横向一体化战略的情形有五种：一是企业所在产业竞争较为激烈；二是企业所在产业的规模经济较为显著；三是企业的横向一体化符合反垄断法律法规，

能够在局部地区获得一定的垄断地位；四是企业所在产业的增长潜力较大；五是企业具备横向一体化所需的资金、人力资源等。

（2）纵向一体化战略。纵向一体化战略也称垂直一体化战略，是指生产或经营过程相互衔接、紧密联系的企业之间实现一体化，按物质流动的方向又可以划分为前向一体化和后向一体化。

前向一体化是指企业的业务向消费它的产品或服务的行业扩展。前向一体化使企业能够控制销售过程和销售渠道，有助于企业更好地掌握市场信息和发展趋势，更迅速地了解顾客的意见和要求，从而增加产品的市场适应性。一般情况下，前向一体化战略的适用条件有四个：一是企业现有的销售商销售成本较高或者可靠性较差而难以满足企业的销售需要；二是企业所在产业的增长潜力较大；三是企业具备前向一体化所需要的资金、人力资源等；四是销售环节的利润率较高。

后向一体化是指企业向为它目前的产品或服务提供作为原料的产品或服务的行业扩展。有些企业采取向前一体化或向后一体化战略，是希望通过建立全国性的销售组织和扩大生产规模，来获得规模经济带来的利益，从而降低成本、增加利润。后向一体化战略的适用条件有五个：一是企业现有的供应商供应成本较高或者可靠性较差而难以满足企业对原材料、零件等的需求；二是供应商数量较少而需求方竞争者众多；三是企业所在产业的增长潜力较大，具备后向一体化所需的资金、人力资源等；四是供应环节的利润率较高，企业产品价格的稳定对企业十分关键；五是后向一体化有利于控制原材料成本，从而确保产品价格稳定。

3. 多样化发展战略

多样化战略又称多元化发展战略、多角化发展战略，是指一个企业的经营业务已超出一个行业的范围，并且生产经营多种不同经济用途的产品和劳务的一种经营发展战略。多样化发展战略主要有以下三种形式。

（1）同心多样化。同心多样化又被称为相关多样化或集中多样化。这种战略是指以企业现有的设备和技术能力为基础，发展与现有产品或劳务不同的新产品或新业务。同心多样化是一种增加与企业目前的产品或服务相类似的新产品或服务的发展战略。这种战略的出发点是充分利用现有的资源条件，包括技术、人才、资金、销售渠道和顾客群等。与其他类型多样化相比，同心多样化的优点是开发成本较低，成功的可能性较大并且较容易形成产品系列，因而是中小企业发展初期的首选方式。但相对来说，同心多样化实施风险仍旧存在，尤其较易受行业衰退的影响。

（2）水平多样化。水平多样化又被称为专业多样化，它是指以现有用户为出发点，向其提供新的、与原有业务不相关的产品或服务。水平多样化基于原有产品、市场和服务进行变革，因而在开发新产品、服务和开拓新市场时，可以较好地了解顾客的需求和偏好，风险相对较小。比较适合原有产品信誉高、市场广且发展潜力大的企业。

（3）复合多样化。复合多样化是一种增加与企业目前的产品或服务显著不同的新产品或服务的发展战略。复合多样化的最大优点在于它能较为有效地分散企业的经营风险，使企业能抗衡较为强烈的行业波动。此外，企业通过复合多样化能把握更多机会，使企业在不同的领域实现非均衡发展，使资源不断向优势行业和市场转移。复合多样化战略的缺点是导致组织结构的膨胀，加大了管理上的难度；同时，一味地追求多样化，企业有可能在各类市场中都不占领先地位，当外界环境发生剧烈变化时，企业会首先承担来自各方面的压力，导致巨大的损失，甚至造成灭顶之灾。

第三节　稳定型战略

一、稳定型战略的概念

稳定型战略是企业在内外部环境约束下，准备在战略规划期使企业的资源分配和经营状况基本保持在目前状态和水平上的战略。按照稳定型战略，企业目前所遵循的经营方向及其正在从事经营的产品和面向的市场领域、企业在其经营领域内所达到的产销规模和市场地位都大致不变或以较小的幅度增长或减少。从企业经营风险的角度来说，稳定型战略的风险是相对小的，对于那些曾经成功地在一个处于上升趋势的行业和一个变化不大的环境中活动的企业来说很有效。

稳定型战略目标按其目的，产生了三种不同类型的维持性战略，它们分别是适应型维持战略、失败型维持战略、调整型维持战略。

1. 适应型维持战略

适应型维持战略是企业为了适应外界环境而采取的一种战略。当外部环境面临经济衰退时，或者产业进入成熟期或者衰退期，或者企业产品或服务需求基本无增长，或者外部环境变化不明朗需进一步观察时，在这些情况下，企业可以采取适应型维持战略。适应型维持战略的使用条件就是企业预测到或已经感知到外界环境对企业采取发展型战略不利，只能采用维持性战略。

2. 失败型维持战略

失败型维持战略是指企业由于经营失误造成企业竞争地位不稳固、经营状况较差，采用稳定型战略保存现有实力，待渡过难关再寻进一步发展的战略。失败型维持战略的使用条件是企业出现一些问题，如产品滞销、财务状况恶化等。

3. 调整型维持战略

调整型维持战略的动机既不是经济衰退，也不是经营的失误，而是为了积蓄能量，以后寻找进一步发展的战略。在一段较长时间的快速发展后，企业可能会遇到一些问题使效率下降，这时就可以采用调整型维持战略，即在一定时期内降低企业的目标和发展速度，将更多精力和资源投入经营管理基础建设，解决企业快速发展后经营管理体系滞后的问题。调整型维持战略可以充分达到让企业积聚能量，为今后的发展做准备。

二、稳定型战略的特征

稳定型战略主要依据前期战略，它坚持前期战略对产品和市场领域的选择，它以前期战略所达到的目标作为本期希望达到的目标。因此，实行稳定型战略的前提条件是企业过去的战略是成功的。由于稳定型战略从本质上追求的是在过去经营状况基础上的稳定，它具有如下特征。

1. 稳定型战略的基础是稳定的业绩水平

企业对过去的经营业绩表示满意，决定追求既定的或与过去相似的经营目标。企业过去的经营目标是在行业竞争中处于市场领先者的地位，稳定型战略意味着在今后一段时期依然以这一目标作为企业的经营目标。

2. 稳定型战略所追求的绩效按大体的比例递增

与发展型战略不同，这里的增长是一种常规意义上的增长，而非大规模的和非常规的迅猛发展。稳定型增长可以指在市场占有率保持不变的情况下，随着总的市场容量的增长，企业销售额的增长，而这种情况并不能算典型的发展型战略。实行稳定型战略的企业，总是在市场占有率、产销规模或总体利润水平上保持现状或略有增加，从而稳定和巩固企业现有的竞争地位。

3. 稳定型战略的基本思路是坚持原有发展战略

稳定型战略目标使企业准备以过去相同的或基本相同的产品或劳务服务于社会，这意味着企业在产品的创新上较少。稳定型战略主要依据前期战略，它坚持前期战略对产品和市场领域的选择，它以前期战略所达到的目标作为后期希望达到的目标。

三、稳定型战略的优缺点

采取稳定型战略目标的企业，一般处在市场需求及行业结构稳定或者较小动荡的外部环境中，因而企业所面临的竞争挑战和发展机会都相对较少。但是，有些企业在市场需求以较大的幅度增长或是外部环境提供了较多的发展机遇的情况下也会采取稳定型战略，这些企业一般来说是由于资源与能力状况不足以使其抓住新的发展机会而不得不因此采用相对保守的稳定型战略目标。稳定型战略目标既有其优点，也有其缺点。

1. 稳定型战略的优点

和其他战略相比，稳定型战略的优点主要表现在以下几个方面。

（1）稳定型战略使企业的经营风险相对较小。由于企业基本维持原有的产品和市场领域，从而可以用原有的生产领域、渠道，避免开发新产品核心市场的巨大资金投入、激烈的竞争抗衡和承担开发失败的巨大风险。

（2）稳定型战略能避免因改变战略而解决资源分配的困难。由于经营领域与过去大致相同，因而稳定型战略不必考虑原有资源的增量或存量的调整，相对于其他战略态势来说，显然要容易得多。

（3）稳定型战略能回避因发展过快而导致的弊端。在行业迅速发展的时期，许多企业无法看到潜伏的危机而盲目发展，结果造成资源的巨大浪费。

（4）稳定型战略能给企业一个较好的修整期，使企业积聚更多的能量，以便为今后的发展做好准备。从这个意义上说，适时的稳定型战略将是增长性战略的一个必要的酝酿阶段。

2. 稳定型战略的缺点

稳定型战略目标同样存在缺点，稳定型战略目标的缺点主要表现在以下几个方面。

（1）稳定型战略的执行是以市场需求、竞争格局等内外条件基本稳定为前提的。一旦企业的这一判断没有得到验证，就会打破战略目标、外部环境、企业实力之间的平衡，使企业陷入困境。因此，如果环境预测有问题的话，稳定型战略也会存在问题。

（2）稳定型战略在特定细分市场也会有较大的风险。由于企业资源不够，企业会在部分市场上采用竞争战略，这样做实际上是将资源重点配置在这几个细分市场上，因而如果对这几个细分市场把握不准，企业可能会更加被动。

（3）稳定型战略也会使企业的风险意识减弱，甚至形成害怕风险、回避风险的文化，这就会大大降低企业对风险的敏感性、适应性和冒风险的勇气，从而增加以上风险的危害性和严重性。

四、稳定型战略的适用性

一般情况下，企业往往会根据外部环境和企业自身实力来决定是否采取稳定型战略，因此，企业外部环境和企业自身实力对稳定型战略的影响非常大。

1. 外部环境对稳定型战略的影响

外部环境的相对稳定性会使企业更倾向于稳定型战略。影响外部环境稳定性的因素很多，大致包括以下几方面。

（1）宏观经济状况。如果宏观经济在总体上保持总量不变或总量低速增长，那么企业所处行业的上游、下游产业也往往只能以低速增长，这就势必影响该企业所处行业的发展，使其无法以较快的速度发展。因此，宏观经济的慢速增长会使某一产业的增长速度也降低，这就会使该产业内的企业倾向于采用稳定型战略，以适应这一外部环境。

（2）产业技术创新。如果企业所在的产业技术相对成熟，但技术更新速度较慢的话，企业过去采用的技术和生产的产品无须经过太大的调整就能满足消费者的需求和与竞争者抗衡。这样使得产品系列及其需求保持稳定，从而促使企业采用稳定型战略。

（3）消费需求偏好。这一点其实是决定产品系列稳定度的另一方面：消费者频繁的偏好转移势必使企业在产品特性和营销策略上与过去的做法有所不同，否则将会被竞争对手所击败，而这种策略上的变动毫无疑问将影响企业的经营战略。因为企业若继续采用稳定型战略类型的话，很可能陷入被动位置。从这点来看，稳定型战略适合消费者需求偏好较为稳定的企业。

（4）产品生命周期。对于处于行业或产品成熟期的企业来讲，产品需求、市场规模趋于稳定，产品技术成熟，新产品的开发和以新技术为基础的新产品开发难以取得成功，因此以产品为对象的技术变动频率低。同时，竞争对手的数目和企业的竞争地位都趋于稳定，这时提高市场占有率、改变市场地位的机会很少，因此较为适合采用稳定型战略。

（5）行业竞争格局。如果某企业所处行业的进入壁垒非常高或由于其他原因使得该企业所处的竞争格局相对稳定，竞争对手之间很难有较为悬殊的业绩改变，则企业采用稳定型战略可以获得最大的收益，因为改变竞争战略带来的业绩增加往往是不尽如人意的。

2. 内部实力对稳定型战略的影响

企业战略的实施既需要与外部环境相适应，又需要有相应的资源和实力。即使外部环境为企业提供了有利的发展机会，也并不意味着所有企业都适合采用增长型战略。

（1）当外部环境较好时，如果企业资源不够充分，例如，可以用来投资的资金不足、研究开发力量较差或在人力资源方面无法满足增长型战略的要求时，就无法采取扩大市场占有率的战略。在这种情况下，企业可以采取以局部市场为目标的稳定型战略，以便有限的企业资源能集中在某些自己有竞争优势的细分市场，维护竞争地位。

（2）当外部环境较为稳定时，资源较为充足的企业与资源相对较为稀缺的企业都应当采用稳定型战略，以适应外部环境，但两者的做法可以不同。前者可以在更为宽广的市场上选择自己战略资源的分配点，而后者应当在相对狭窄的细分市场上集中自身资源，以求稳定发展。

（3）当外部环境较为不利，比如，行业处于生命周期的衰退阶段时，资源丰富的企业可以采用一定的稳定型战略。而对那些资源不够充足的企业来说，则应视情况而定：如果它在某个细分市场上具有独特的竞争优势，那么可以考虑也采用稳定型的战略类型；但如果本身就不具备相应的特殊竞争优势，那么不妨实施紧缩型的战略，以将资源转移到其他发展较为迅速的行业。

五、稳定型战略的类型

在具体实施方式上，稳定型战略又可依据其目的和资源分配的方式分为不同类型，概括起来主要有以下几种类型。

1. 无变化战略

无变化战略似乎是一种没有战略的战略。采用这种战略的企业除了每年按通货膨胀率调整其目标外,其他都暂时保持不变。这种战略一般出于两种考虑:一是先前的战略并不存在重大运营问题;二是过去采用的战略确保了企业经营的重大成功。在这两种情况下,企业高层战略管理者认为没有必要调整现行战略,或者害怕战略调整会给企业带来利益调整和资源配置上的困难。

2. 暂停战略

企业在持续一个快速发展的时期后,容易出现效率下降、组织功能弱化的趋势。战略管理者为了进一步优化内部资源配置,谋求今后更大的发展,可能会采用暂停战略。在暂停战略实施期间,企业可以获得储备积聚内在能量的时间,为以后更大发展做好准备。

3. 维持利润战略

这是一种以牺牲企业未来发展来维持目前利润的战略。维持利润战略注重短期效果而忽略长期利益,其根本意图是渡过暂时性的难关,因而往往在经济形势不大景气时被采用,以维持过去的经营状况和效益,实现稳定发展。但用得不当的话,维持利润战略可能会使企业的元气大伤,影响企业的长期发展。

4. 谨慎实施战略

谨慎实施战略是当企业所面临的外部经营环境变化短期内无法预测其发展趋势,而一旦错误地判断了环境变化趋势,实施了错误战略后又会给企业带来重大损失。在此情况下,企业将会有意识地放慢战略调整和战略实施的速度,耐心等待环境变化的趋势明朗化。

第四节 紧缩型战略

一、紧缩型战略的概念

紧缩型战略又称为撤退型战略,是指企业从目前的战略经营领域和基础水平收缩和撤退,且偏离战略起点较大的一种经营战略。与稳定型战略和发展型战略相比,紧缩型战略是一种消极的发展战略。可以说,紧缩型战略是一种以退为进的战略类型。一般来说,企业实行紧缩战略只是短期性的,其根本目的是使企业渡过难关后转向其他的战略选择。有时只有采取收缩和撤退的措施,才能抵御对手的进攻,避开环境的威胁和迅速地实现自身资源的最优配置。

企业的资源是有限的,既然企业采取了各种方式进入新的产业或是扩大了业务范围,它们就需要在必要时退出某些业务;而且企业的经营环境在不断变化,原本有利的环境一段时间后会变得不那么有吸引力;原来能容纳许多企业发展的产业会因进入衰退阶段而无法为所有企业提供最低的经营报酬,或是企业为了进入某个新业务领域需要大量的投资和资源的转移等。所有上述情况的发生都迫使企业考虑紧缩目前的经营,甚至退出目前的业务或实施公司清算,即考虑紧缩型战略类型。

采用紧缩型战略目标的企业可能是出于不同的动机,从这些动机来看,其来源于三种不同类型的紧缩型战略:适应型紧缩战略、失败型紧缩战略、调整型紧缩战略。

1. 适应型紧缩战略

适应型紧缩战略的使用条件就是企业预测到或已经感知到外界环境对企业经营的不利,并且企业认为采用维持型战略尚不足以使企业顺利渡过这个不利的外部考验。如果企业可以同时采用维持型战略和紧缩型战略,并且两者都能使企业避开外界威胁、为今后发展创造条件,企业应当尽量采用维持型战略,因为它的冲击力要小得多,所以对企业可能造成的伤害就小得多。适应型紧缩战略是企业为了适应外界环境而采取的一种战略。这种外界环境包括经济衰退、产业进入衰退期、对企业的产品或服务的需求减小等种类。在这些情况下,企业可以采取适应型紧缩战略渡过危机,以求发展。

2. 失败型紧缩战略

失败型紧缩战略是指企业由于经营失误导致企业竞争地位虚弱、经营状况恶化,只有采用紧缩型战略才能最大限度地减少损失,保存企业实力。失败型紧缩战略的使用条件使企业出现重大的问题,如产品滞销,财务状况恶化、投资已无法收回的情况下,就需要对企业的市场、财务、组织机构等方面做全面估计,认真比较实施紧缩型战略的机会成本,经过细致的成本—收益分析,最后决定实施什么样的紧缩战略。

3. 调整型紧缩战略

调整型紧缩战略的动机既不是经济衰退,也不是经营的失误,而是为了谋求更好的发展机会,使有限的资源分配到更有效的使用场合。因而调整型紧缩战略的适用条件使企业存在一个回报更高的资源配置点。为此,需要比较的是企业目前的业务单位和实施紧缩型战略后的资源投入的业务单位。在存在较为明显回报差距的情况下,可以采用调整型收缩战略。

二、紧缩型战略的特征

紧缩型战略的特征主要包括以下几个方面。

1. 企业的效益相应地会受到影响

对企业现有的产品和市场领域实行收缩、调整和撤退策略，缩减某些产品的市场规模，放弃某些产品系列，甚至完全退出目前的经营领域。因而，从企业的规模来看是在缩小的，同时一些效益指标，比如，利润和市场占有率等，都会有较为明显的下降。

2. 尽量争取较大收益和资金价值

对企业资源的运用采取较为严格的控制和尽量削减各项费用支出，只投入最低限度的资源，因而紧缩型战略的实施过程往往会伴随大量员工的裁减、一些奢侈品和大额资产的暂停购买等，目标重点是改善企业的现金流量，争取较大收益和资金价值。

3. 紧缩型战略具有短期性和过渡性质

与稳定和发展两种战略类型相比，紧缩型战略具有明显的过渡性。一般说来，企业只是短期内奉行这一战略，其基本目的是使自己摆脱困境，渡过危机，保存实力，或者消除经济累赘，集中资源，转而采取其他战略。

三、紧缩型战略的优缺点

1. 紧缩型战略的优点

与其他战略相比，紧缩型战略的优点主要有以下几个方面。

（1）能够在很大程度上帮助企业顺利渡过难关。在企业衰退或经营不善的情况下实行紧缩型战略，有利于正确判断经营领域的盈亏状况，及时清理、放弃无利可图或亏损的领域，及时而果断地采用转变或撤退战略，可以通过总结经营失败的教训，通过收缩和撤退，尽可能地保存企业实力，渡过危机，以便转移阵地或重新进行投资创业。

（2）能够在很大程度上帮助企业有效地降低损失。采用紧缩型战略，可以使企业经受磨炼和考验，企业应变能力也得以加强，在经营不善的情况下使损失最小。如果一个亏损企业始终不愿放弃无可挽回的事业领域，则会给企业造成更沉重的打击。同时，采取紧缩型战略可以避免竞争，防止两败俱伤。同时，改善资金流失，及时清算，还有助于避免发生相互拖欠债款，因到期不能清偿而引起连锁反应，导致出现信用危机，保持一个相对有利的行业结构和竞争局面。

（3）能帮助企业更好地实行资产的最优组合。如果不采用紧缩型战略，企业在面临新的机遇时，只能利用现有的剩余资源进行投资，这样做势必会影响企业在这一发展机遇上的前景。采用转向、放弃战略，使企业有可能更加有效地配置资源，提高经营质量，发挥和增强企业的优势。

2. 紧缩型战略的缺点

与上述优点相对应，紧缩型战略也有可能给企业带来一些不利之处。采用紧缩型战略的缺点如下。

（1）采取缩小经营的措施，往往削弱技术研究和新产品开发能力，使设备投资减少，陷于消极的经营状态，影响企业的长远发展。

（2）收缩战略、转移战略、放弃战略的实施，都需要对人员进行调整，如裁减人员、更换高层领导人等，处理不好会造成员工士气低落、工人与管理者的矛盾以及专业技术管理人员的抵制，反而会限制企业扭转不利局面。

（3）当宏观经济或行业处于衰退期时，企业紧缩经营将导致经济总体的供需关系向缩小均衡方向发展，影响经济的提升或者加速行业的衰退，反而抑制企业的发展。

四、紧缩型战略的适用性

紧缩型战略的适用条件主要有以下几个方面。

1.适应外部环境的变化

由于外部环境的变化，经济陷入衰退中，宏观经济调整、紧缩作用于某一行业的供应、生产、需求等方面而引起的突发性、暂时性衰退。行业本身进入衰退期而必然出现的市场需求减少，规模缩小而出现的渐进式衰退，市场需求缩小，资源紧缺，导致企业在现有的经营领域中处于不利地位，财务状况不佳，难以维持目前的经营状况。

2.企业出现经营失误后的有效应对

由于企业经营失误造成企业竞争地位虚弱、经济资源短缺、财务状况恶化，只有撤退才有可能最大限度地保存企业实力时被迫采取紧缩型战略，使企业转危为安，渡过难关，提高企业经济效益。

3.利用有利机会谋求更好发展

因为在经营中出现更加有利的机会，企业要谋求更好的发展机会，需要集中并更有效地利用现有的资源和条件。为此，要对企业那些不能带来满意利润、发展前景不够理想的经营领域采取收缩或放弃的办法，在不断适应市场需要的同时，使自身取得新的发展机会。

五、紧缩型战略类型

紧缩型战略可以分为三种类型，即转变战略、撤退战略和清算战略。

1.转变战略

转变战略是针对那些暂时陷入危机境地而又值得挽救的经营业务活动而言的战略。转变战略的目的是通过各种努力，扭转企业财务状况不佳的局面，以成功渡过难关，争取形势的好转，如削减支出、削减广告和其他促销费用、加强库存控制、催收应收账款，甚至拍卖某些资产、削减非关键性和低附加值的活动、削减管理人员等。采取这些措施，有时候对企业影响很大，尤其在企业员工的下岗和分流、管理人员的裁减和更换时变动更大。因此，采取转变战略必须十分谨慎小心。只有当企业本身值得挽救时，才应该采取转变战略。企业在采用转变战略时，必须首先考虑以下两个问题：一是该经营业务是否还能长期盈利？主要分析评价企业所在的竞争性市场所具有的吸引力以及企业在该竞争性市场的地位。二是如果该项经营业务还能盈利，则需要考虑该项经营业务或企业在长期继续经营中所获得的价值比预算的价值。

实现转变战略，有三种战略模式可供选择。

（1）修订现行战略。如果经营业绩的不善是由原有战略不适宜导致的，具体选择何种途径则取决于行业状态、与竞争对手相比企业的独特优势与劣势以及危机的严重程度。根据行业结构特点、企业竞争地位及其经营资源、经营能力的状态分析，可通过下列途径设法改变现行战略：一是采取新的竞争手段，重建企业市场地位；二是改变企业或公司内部的事业部层和职能层的策略，为企业的总体战略提供强有力的支持；三是同该经营领域内的其他企业实行兼并，以兼并后的企业优势为基础，重新制定战略；四是与企业能力相匹配，将企业经营的范围压缩为某一主导产品、某一核心市场。

（2）提高收入战略。如果需求没有价格弹性，也可通过提价来提高收入。在费用削减已经很少或没有余地、经营只能保持盈亏平衡的情况下，增加销售收入是必要的战略选择。提高收入战略的目标是通过增加销售总量、增加销售收入来调整企业经营业务活动。具体说来，有以下几种方法可供选择：一是削减业务经营活动中的费用；二是改进促销手段；三是增强销售力量，如人员、资金的增加；四是增加为顾客服务的项目；五是迅速实现产品的改进。

（3）降低成本战略。企业的成本优势是多种竞争优势的综合反映，成本优势决定了价格优势，因此，当企业的成本结构具有弹性、企业经营接近于盈亏平衡点时，降低成本也就成为处在危难之中的企业转变战略的最佳选择。这方面措施多种多样，从人、财、物等经营资源的有效利用，到设备、技术的现代化以及生产过程的科学化、产品设计合理化等都可以为企业降低成本。

2. 撤退战略

战略撤退能够保存企业实力，等待时机再进攻。当企业现金流量日趋紧张时，企业从整体战略出发，选择撤退战略。其方法包括出卖部分资产、削减支出、削减广告和促销费用、加强库存控制、催收应收账款、削减管理人员等，或者撤出一些产品线或部分市场，将企业资源集中到企业的主导产品、核心市场上。企业资产的削减不但可以增加现金来源、摆脱亏损的经营事业，更重要的是还可以通过资金的筹集加强和巩固保留下来的经营业务。采取撤退战略对经营者来说是个艰难的选择，它会遇到经济上和管理上的障碍，经营者应当审时度势，具备果断决策的能力。

撤退战略包括两种类型，即放弃战略和分离战略。

（1）放弃战略。放弃战略是以现金回收为出发点，企业暂时还留在夕阳产品的市场中，但不再进行任何新的投资，停止一切设备的维修，中止所有广告活动和研究开发，尽量减少产品的形式和种类，缩减产品的分销渠道等。总之，这种战略要从企业的实际出发，以尽快回收现金为目的，最终放弃这一领域。企业遇到很大困难、预计难以通过转变战略扭转局面或采用转变战略失败后，企业可以采用放弃战略，把经营资源从某一经营领域中撤出。

（2）分离战略。分离战略可以采取两种形式：一是将某一事业部单位从公司中分离出去，让此单位在财务和管理上有其独立性，母公司只保留部分所有权或者完全没有所有权；二是找到愿意进入该事业部领域的买主，将这一事业部单位出售。企业采用分离战略的原因多种多样，首先可能是事业部单位的经营内容与企业整体经营的内容状况不协调，不适合企业战略发展的需要，尽管这些单位的经营还能盈利；其次可能是企业财务的需要，如筹集资金，保证企业财务稳定以利于主导产品经营优势的发挥，所以分离某个事业部单位的经营项目以增加企业的现金流量。

3. 清算战略

清算战略又称清理战略，是指企业受到全面威胁、濒于破产时，通过将企业的资产转让、出卖或者停止全部经营业务结束企业的生命。也就是指企业由于无力偿还债务，通过出售或转让企业的全部资产，以偿还债务或停止全部经营业务，从而结束企业生命的一种战略。

清理分为自动清理和强制清理两种形式，前者一般由股东决定，后者须由法庭决定。清算战略是最不受欢迎的一种战略类型。清算意味着出售企业的某些部分，但这时出售的基本上是有形资产，而不是像退出战略那样，能出售包括企业全部或部分业务能力的整体。清算战略的实施意味着承认经营失败，将给企业内所有人员造成一定打击。特别是当企业只有一种业务时，清算就意味着关闭。为此，清算战略是几种公司战略中采用最为谨慎的一种。但在确实毫无希望的情况下，尽早制定清算战略，企业可以有计划地降低企业股票的市场价值，尽可能多地收回企业资产，减少全体股东的损失，从而把企业经营管理的损失降到最低。

第五章 企业竞争战略的选择

第一节 基本竞争战略

一、基本竞争战略概述

1. 基本竞争战略的概念

竞争战略是指企业为了获得竞争优势，在市场上处于有利的竞争地位，争取比竞争对手有较大的市场份额和更好的经济效益，所做的长远性谋划和方略。竞争战略属于企业经营单位战略的范畴，是企业正确地分析和界定本企业在竞争中的地位后所形成的战略。这是战略管理中非常重要的问题。

基本竞争战略是由美国哈佛商学院著名的战略管理学家迈克尔·波特提出的，分别为成本领先战略、差异化战略、集中化战略。他认为，企业要获得竞争优势，一般只有两条途径：一是在行业中成为成本最低的生产者；二是在企业的产品和服务上形成与众不同的特色，企业可以在或宽或窄的经营目标内使用这些战略。企业必须从这三种战略中选择一种，作为其主导战略。要么把成本控制到比竞争者更低的程度；要么在企业产品和服务中形成与众不同的特点，让顾客感到你提供了比其他竞争者更多的价值；要么企业致力于服务某一特定的市场部分、某一特定的产品种类或某一特定的地理范围。基本竞争战略是无论在什么行业或什么企业都可以采用的竞争性战略。这些战略是根据产品、市场以及特殊竞争力的不同组合而形成的。企业可以根据自己生产经营的情况，选择所要采用的竞争战略。

2. 基本竞争战略的作用

企业有效地实施自身的战略管理体系，可以帮助自身在经济市场中全面发展。对于初创企业而言，需要了解战略管理对于企业发展的重要作用，从而使其重视其对战略管理体系的实施，企业实施基本竞争战略的具体作用表现如下。

（1）解决企业的定位问题。企业存在的价值是能够提供给消费者有效的需求，通过企业定位形成一种鲜明的"差异化"竞争战略的个性化特征，使企业得以产生巨大的凝聚力。

（2）形成企业的核心能力。企业产品的质量和性能决定了企业的竞争力，但长期而言，起决定作用的是造就和增强企业的核心竞争力。企业的核心能力是企业拥有的资源、技能、知识的整合能力，即组织的学习能力。企业通过本行业的专注和持续投入、精心培育核心竞争力，把它作为企业保持长期的根本战略任务，从时间角度来看，培育核心竞争力不是一日之功，它必须不断提炼升华才能形成。

（3）通过战略实施形成相对竞争优势。企业必然进入竞争，那么，企业拿什么去竞争呢？必须是自己独有的竞争优势。竞争优势最主要的含义是利用独特的资产、技能、资源或活动，使企业发展出相对竞争者更具独特而有利的地位。相对竞争力的参照系是竞争对手的竞争优势。相对竞争力认为，有效益、有市场的竞争力才是企业所需要的竞争力，因而相对竞争力更加重视考察成本。

3. 基本竞争战略的特征

（1）针对性。企业在市场中的竞争优势主要表现在两个方面：一是本企业与同行竞争者比较具有优越的客观条件；二是本企业的内部条件与竞争对手比较，具有较强的实力和管理水平。所谓优越的客观条件，一般是指企业所在地区的自然条件、资源状况、交通运输、信息交流、通信工具、经济基础和公共关系等。这种具有优势的客观条件，有的是自然形成的，更多的是人们经过长期努力而形成的。关于企业内部的实力和管理水平，一般是指企业在开拓市场、争取用户方面的能力和水平。如领导者的决策水平、技术力量、职工素质、产品功能、市场营销技巧、厂房设备、资金实力等。企业在制定经营战略时，关键在于怎样去认识和分析上述两方面的优势地位以及怎样才能充分发挥它的优势。企业竞争战略的制定的目的就是获取竞争优势，战胜竞争对手，因而，它制定的目的针对性很强。

（2）动态性。企业的经营过程是一个动态的过程，因而竞争战略也不可避免地具有动态性。企业基本竞争战略架构上差异很大，成功地实施竞争战略需要不同的资源和技能，由于企业文化混乱、组织安排缺失、激励机制冲突等，夹在中间的企业还可能因此遭受更大的损失。因此，企业的竞争战略如何确定，要根据企业所处环境与企业本身的具体情况而定，没有一成不变的格式。企业无论是为了保持领先的优势，还是力争后来居上，都无一例外地面临着重新调整在竞争中的行为和观念的问题。从其制定要求看，企业竞争战略就是用机会和威胁评价和未来的环境，用优势和劣势评价企业现状，进而选择和确定企业的总体、长远目标，制订和抉择实现目标的行动方案。因此，为了促进企业的持续发展，应不断加强企业竞争战略的研究与调整。

（3）可操作性。企业竞争战略要解决的核心问题是，如何通过确定顾客需求、竞争者产品及本企业产品这三者之间的关系，来建立本企业产品在市场上的特定地位并维持这一地位。在激烈的市场竞争中，如何在竞争中求发展，是每个企业都在思考的问题。

竞争战略就是一个企业在同一使用价值的竞争上采取进攻或防守行为。由于竞争战略是直接针对某一目标战略，所以它必须能够指导实践，要具备实施的计划和具体方案，便于管理者的操作。

4. 基本竞争战略的选择

竞争优势往往存在于一定的领域内，这个领域是多维的，包括所提供的产品和所服务的顾客群以及企业开展竞争地理市场的范围。通过执行成本领先或差异化战略，企业的竞争优势可以在与竞争对手在多个顾客群的竞争中获得。与此不同，通过执行集中化战略，企业所寻求的是在一个相对集中的领域或细分市场上的成本领先或差异化优势。最优成本供应商战略是成本领先与差异化整合的战略。这些战略中每种战略的有效性取决于企业外部环境中存在的机遇和挑战以及企业基于自身独特的资源、能力和核心竞争力的可能性。

在选择战略时，企业应评价两种竞争优势：比竞争对手更低的成本，或差异化，即有能力采取一种较高的价格以超过为产生差异化所付出的额外成本。比竞争对手更低的成本来自企业能够以不同于竞争对手的方式开展活动；差异化则表明一种能开展不同于竞争对手的活动能力。因此，企业在选择基本竞争战略时，应根据企业外部环境、内部条件，在成本领先战略、产品差异战略或目标集中战略中选择一种战略，然后制定具体政策，采取相应措施，努力完成目标。在选择具体战略时，应综合考虑以下因素。

（1）企业自身实力。一般而言，若企业规模较小且生产、营销等方面能力较弱，则采用目标集中竞争战略。若企业生产能力较强，而营销能力较弱，则采用成本领先竞争战略。若企业生产能力较强，而营销能力较弱，则采用差异化竞争战略。企业生产能力和营销能力都较强，则可在生产上采用成本领先竞争战略，而在营销上采用差异化竞争战略。

（2）产品不同时期。一般而言，若企业生产的产品处于投入期和成长期，为了抢占市场和防止竞争对手进入，则企业宜采用成本领先竞争战略，以扩大市场需求。若企业生产的产品处于成熟期和衰退期，顾客的需求呈现多样化与复杂化，则企业宜采用差异化竞争战略。

（3）产品不同类别。一般而言，若企业的产品属工业品，在质量等级相等的条件下，市场价格是企业竞争的重要因素，则企业宜采用成本领先竞争战略。若企业的产品属于消费品，根据市场顾客消费群体的细分，则企业宜采用差异化竞争战略。若对消费品进一步细分，则又可分为日常消费品和耐用消费品两类，这时企业可分别采用成本领先竞争战略和差异化竞争战略。随着市场需求的日益扩大，高档消费品已为一部分消费群体所青睐，这类产品的功能、外观及服务方面的差异相当大，生产和销售这类产品的企业必须采用差异化竞争战略，才能在市场竞争中保持优势地位。

企业成功地选择基本竞争战略，就意味着投入不同的资源、力量、组织以及形成不同的管理风格。选择的基点始终在于充分利用企业的优势，但同时要使竞争对手难以模仿使用，最终促进企业经济效益的提升和企业的持续发展。

二、成本领先战略

1. 成本领先战略的概念

成本领先战略是通过设计一整套行动，以最低的成本生产并提供为顾客所接受的产品和服务。在企业战略管理中，成本领先战略是通过有效途径，使企业的全部成本低于竞争对手的成本，以获得同行业平均水平以上的利润。实现成本领先战略需要有一整套具体政策，即要有高效率的设备、积极降低经验成本、紧缩成本和控制间接费用以及降低研究开发、服务、销售、广告等方面的成本。要满足这些要求，必须在成本控制上做大量的管理工作，即不能忽视质量、服务及其他一些领域工作，尤其要重视与竞争对手有关的低成本的任务。

成本领先战略的有效执行能使企业在激烈的市场竞争中赚取超过平均水平的利润。低成本优势可以有效防御竞争对手的进攻，因为一旦拥有成本领导者的有利位置，竞争对手就很难在价格上与其竞争。于是，竞争对手一般通过一些差异化的途径来与成本领导者竞争。如果竞争对手从价格上进行挑战，低成本的企业仍然可以赚取至少平均水平的利润，而竞争对手的利润则要低于平均水平。低成本优势有利于企业在强大的买方威胁中保护自己，尽管强有力的买方可以迫使成本领导者降低价格，但这个价格一般不会低于行业内竞争者可以赚到平均利润的水平。即使低于这个水平，他们也不会这样做。否则会迫使竞争者退出该市场，使成本领导者处于更强有力的位置。低成本也构成对强大供方威胁的防卫，因为低成本在对付卖方产品涨价中具有较高的灵活性。强有力的成本领导者还可能迫使供应商维持原价格，从而使供应商的价格降低。导致低成本的诸因素通常也以规模经济或成本优势的形式建立进入壁垒。新进入者不可能赚到高于平均水平的利润，直到它们获得经验来达到和成本领导者同样的效率水平。与行业竞争对手相比，成本领导者在替代品方面也占有比较有利的地位。为了留住客户，可以降低产品和服务的价格。再低一点的价格和顾客愿意接受的质量大大增加了顾客选择其产品而非替代品的可能性。

成本领先并不等同于价格最低。如果企业陷入价格最低而成本并不最低的误区，换来的只能是把自己推入无休止的价格战。因为一旦降价，竞争对手也会随着降价，而且由于比自己成本更低，因此具有更多降价空间，能够支撑更长时间的价格战。尽管一个成本领先的企业是依赖其成本上的领先地位来取得竞争优势的，但它要成为经济效益高于平均水平的超群者，则必须与其竞争企业相比，在产品别具一格的基础上取得的价值相等或价值近似的有利地位，因此，成本领先企业能赚取高于平均水平的收益。

2. 企业采用成本领先战略的动因

在企业所在的市场上，如果购买者对价格具有很强的敏感性，那么，获得行业中总成本最低的优势就是一个有力的竞争途径。从五种竞争力量的角度来分析，企业采取成本领先战略的主要原因如下。

（1）形成进入障碍。企业的成本低，就具有削价能力，从而为行业潜在的进入者设置了较高的进入障碍。那些在生产技术不熟练、经营上缺乏经验的企业，或缺乏规模经济的企业便很难进入此行业。

（2）增强讨价还价能力。企业的成本低，可以在某种程度上应对由于投入因素的变化引起的投入费用的增长现象，从而提高自身与供应者的讨价还价能力。同时，企业成本低，能够为自己提供部分的利润率，从而提高自己对购买者的讨价还价能力，对抗强有力的购买者。

（3）降低替代品的威胁。企业的成本低，可以在与替代品竞争时，通过降低价格吸引大量的顾客，从而减少或缓解替代品的威胁，使自己处于有利的竞争地位。

（4）保持领先的竞争地位。企业的成本低，在与行业内的竞争对手进行价格战时，可以利用低价格的吸引力从竞争对手那里夺得销售额和市场份额，也可以在其对手毫无利润率的低价格的水平上保持一定的盈利，从而保持绝对的竞争优势。

总之，企业采用成本领先战略，可以有效地面对行业中的五种竞争力量，以其低成本的优势，获得高于行业平均水平的利润。

3. 成本领先战略的优缺点

（1）成本领先战略的优点。只要成本低，企业尽管面临强大的竞争力量，仍可以在本行业中获得竞争优势。因此，成本领先战略的优点主要表现在以下几个方面。

①在与竞争对手的斗争中，企业由于处于低成本地位上，具有进行价格战的良好条件，即使竞争对手在竞争中处于不能获得利润、只能保本的情况下，本企业仍可获益。

②面对强有力的购买者要求降低产品价格的压力，处于低成本地位上的企业仍可以有较好的利润。

③在争取供货商的斗争中，由于企业的低成本，相对竞争对手具有较大的对原材料、零部件价格上涨的承受能力，能够在较大的边际利润范围内承受各种不稳定经济因素带来的影响；同时，由于低成本企业对原材料或零部件的需求量大，因而为获得廉价的原材料或零部件提供了可能，同时也便于和供货商建立稳定的协作关系。

④在与潜在进入者的斗争中，那些形成低成本地位的因素常常使企业在规模经济或成本优势方面形成进入障碍，减少新进入者对低成本的进入威胁。

⑤在与替代品的斗争中，低成本企业可用削减价格的办法，满足现有顾客的需求，使之不被替代产品所替代。当然，如果企业要较长时间巩固企业现有竞争地位，还必须在产品及市场上有所创新。

（2）成本领先战略的缺点。与其他竞争战略相比，成本领先战略的缺点主要表现在以下几个方面。

①投资较大。企业必须具备先进的生产技术，才能高效率进行生产，以保持较高的劳动生产率。同时，在进攻型定价以及为提高市场占有率而形成的投产亏损等方面也需进行大量的投资。

②技术变革会导致生产过程工艺和技术的突破，使企业过去大量投资和由此产生的高效率一下子丧失优势，并给竞争对手造成以更低成本进入的机会。

③将过多注意力集中在生产成本上，可能造成企业忽视顾客需求特性和需求趋势的变化，忽视顾客对产品差异的兴趣。

④由于企业集中大量投资于现有技术及现有设备，提高了退出成本，因而对新技术的采用以及技术创新反应迟钝甚至采取排斥态度。

4. 成本领先战略的适用性

成本领先战略的理论基石是规模效益（单位产品成本随生产规模增大而下降）和经济效益（单位产品成本随累积产量增加而下降），它要求企业的产品必须具有较高的市场占有率。如果产品的市场占有率很低，则大量生产毫无意义，而不大量生产也就不能使产品成本降低。为实现产品成本领先的目的，企业内部需要具备下列条件。

（1）可实现规模经济。通过规模经济生产和销售也许是实现成本领先战略的最重要措施。大量研究发现，对很多行业来说，利润率和市场份额之间保持正向关系，即利润率随市场份额的扩大而增加。一般来说，市场份额最高的企业往往具有较低的投资、库存、营销和采购成本。如果企业可以通过扩大生产和分销规模获得规模经济效益，使单件产品的生产成本降低，企业即可考虑选择成本领先战略。

（2）充分利用生产能力。当生产能力过剩时，固定成本必然要分布在较少的产出上。在如化工和钢铁等资金密集型行业，生产能力过剩将显著增加单位产品的成本，在这样一些行业，能否充分利用生产能力将成为能否取得成本优势的关键。同样，在衰退行业和需求经常有很大波动的行业，调整生产能力以适应需求变化的能力是取得成本优势的关键。由以上分析可以看出，对固定成本比较高的资金密集型行业，要通过各种方法充分利用生产能力，如扩大生产线的适应范围，以增加产品线的宽度等；还应通过开发和设计相关产品降低研究和开发费用以及尽可能地利用已有的销售渠道等。

（3）产品的再设计。要实现规模经济进而取得成本优势，企业还必须设计出易于制造的产品。可以说，能否利用新的制造技术和工艺来提高劳动生产率的关键在于产品的重新设计。实际上，产品的再设计还可以使企业在规模经济的基础上实现产品差异化。

（4）降低输入成本。在大多数行业，由于各种各样的原因，不同企业输入的成本有很大差异，这种差异是其中一些企业取得成本优势的重要原因。造成输入成本差异的原因主要有以下几种。

①由于地域原因造成的输入成本的差异。众所周知,由于不同国家和地区经济发展的不均衡性,不同国家和地区的劳动工资率有很大差异。在劳动密集型行业中,劳动工资率上的差异是一些企业获得成本优势的重要原因。除劳动成本外,与地域有关的输入成本上的差异也可能来源于原材料的运输成本或能源的成本,或由不同国家的汇率所致。

②拥有低成本的供应来源是一些企业获得成本优势的重要途径。

③讨价还价能力上的差异也是一些企业取得成本优势的重要原因。当外购原料或零件占产品成本很大比例,同时这些原料或零部件占产品成本很大比例,这些原料或零部件又只有少数几家供应商时尤其如此。当某些企业讨价还价能力较强,如购买数量巨大,从而可以以较低的价格购买这些输入要素时就比较容易发挥成本优势。

④稳定与供应商的关系是降低输入成本的又一途径。随着技术的迅速发展和组织结构的加速演变,越来越多的企业注意与供应商建立密切而长期的关系。例如,随着准时生产制、全面质量管理体系和敏捷制造系统的采用和推广,越来越多的企业已经减少供应商的数量,并鼓励供应商直接参与企业的生产过程和分享有关的技术,这样一种伙伴关系可以显著提高产品的质量,节约时间和费用。

(5)采用先进的工艺技术。在多数商品生产过程中,总有几种或更多种生产工艺技术可供选择。在产出相同的情况下,如果某种工艺技术少消耗某种输入要素,而同时又不多消耗其他输入要素,那么这种工艺技术就有一定的优越性。如果某种生产工艺虽多用了某些输入要素,但同时却少消耗了另一些要素,则这种生产工艺的相对成本效益高低取决于各种输入要素的相对价格。

5.成功获得低成本领先的关键因素

如果管理者的战略意图是追求低成本,下面几点则是成功的关键。

(1)建立注重成本的企业文化。成功的低成本企业是通过不厌其烦寻求整个价值链上的成本节约来获得成本优势的,所以必须建立注重成本的企业文化,使节约每一分钱的观念深入人心,成为员工自觉的行动。员工广泛参与成本控制,深入地审核运作费用和预算要求,制订各种不断改善成本的方案。经理人员的额外福利也不多,各种设施充足但不浪费。

(2)准确地把握成本驱动因素。每个行业中的关键成本驱动因素都不尽相同,如规模经济、经验和学习、生产能力的利用率、关键资源投入成本、技术创新(产品或工艺)、工厂的地理位置、与企业中或行业价值链中其他活动的联系、纵向一体化程度或专业化程度、新产品或新技术的使用时机等等。它们必须准确地把握关键的成本驱动因素,管理价值链上的每一项活动。它们必须积极地重组价值链,再造业务流程,取消非关键的工作步骤。

(3)积极地投资建立那些低成本所需的资源和能力。尽管低成本企业在提倡节约,但它们又积极地投资开发那些很有希望减少成本的资源和能力。例如,沃尔玛在所有的经营运作中使用最现代化的技术，它使用在线计算机系统来从供应商那里订货和管理库存，它的商店装备有先进的销售和检查系统，同时它有一个自己的私人卫星通信网络，用其每天向数千个供应商传递销售点数据。

（4）严格的成本控制组织体系和管理。追求成本领先的企业必须有结构严密的组织和明确的责任、严格的成本控制制度、以目标管理为基础的激励机制等。

三、差异化战略

1. 差异化战略的概念

差异化战略是通过设计一整套行动，生产并提供一种顾客认为很重要的与众不同的产品或服务，并不断使产品或服务升级以具有顾客认为有价值的差异化特征。差异化战略的重点不是成本，而是不断创造被全行业和顾客都视为独特的产品和服务。差异化战略的方法多种多样，如产品的差异化、服务差异化和形象差异化等。

实现差异化战略，可以提升用户对品牌的忠诚度。因此，差异化战略是使企业获得高于同行业平均水平利润的一种有效竞争战略。差异化战略利用客户对品牌的忠诚度以及由此产生对价格的敏感性下降使企业得以避免来自竞争对手的挑战。它也可以使利润增加而不必追求低成本。产品差异化赚得的高额利润可以在一定意义上使其免受供应商的影响，而且因为买方对提价相对不敏感，企业可以通过提高其特有产品的价格而把供应商的额外成本转嫁给最终消费者。另外，顾客忠诚度和克服差异化产品独特性的要求成为主要的进入壁垒，也有效地抵御了替代产品的威胁。否则，缺少品牌忠诚度会使顾客转向与其现有产品功能相同但有某些差异化特征或更有吸引力的产品上。

差异化战略的企业可以在很多方面使自己的产品不同于竞争对手。而且企业的产品或服务与竞争对手之间的相似性越少，企业受竞争对手行动的影响也就越小。如果差异化战略成功地实施，它就成为在一个产业中赢得高水平收益的积极战略，因为它建立防御阵地对付五种竞争力量，尽管其防御的形式与成本领先有所不同。实现产品差异化有时会与争取占领更大的市场份额相矛盾。它要求企业对于这一战略的排他性有思想准备，即这一战略与提高市场份额两者不可兼顾。

2. 企业采用差异化战略的动因

在顾客需求多样化的情况下，企业很难通过标准化的产品完全满足顾客的需求。因此，差异化战略就成了一个很有吸引力的竞争策略。企业采用这种战略，可以很好地抗衡行业中的五种竞争力量，获得超过水平的利润。具体来讲，主要表现在以下几方面。

（1）形成进入障碍。由于企业产品和服务具有特色，顾客对该产品或服务具有很高的忠实度，从而使该产品和服务具有强有力的进入障碍，潜在的进入者要与该企业竞争，则需要克服这种产品的独特性。

（2）降低顾客敏感程度。由于顾客对企业产品和服务有某种程度的忠实性，当这种产品价格发生变化时,顾客对价格的敏感程度不高,生产该产品的企业便可以运用产品差异战略,在行业的竞争中形成一个隔离地带,避免竞争的侵害。

(3)增强讨价还价能力。产品差异化战略可以使企业获得较高的收益,降低企业的总成本,提高企业对供应者讨价还价的能力。同时,由于购买者别无其他选择,对价格的敏感度又低,企业可以运用这一战略削弱购买者讨价还价能力。

(4)防止替代品威胁。企业的产品与服务具有特色,能够赢得顾客的信任,便可在与替代品的较量中,比同类企业处于更有利的地位。

3.差异化战略的优缺点

(1)差异化战略的优点。只要条件允许,产品差异是一种可行的战略。企业采取这种战略,可以很好地防御五种竞争力量,获得竞争优势。

①实行差异化战略是利用了顾客对其特色的偏爱和忠诚,由此可以降低对产品的价格敏感性,使企业避开价格竞争,在特定领域形成独家经营的市场,保持领先地位。

②顾客对企业(或产品)的忠诚性形成了强有力的进入障碍,进入者要进入该行业则需花很大精力克服这种忠诚性。

③产品差异可以产生较高的边际收益,增强企业对供应者讨价还价的能力。

④由于购买者别无选择,对价格的敏感度又低,企业可以运用产品差异战略来削弱购买者的讨价还价能力。

⑤由于企业具有特色,又赢得了顾客的信任,在特定领域形成独家经营的市场,便可在与代用品的较量中,比其他同类企业处于更有利的地位。

(2)差异化战略的缺点。执行差异化战略有时会与扩大市场份额相矛盾。差异化战略具有一定程度的排斥性,与提高市场份额两者不可兼得。因为差异化战略不可避免地以高成本为代价,有些客户不一定愿意或根本没有能力支付高价格,企业将不得不损失一部分市场份额。与其他竞争战略相比,差异化战略的缺点主要表现在以下几个方面。

①保持产品的差异化往往以高成本为代价,因为企业需要进行深入的研究开发、产品设计、高质量原料和争取顾客支持等工作。新技术的出现和对现有技术的更新都会使某项有效的差异化特征降低或消失。有时,新技术的出现会根本改变对市场的细分方式,或使某一细分市场彻底消失,造成适用于该细分市场的差异化特征的消失。

②并非所有的顾客都愿意或能够支付产品差异所形成的较高价格。同时,买主对差异化所支付的额外费用是有一定支付极限的,若超过这一极限,低成本低价格的企业与高价格差异化产品的企业相比就显示出竞争力。如果对手使得顾客认为其能提供同样的产品或服务,有时还以更低的价格提供,则差异化战略就失去了价值。

③企业提供的差异特征不被市场认可。如果企业提供的某些差异化特征在消费者眼中没有任何意义,或是差异化过度,超出消费者的要求,以至于混淆了消费者的意识,则消费者就不会接受这样的差异化。

④企业要想取得产品差异，有时要放弃获得较高市场占有率的目标，因为产品的排他性与高市场占有率是矛盾的。顾客可能认为差异者与成本领导者的价格之差过于悬殊，此时企业所提供的差异化特征就可能不再是顾客所需要的了。在这种情况下，企业就很难经得住竞争对手的挑战。

4. 差异化战略的适用性

实行差异化战略需要具备相应的条件，应该从外部条件和内部条件两方面来考察。

（1）外部条件主要包括以下几个方面。

①可以有很多途径创造企业与竞争对手产品之间的差异，并且这种差异被顾客认为是有价值的。

②顾客对产品的需求和使用要求是多种多样的，即顾客需求是有差异的差异化战略。

③采用类似差异化途径的竞争对手很少，即真正能够保证企业是"差异化"的。

④技术变革很快，市场上的竞争主要集中在不断地体现新的产品特色。

（2）内部条件。除上述外部条件外，企业实施差异化战略还必须具备以下内部条件：

①具有很强的研究开发能力，研究人员要有创造性的眼光；企业具有以其产品质量或技术领先的声望。

②企业在这一行业有悠久的历史或吸取其他企业的技能并自成一体。

③企业应有很强的市场营销能力；同时研究与开发、产品开发以及市场营销等职能部门之间要具有很强的协调性。

④企业要具备能吸引高级研究人员、创造性人才和高技能职员的物质设施。

5. 企业实施差异化战略的途径

企业实现差异化战略常见的途径有以下三个方面。

（1）有形差异化。有形差异化主要涉及产品和服务可见的特点，这些特点影响顾客的偏好和选择过程。它们包括产品的尺寸、形状、颜色、体积、材料和所涉及的技术等。除以上因素外，有形差异化还包括产品或服务在可靠性、一致性、口味、速度、耐用性和安全性上的差异。实际上，延伸产品的差异化也是有形差异化的重要来源，这些延伸产品包括售前售后服务、交货的速度、交货方式的适用性以及将来对产品进行更新换代的能力等。对于一般消费品，以上差异化因素直接决定顾客从产品获得的利益。而对生产资料，上述差异化因素影响购买企业在其业务领域赚钱的能力，因此，当这些因素降低购买企业的成本或增强其差异化的能力时，它们将成为差异化的重要来源。有形差异化是实现差异化战略的第一个途径，也是比较简单的途径。

（2）无形差异化。当某种产品或服务是为了满足顾客复杂的需求时，差异化的关键在于企业产品的整体形象，这一点对那些质量和性能在购买时难以度量的"经验"产品或服务尤其重要。这些产品包括化妆品、医疗服务或教育等。当顾客感觉产品或服务的价值并不取决于其有形的特性时，企业可以通过无形差异化取得竞争优势。实际上，顾客通过可见的产品特性或性能标准选择的产品数量是非常有限的,社会因素、感情因素以及心理因素都会影响产品或服务的选择。对于一般消费品,人们对专有性、个性化和安全性的追求往往是强有力的刺激因素。换句话说,差异化不仅与产品的物理特性有关,而且可以扩展到产品或服务的很多方面,只要提供的差异能为顾客创造相应的价值。就意味着差异化包括企业与其竞争对手在所有方面的差异。

(3)维持差异化优势。维持差异化优势也是企业实施差异化战略的重要途径。通过加大研究与开发的力度,潜心研究顾客消费需求的特点,维持企业创造独特产品的能力来维持差异化优势,可能是一种有效建立相对竞争优势的方法,尤其是在竞争不断加剧,人们的生活水准越来越高,同时更加追求多样化和个性化的经济和社会环境下,维持差异化优势就会使企业更有竞争力。

四、集中化战略

1. 集中化战略的概念

集中化战略是通过设计一整套行动来生产并提供产品或服务,以满足某一特定竞争性细分市场的需求的战略。集中化战略是主攻某个特殊的顾客群、某产品线的一个细分区段或某一地区市场。正如差别化战略一样,集中化战略可以具有许多形式。尽管低成本与差别化战略都是要在全产业范围内实现其目标,集中化战略的整体却是围绕着某一特殊目标服务的,它所开发推行的每一项职能化方针都要考虑这一中心思想。

集中化战略依靠的前提思想是企业业务的专一化能够以高的效率、更好的效果为某一狭窄的战略对象服务,从而在较广阔的范围内超过竞争对手。企业这样做的结果是通过满足特殊对象的需要实现差别化,或者在为这一对象服务时实现低成本,或者二者兼得。这样的企业可以使其盈利的潜力超过产业的普通水平,这些优势保护了企业抵御各种竞争力量的威胁。但集中化战略常常意味着限制了可以获取的整体市场份额。集中化战略必然包含着利润率与销售额之间互以对方为代价的关系。

企业可以采用两种集中化战略:以低成本为基础的集中成本领先战略和以差异化为基础的集中差异化战略。集中成本领先战略是从某些细分市场上成本行为的差异中获取利润,企业要做到服务于某一细分市场的成本比竞争对手低,此战略取决于是否存在这样一个购买者细分市场,满足他们的要求所付出的代价要比满足整体市场其他部分的要求所付出的代价要小。集中差异化战略是从特定细分市场中客户的特殊需求中获得利润,此战略取决于是否存在这样一个购买者细分市场,它们想要得到或需要特殊的产品属性。两种集中化战略能使企业成功对抗五种竞争力量,其方式分别与成本领先战略和差异化战略相仿。它们唯一的区别在于竞争范围从整个行业变成了一个狭窄的行业细分市场。

2. 企业采用集中化战略的动因

集中化战略与前两个战略一样，可以防御行业中各种竞争力量。这种战略可以用来防御替代品的威胁，也可以针对竞争对手最薄弱的环节采取战略，从而使企业在本行业中获得高于一般水平的收益。

（1）以特殊的服务范围来抵御竞争压力。集中化战略往往利用地点、时间、对象等多种特殊性来形成企业的专门服务范围，以更高的专业化程度构成强于竞争对手的优势。企业选择适当的产品线区段或专门市场是集中化战略成功的基础。如果选择广泛市场的产品或服务而进行专门化经营，反而可能导致企业失败。

（2）以低成本的特殊产品形成优势。企业可以利用其特殊的工艺和技术开发形成低成本，在竞争市场长期保持其竞争优势。这一优势的实质是差别化优势，能同时拥有产品差别化和低成本优势一定可以获得超出产业平均水平的高额利润。

（3）以主动竞争的姿态增强竞争能力。当企业受到强大的竞争对手全面压迫时，采取集中化战略以攻代守，往往能形成一种竞争优势，特别是对于抵抗拥有系列化产品或广泛市场的竞争对手明显有效。

应当指出，企业实施集中化战略，尽管能在其目标细分市场上保持一定的竞争优势、获得较高的市场份额，但由于其目标市场相对狭小，该企业的市场份额总体水平是较低的。集中化战略在获得市场份额方面常存在着某些局限性。所以，企业选择集中化战略时，应在产品获得能力和销售量之间进行权衡和取舍，有时还要在产品差异化与成本领先之间进行权衡。

3. 集中化战略的优缺点

（1）集中化战略的优点。实行集中化战略具有以下几个方面的优势：经营目标集中，可以集中企业所有资源于一特定战略目标上；熟悉产品的市场、用户及同行业竞争情况，可以全面把握市场，获取竞争优势；由于生产高度专业化，在制造、科研方面可以实现规模效益。这种战略尤其适用于中小企业，即小企业可以以小补大、以专补缺、以精取胜，在小市场做成大生意。同其他战略一样，集中化战略也能在本行业中获得高于一般水平的收益。

①集中化战略便于集中使用整个企业的力量和资源,更好地服务于某一特定的市场。

②将目标集中于特定的部分市场,企业可以更好地调查研究与产品有关的技术、市场、顾客以及竞争对手等各方面的情况。

③战略目标集中明确，经济成果易于评价，战略管理过程也容易控制，从而带来管理上的便利。根据中、小型企业在规模、资源等方面所固有的一些特点以及集中化战略的特性，可以说集中化战略对中、小型企业来说是最适宜的战略。

（2）集中化战略的缺点。集中化战略也包含风险，主要是注意防止来自三方面的威胁，并采取相应措施维护企业的竞争优势。

①以广泛市场为目标的竞争对手，很可能将该目标细分市场纳入其竞争范围，甚至已经在该目标细分市场中竞争，它可能成为该细分市场潜在进入者，对企业造成一定威胁。这时企业要在产品及市场营销各方面保持和加大其差异性，产品的差异性越大，集中战略的维持力越强；需求者差异性越大，集中化战略的维持力也越强。

②该行业的其他企业也采用集中化战略，或者以更小的细分市场为目标，构成对企业的威胁。这时选用集中化战略的企业要建立防止模仿的障碍，当然其障碍的高低取决于特定的市场细分结构。另外，目标细分市场的规模也会造成对集中化战略的威胁，如果细分市场较小，竞争者可能不感兴趣，但如果是在一个新兴的、利润不断增长的较大的目标细分市场上采用集中化战略，就有可能被其他企业在更为狭窄的目标细分市场上也采用集中化战略，开发出更为专业的产品，从而削弱原选用集中化战略的企业的竞争优势。

③由于社会政治、经济、法律、文化等环境的变化，技术的突破和创新等多方面原因引起替代品出现或消费者偏好发生变化，导致市场发生结构性变化，此时集中化战略的优势也将随之消失。

4. 集中化战略的适用性

一般来说，企业服务于目标小市场的专业化能力是其能够有效防御目标市场上竞争力量的基础。如果企业拥有了服务于该目标小市场的独特能力，就会形成一种有效的进入障碍，进入目标细分市场就变得更加困难。因此，提高目标市场上的专业化水平可以阻止潜在的新进入者。同样，替代产品生产商要想进入这一小市场，也面临上述专业化服务能力的障碍。对于购买者来说，由于他们不愿意转向那些不能如此满足自己期望和要求的企业，从而在某种程度上降低了讨价还价的能力。

集中化战略有以下几个方面的适用条件：一是企业具有完全不同的用户群，这些用户对企业的产品有独特的需求。二是在相同的目标市场群中，其他竞争对手不打算实行重点集中的战略。三是企业的资源不允许其追求宽阔的细分市场，或者企业还没有打算进入其他细分市场。四是行业中各细分部分在规模、成长率、获得能力方面存在很大的差异。

企业实施集中化战略的关键是选好战略目标小市场。一般的原则是，企业要尽可能选择那些竞争对手最薄弱的目标和最不易受替代产品冲击的目标小市场。一般情况下，企业往往在下列情况下能取得最好的效果：一是目标小市场足够大，可以盈利；二是小市场具有很好的成长潜力；三是小市场不是行业主要竞争企业成功的关键，也没有其他竞争对手试图采取集中化战略；四是企业有相应的资源和能力，能比竞争对手更好地满足目标市场；五是企业能凭借其建立的顾客商誉和服务来防御行业中的挑战者。

5. 实现集中化战略的途径

集中化战略的基础在于一家企业可以比业内的其他竞争对手更好、更有效率地服某一特定细分市场，且服务于小市场的成本比竞争对手的成本低，或者能更好地满足用户的需求。此战略的成功需要企业去发现的需求非常独特并且专业化，以至于业内一般竞争对手根本未去服务的细分市场，或者找到业内竞争者做得很差的细分市场。采用集中化战略的企业必须能够以一种优于竞争对手的方式完成一系列主要及次要活动，以获取战略竞争力。集中化战略的实施方法包括单纯集中化、成本集中化、差别集中化和业务集中化等。

（1）单纯集中化。单纯集中化是企业在不过多考虑成本差异化的情况下，选择或创造一种产品、技术和服务为某一特定顾客群体创造价值，并使企业获得稳定可观的收入。

（2）成本集中化。成本集中化是企业采用低成本的方法为某一特定顾客群提供服务。通过低成本，集中化战略可以在细市场上获得比领先者更强的竞争优势。实际上，绝大部分小企业是从集中化战略开始起步，只是并不一定都能领略到它的战略意义，并采取更具有战略导向的行动。对我国的中小物流企业而言，面对世界经济一体化的趋势，提高对集中化战略的认识和运用能力具有重要的现实意义。

（3）差别集中化。差别集中化是企业在集中化的基础上突出自己的产品、技术和服务的特色。企业如果选择差别集中化，那么差别集中化战略的主要措施都应该用集中化战略。但不同的是，集中化战略只服务狭窄的细分市场，而差别化战略要同时服务于较多的细分市场。同时，由于集中化战略的服务范围较小，可以比差别化战略对所服务的细分市场的变化做出更为迅速的反应。

（4）业务集中化。企业物流业务集中化是企业在不过多考虑成本的情况下，按照某一特定客户群的要求，集中较好企业物流中的某一个项业务，如准时制配送、流通加工、仓储等。对于一些非专业性的物流企业如制造企业，如果将物流竞争战略定为物流业务集中化，那么企业物流的其他业务可能就是相对弱化，可能不能满足企业需求，为保证企业发展战略的顺利实施，企业可能会考虑外包。当然，对于专业化的物流企业如第三、四、五方物流企业，业务集中是一种不错的选择，因为企业的竞争力可能会因此增强。

第二节　不同行业环境中的竞争战略

基本竞争战略使企业建立了自己的竞争优势，有力量抗衡五种竞争力，在行业中处于有利地位。但不同行业在其特点、竞争状况等方面的差异使企业在竞争战略制定、选择时要依据具体的行业环境。同一竞争战略在不同行业环境中实施的效果是不同的。

一、新兴行业中的竞争战略

新兴行业是新形成的或重新形成的行业，其形成的原因是技术创新、相对成本关系的变化、新的消费需求的出现，或其他经济和社会变化将某个新产品或服务提高到一种潜在可行的商业机会的水平。新兴行业是随着技术创新、消费者新需求的出现以及促使新产品和潜在经营机会产生的经济和社会的变化而产生的行业。社会、技术、文化的进步使新兴行业会在任何时候不断被创造出来。新兴行业形成的原因是技术的发明、相对成本关系的变化、新的消费需求的出现，或经济和社会的变化将某种新产品或新的服务提高到一种现实的发展机会。从战略制定的观点看，新兴行业的基本特征是没有游戏规则，新兴行业的竞争问题是全部规则都必须建立，并使企业可以依据并在这些规划下发展繁荣。

1. 新兴行业的行业特征

由于新兴产业是刚出现或初建不久，而只有为数不多的创业企业投资这个新兴的产业，由于初创阶段行业的创立投资和产品的研究、开发费用较高，而产品市场需求狭小，销售收入较低，因此这些创业企业往往面临很大的投资风险。同时，新兴行业市场增长率较高，需求增长较快，技术变动较大，产业中各行业的用户主要致力于开辟新用户、占领市场，但此时技术上有很大的不确定性，在产品、市场、服务等策略上有很大的余地，对行业特点、行业竞争状况、用户特点等方面的信息了解不多，企业进入壁垒较低。在新兴行业发展后期，随着行业生产技术的提高、生产成本的降低和市场需求的扩大，新行业便逐步由高风险、低收益的初创期转向高风险高收益的成长期。具体来说，新兴行业的行业特征主要有以下几个方面。

（1）行业技术和战略的不确定性。因为新兴行业中的企业的生产技术还不成熟，有待继续创新和完善，企业的生产和经营也没有形成一整套方法和规程，也不明确什么产品结构是最好的，何种生产技术将是最有效率等都不能确定。因此，新兴行业中通常存在很大程度的技术不确定性。与技术不确定性相联系，由于更广泛的原因，新兴行业存在战略不确定性。因为行业内的企业对于竞争对手、顾客特点和处于新兴阶段的行业条件等只有较少的信息，从具体的经营活动来看，新兴行业生产规模小，但生产成本高。随着生产规模的扩大、经验的积累，生产组织的趋于合理以及规模经济的形成，成本才会下降。同时，企业缺乏制定战略所必需的信息，不了解竞争对手的数量、竞争对手的分布状况、其优势和劣势状态、购买者的需求规模和偏好以及市场成长的速度和将实现的市场规模等。在相当长一段时间里，该新兴行业的参与者只能在探索中寻求适当的战略与成功的机会。新兴行业在产品市场定位、市场营销和服务等方面不同的企业经常采用不同的战略方法，行业战略存在着明显的不确定性。

（2）行业成本的迅速变化。小批量和新产品常在新兴行业中共同形成相对于行业能够获得收益的较高成本。然而，随着生产过程和工厂设计的改进、工作熟练程度的提高、销售额的增长导致的规模与累积产量的大幅度增加，企业生产效率会大幅度提高。按照某些常见的情况，当处于新兴阶段行业的技术在开始时比最终情况劳动密集程度更大时，这些因素的作用更加明显。如果在新兴行业增长时能不断增加获得规模经济的机会，则成本下降会更快。这就造成了新兴行业成本的大幅变化。

（3）行业发展的风险性较大。新兴行业的发展往往具有一定的风险。在新兴行业中，许多顾客都是第一次购买，还有许多顾客持等待观望态度，期待新一代产品的出现。在这种情况下，市场营销的中心活动是诱导初始购买行为，避免顾客在产品的技术和功能等方面与竞争对手的产品发生混淆。同时，还有许多潜在顾客对新兴的行业持观望态度，认为第二代或第三代技术将迅速取代现有的产品，他们等待产品的成熟与技术和设计方面趋向标准化。

（4）行业内部竞争对手迅速增加。由于新兴行业往往会伴随着高利润，行业新兴阶段伴随着极大比例的新成立企业。新成立企业是相对于已立足企业中新成立单位的新企业。同时，由于在迅速发展和充满机会的环境中，与已立足企业工资相比，权益投资的收益更具吸引力。新兴阶段技术和战略的流动性，使立足企业的雇员具有良好的条件获得新的更好的想法，并能充分利用其对行业的接近，这些想法在原有企业可能由于转换成本过大而无法实现，如可能会与不愿意采用他们想法的上级发生冲突，或可能会对企业过去已投资的资金造成损失。因此，新兴行业还往往会产生许多另立门户企业，即从那些已立足企业中出去的雇员创立的新企业，这些新企业往往会成为现有企业的强劲竞争对手。

2. 新兴行业的发展障碍

在新兴行业发展过程中，由于新兴行业的新兴、发展对经济实体以外其他因素的依赖以及其发展过程中需要引导购买者购买其产品作为替换而引起的外在性。因此，新兴行业往往会不同程度地面临着一些限制或问题。

（1）新兴行业的原材料和零部件相对短缺。在新兴行业发展早期阶段，由于行业发展的需要和不能适应的供给，重要原材料价格会大幅度上涨。而一个新兴行业的发展要求出现新供应商或现存的供应商增加产出或修改原材料和零部件以满足行业需要。一个新兴行业的发展往往要求开辟新的原材料供应来源，或现存的供应商扩大规模以增加供应，或要求供应商更改原材料或零部件以满足行业的需要。事实上，在这一过程中往往会出现原材料和零部件的短缺，对新兴行业的发展产生了较为不利的影响。

（2）新兴行业经常遇到顾客感到困惑的问题。新兴行业发展中常常存在众多产品方案、技术种类及竞争者互相冲突或相反的宣传，这些现象是技术不确定的象征及缺乏技术标准和行业的参与企业间总的技术协议，可能增加顾客的购买风险并限制行业销售额。同时，由于存在许多新建企业、缺乏标准、技术不确定等，新兴行业的产品质量经常不稳定，即使是少数现象，也会给全行业的形象和信誉造成不利影响，从而使新兴行业的顾客经常会对行业的产品和服务产生种种困惑。

（3）新兴行业的产品和技术标准缺乏。由于新兴行业中仍存在产品和技术高水平的不确定性，产品和技术没有统一标准，加剧了原材料和互补产品的问题，并可能阻碍成本下降。同时，新兴行业经常面临由于缺乏基础设施而引起的问题，如分销渠道、服务设施、专业技巧等问题。同时，由于存在缺乏标准和技术不确定等，在新兴行业中产品质量经常出现不稳定的情况。

（4）新兴行业的行业内部竞争较大。在新兴行业发展过程中，老产品生产企业为了减少新产品替代威胁，会通过增加投资、降低成本等各种有效的方法降低替代产品的威胁，这可能会给新兴行业的发展增加难度。同时，不断增加的新的竞争对手往往会不断降低新兴行业的利润水平，最终使新兴行业的竞争风险不断加大。

（5）新兴行业的外部环境较为不利。新兴行业在获得有关规章制度管理部门的承认和批准方面经常遇到困难，当新兴行业的要求与规章制度现在所用的条款与方式不大相同时，会更加难以获得正规的批准。同时，由于新兴行业存在的不确定性、顾客困惑和不稳定的质量等因素，使得新兴行业在金融界的形象和信誉可能较差，这种情况往往会影响企业的筹资能力，从而会影响新兴行业的进一步发展。

3. 新兴行业的战略选择

新兴行业还没有公认的竞争对策原则，尚未形成稳定的行业结构，竞争对手难以确定，行业结构动荡不定而且可能发生变化，这些不确定的关系都使行业发展过程的新兴阶段成为战略自由度最大、战略影响程度最高的阶段，并且在确定行业业绩方面也是通过良好的战略选择所产生的杠杆作用达到最高的时期。因此，这一阶段制定战略主要是处理好风险和不确定性，在行业初期多变的环境中做出正确的战略选择。

（1）促进行业结构的形成和稳定。在新兴行业的战略选择过程中，压倒一切的战略问题是企业使行业结构成形的能力。企业通过其战略选择能够尽力在像产品政策、销售方法以及定价战略等领域内确定竞争规则。从长期来看，在行业根本的经济实力及财力的约束下，企业应该以形成其最强有力的地位的方式来寻求制定行业内的竞争规则。在行业的基础经济性和资源的限制范围内，企业应以某种方式建立有利于发展的行业法则，以获得长远的行业竞争地位。

（2）营造良好的行业发展环境。在新兴行业的发展阶段，企业在争取自身的市场地位时，常常会损害行业发展。行业形象、可信性、行业吸引力、顾客困惑、与其他行业的关系及与政府、金融业的关系等都与企业发展状况有关，而行业内企业的发展也依赖于与其他企业的协调及行业的发展。因此，企业应该在行业宣传和追求其本身的狭隘私利两者之间达到平衡。行业应该引入替代品并且吸引首期买主，在这个阶段帮助促进标准化、整顿不合规格的产品质量及无信用的生产商往往是符合企业利益的，还可以形成针对供应商、客户、政府以及金融界的统一战线。领先这些对行业发展有利的举措，不断促进行业进一步的发展。

（3）正确处理与竞争对手的关系。在某一新兴行业内对付竞争对手可能是一个难题，特别是对那些作为先驱者的企业和已享受主要市场占有率的企业来说尤其如此。新形成的进入者以及脱离母企业的企业的激增会引起先驱者的不满,从而企业必须会面临先前提到的外部因素,这些因素使其为了行业的发展而部分依赖于竞争对手。新兴行业的一个共同的问题是先驱者花费过多的财力来保卫其高的市场占有率,并且会对那些从长期来看几乎没有什么机会能形成市场势力的竞争对手做出反应。这可能部分是出于感情的反应。虽然有时在新兴阶段内对竞争对手做出强烈的反应是合适的,但是更有可能的情况是企业的努力最好还是放在建立其自身实力以及发展行业方面。或许通过发放许可证或其他手段来鼓励某些竞争者的进入可能是合适的。给定新兴阶段的一些特征,企业往往可通过其他企业拼命地出售行业产品并援助技术发展而受益。企业还可以同以产量著称的竞争者打交道,随着行业的成熟还可以放弃保持自身大的市场占有率的做法,而通过主要的已立足的企业邀请竞争对手进入行业。

（4）注意行业机会与障碍的转变。新兴行业的迅速发展可能会使原有的障碍和机会发生变化。如当行业在规模上有所发展,企业也证明自身价值时,供应商和销售渠道在方向上可能会发生变化。供应商可能会希望满足企业某些方面的需要,如产品规格、服务和交货期等;销售渠道可能变得更乐于作为企业的伙伴投资广告或其他促销活动。尽早发现这些变化会给企业提供战略机会。另外,新兴行业早期的进入障碍也可能发生变化,当行业在规模上发展、在技术上成熟时,企业不会永远依靠专有技术或独特产品种类等进入障碍保卫自身行业地位,可能会出现其他障碍。同时,行业的发展会吸引更有规模、资金和市场营销实力的企业进入,甚至购买者和供给者也可能以纵向一体化的方式进入。

（5）选择适当进入领域和时机。新兴行业领域选择是一个重要的战略问题。新兴行业具有许多共同特征,如发展迅速,行业内现有企业多数盈利,最终行业规模注定会很大等,这些吸引着企业进入新兴行业。但不同领域的市场发展趋势、发展速度、竞争对手与状况存在差别,因此,行业整体盈利水平就存在差异。总的思考是如果一个新兴行业的最终结构是与高于平均水平回报相一致的,并且如果企业能够在行业中建立长期防御性地位,这样的领域企业就可以考虑进入。同时,企业应该选择适当的时机进入新兴行业,早期进入新兴行业可能获得高收益,但是也往往面临的是高风险。

在下列情况存在时,早期进入是合适的:一是企业的形象及声誉对买主来说是重要的,该企业能够通过作为一名先驱者把一种已提高了的声誉加以发展;二是早期进入能够在一个营业单位内发动学习过程,在该营业单位内的学习曲线是重要的,经验是难以模仿的,连续几代的技术决不会使这种学习过程无效;三是客户忠实度很高,因此首先对客户出售的企业可以自然地得到好处;四是通过对原材料供应、销售分配渠道等早期承诺能够获得绝对成本优势。

在下述情况,早期进入会有风险:一是早期竞争及市场细分化是不同的,但对行业发展后期是重要的基础,这样企业会建立错误的管理制度,还可能面临高的更改成本;

二是开辟市场的费用很大,包括诸如客户培训、规章制度的批准以及技术开拓之类的费用,但是开辟市场的好处却不能为企业所独占;三是与那些小型的、新开办的企业进行早期竞争将是耗资巨大的,但在后期代替这些企业的将是更加难以应对的竞争;四是技术变革将使早期投资过大时,并且使那些后期进入的、具备最新产品及工艺的企业拥有某种优势。

二、成熟行业的竞争战略

当行业从迅速发展逐步走向比较缓慢的增长时,行业就进入成熟期。在成熟期内,在需求量增长缓慢的情况下,行业内的各企业要保持自身的增长率就必须努力扩大市场占有率,从而使竞争加剧。而如果有新的竞争者的强势进入,则由于生产能力扩大,竞争将更加激烈。由于行业在产品技术上趋于成熟,各主要竞争对手的产品差异化减少,同质化严重,竞争的焦点将集中在价格和服务等方面,价格战将成为各主要竞争对手之间采用最为普遍的手段。在行业进入成熟期后,往往伴随着价格的下降和特色的减少,不论企业是采取成本领先战略还是差异化战略,降低成本都非常重要,甚至关系到企业生存。在行业成长期里为追求较高利润而进入行业的大多数企业,因为成本上升利润大幅度下降甚至出现亏损而逐渐退出本行业,余下的企业则为争夺市场份额而进行更加惨烈而持久的竞争。

1. 成熟行业的行业特征

行业的成熟阶段是一个相对较长的时期。在这一时期,在竞争中生存下来的少数大企业垄断了整个行业的市场,每个企业都占有一定比例的市场份额。由于彼此势均力敌,市场份额比例发生变化的程度较小。具体来说,成熟行业的行业特征主要有以下几个方面。

(1)行业竞争加剧。进入成熟期的行业由于行业不能保持过去的增长速度,市场需求有限,企业一方面保持自身原有的市场份额,同时将注意力转向争夺其他企业的市场份额。竞争的加剧要求企业对自身市场占有率、市场地位等目标做根本性的重新定位,并重新分析评价竞争对手的反应及行动。

(2)行业竞争趋向成本和服务。产品在质量、性能等各方面已稳定,技术日益成熟,客户在知识和经验方面也日益丰富,由于购买或多次购买过,客户的注意力从决定是否购买产品转向在不同品牌之间进行选择,购买者对企业产品的选择越来越取决于企业所提供产品的价格与服务的组合。这种市场需求的变化使竞争趋向成本导向和服务导向,企业要重新评价其竞争战略的适应性。

(3)企业间的兼并和收购增多。在成熟的行业中,一些企业利用自己的优势,兼并与收购,产生行业集团。同时,这种行业也迫使一些企业退出该经营领域。伴随着行业的不断成熟,即使是强有力的竞争企业也常因战略与环境的不适应而遭到淘汰。所有这些变化都迫使企业重新审视其经营战略,进行战略调整和转移。

（4）企业的市场营销策略发生变化。在成熟行业中，企业面对出现的更为激烈的市场竞争、更为成熟的技术、更为复杂的购买者，必然要在供、产、销等方面进行调整，将原来适应高速增长时期的经营方式转变为与缓慢增长相协调的经营方式。

2. 成熟行业的发展障碍

在行业成熟阶段，产业内行业增长速度降到一个更加适度的水平。在某些情况下，整个产业的增长可能会完全停止，其产出甚至下降。由于丧失其资本的增长，致使产业发展很难较好地保持与国民生产总值同步增长，当国民生产总值减少时，产业甚至蒙受更大的损失。具体来说，成熟行业在发展过程中往往会存在以下几个方面的问题和发展障碍。

（1）行业利润率下降。企业进入成熟期，一般意味着企业的主要产品在市场上出现了较多竞争者，同类产品或替代性产品大量涌现，企业不能继续凭借现有产品获得较高的利润水平。一方面，市场竞争的加剧导致产品价格的下降，有时其下降幅度甚至很大；另一方面，本企业产品所占有的市场份额也会被竞争者挤占。其结果便是本企业市场销售收入和利润均呈大幅下降趋势。

（2）生产能力过剩。当新兴行业逐渐走向成熟时，增长速度减慢，生产能力需求增长降低，企业在设备、人员等生产能力方面的发展目标应与行业状况相适应。但许多企业在行业转变阶段生产投入过度，加剧了成熟行业的价格、广告服务等方面的竞争。因此，行业缓慢增长，企业的生产能力缓慢增加，有可能产生过剩的生产能力，企业需要在行业成熟期中裁减一定的设备和人力。

（3）员工流出率增大。从员工角度来看，企业进入成熟期，一般意味着员工已在本企业工作了一定时间，有了一定的工作经验，而此时企业的组织结构已经相对稳定，员工一般不会有更大的发展空间。于是，一部分员工开始出现流动意愿，希望寻求更大的成长空间；而且，由于企业处于成熟期，一旦企业不能研发新产品并打开市场，则必然走向衰退期。在这种不确定状态下，员工的流动意愿进一步增强。在上述内外因素的共同作用下，成熟期企业中会有相当一部分员工选择"跳槽"，尤其是成熟期的中后阶段。

（4）管理出现困境。经过艰难的初创期和追求高速成长的发展期后，企业的组织体系已经稳固下来，各项规范也日益成熟，企业制度化工作逐步走上正轨。然而，此时往往也是企业出现管理困境的阶段：此时，高层领导的权威已在企业内得到普遍认可，为不同的目的，一些中下层管理者开始故意隐瞒一些事实，高层领导者逐渐出现思路僵化等现象，官僚作风、经验至上、多头管理等问题也逐渐滋生并蔓延；当初共同创业的伙伴往往也会因权力等问题而出现内部分裂，经营权和所有权的矛盾成为关注的焦点等。所有这些问题都可能影响企业的进一步发展。

3. 成熟行业的战略选择

成熟行业在基本结构的主要方面较新兴阶段都发生了一定变化，新兴阶段行业的高速发展为多种战略的有效实施提供了条件,而到了成熟期,战略选择上的问题就显露出来。企业应该根据行业具体情况和企业自身的优劣势,选择上述其中一种或几种战略形式。同时,企业也要注意战略运用的难点。企业不要为短期利益而牺牲长期利益,不要为了一时的销售额增长而做出过分的投资,要对削减价格做出积极的反应,要在需求出现停滞趋势时减少生产。此时,企业要对自身的竞争战略进行科学的选择。

（1）转变观念,重视创新。随着行业的发展成熟,企业要注重以生产为中心的技术创新。在新兴阶段可以选择众多的产品系列和型号,有利于企业快速发展。但在成熟期,竞争转向成本和市场份额,因此企业要削减产品种类,将注意力集中在技术、成本和形象等方面有利的产品,因此在产品成本计算方面的改进有利于产品组合合理化。通过创新,企业推出低成本的产品设计、更为经济的生产方法和营销方式,力争在买方价格意识日益增强的市场中具有独特的竞争优势。

（2）调整产品系列。在以价格为主要竞争手段、以市场份额为目标的成熟行业中,为提高在成熟行业中的市场竞争地位,企业需要进行产品结构分析,原有的产品结构必须进行调整,企业要缩减利润低的产品,将生产和经营能力集中到利润高或者有竞争优势的产品上。

（3）提高现有顾客的购买量。在成熟行业获得新客户意味着与竞争对手争夺市场份额,代价昂贵,因此增加现有顾客购买比寻求新顾客更为有利,可以通过提供外围设备和服务、产品升级、扩展产品系列等方法来扩大现有顾客需求范围。这种战略可使企业迈出原行业而进入相关行业,并且与发现新顾客相比,代价通常较低。

（4）通过降低成本提高经济效益。在行业成熟期,由于产品价格竞争的加剧,要求企业日益加强对单个产品成本进行衡量的能力并制定相应的价格。通过从供应商处获得更优惠的供价、使用更低廉的零部件、采用更经济的产品设计、提高生产和销售的效率以及削减管理费用等方法,企业可以获得低成本优势,从而在竞争中发挥价格优势。

（5）发展国际化经营。国内行业已经成熟时,由于行业在各国的发展是不平衡的,在一国处于成熟期的行业,可能在其他国家处于迅速成长期。这样技术成熟、产品标准化以及寻求低成本战略等需求使企业竞相投资于具有经营资源优势的国家和地区,从事全球性的生产和经营活动。企业进行国际化经营,可以避免饱和市场上的竞争,充分利用各国的经营资源,使自己的生产经营更为经济,最终不断促进企业的可持续发展。

三、分散行业的竞争战略

分散行业是指在行业环境中有许多企业在进行竞争,没有企业占有显著的市场份额,也没有企业能对整个行业的结果具有重大影响,即不存在能左右整个行业活动的市场领袖的行业。一般情况下,分散型企业由很多中小型企业构成,存在于许多领域,如服务业、零售业、农产品、汽车修理、饭店、计算机软件开发、服装制造和服装零售等。

1. 分散行业的特征

分散行业具有进入障碍低、缺乏规模经济、产品的差别化程度高、讨价还价的能力不足、运输成本高以及市场需求多元化等特点。因此，分散行业往往通过连锁经营、特许经营以及横向合并以形成规模经济效益或全国市场。具体来说，分散行业的行业特征主要有以下几个方面。

（1）行业进入壁垒低，中小企业众多。分散行业的进入门槛低，企业就比较容易进入这种行业。因此，大量中小企业成为该行业中竞争的主导力量。大量中小企业的涌入几乎是所有分散行业形成的前提。如果行业存在退出障碍，则收入持平的企业倾向于在行业中维持。除经济性退出障碍外，还存在管理性退出障碍，因为有些竞争者的目标可能不是利润导致的，即使是无利可图某些行业的独特吸引力也会使一些竞争者进入。

（2）市场需求多样化，产品高度差异化。分散行业的消费者往往需求多种多样，就是因为在某些行业中，顾客的需求是零散的，每个顾客希望产品有不同样式，也可能为这种要求付出代价，并且不愿接受更标准化的产品。这种需求的多样性在大众日常消费行业中表现非常明显。因此，对某一特殊产品式样的需求很小，这种数量不足通过支持某种程度的生产、批发或市场策略以使大企业发挥优势。这样，造成产品的差别程度较高，限制了企业规模，使效率不同的小企业得以生存发展。大的规模可能不会符合某种排他的形象或使某种商标只为个人所有的愿望。与这种情况密切相关的还有产业主要供应商认为其产品或服务的渠道所具有的排他性和特殊形象有价值。

（3）行业分散性强，不存在规模经济。大部分分散行业在其运营活动的每个主要环节不存在规模经济。即使有些行业存在规模经济，也由于各种原因难以达到经济规模而不能实现。由于库存成本过高或市场销售不稳定使企业产量波动而不能实现规模经济，此时大规模企业的灵活性不如小规模、低专业化的企业。

2. 分散行业的发展障碍

分散行业的回报可能比较高，其原因在于按照分散行业的特点，进入这一产业的成本低，而且竞争者都较弱小。但是事实上，在分散行为发展过程中往往存在许多发展障碍，具体包括以下几个方面。

（1）现有企业缺乏资源或技能。有时企业具有克服分散的潜力，如可以发展规模经济，但缺乏资金或专业技能等战略资源，无法建立大规模设备体系及发展分销机构、服务网络、设备等可能促进行业集中的手段。

（2）企业眼光短浅或自我满足。即使企业具有促进行业集中的资源条件，也可能仍然留恋支持分散结构的传统行业实践，或感觉不到行业变化机会。

（3）运输成本高。分散行业一般不存在规模经济，即使存在规模经济，高运输成本仍限制着效率高的工厂规模及生产地点。抵消规模经济性的运输成本决定了工厂可以经济地运行着服务半径。在有些产业，如水泥、液体钙、高腐蚀化工等，运输成本都较高。

在许多服务业中，以顾客为前提，或顾客必须前往提供服务之地，其运输成本也相当高。

（4）讨价还价的能力不足。在分散行业里，供应方与购买方的结构决定了行业中的企业在与相邻的企业或单位进行交易时不具备讨价还价的能力。同时，供应方与购买方也有意识地鼓励新企业进入该行业，使行业保持分散状态，并使企业维持小规模。

（5）高库存成本或不稳定的销售波动。虽然在生产过程中可能存在内在的规模经济性，但这种经济性可能会因为库存成本较大或销售波动而无法获得。在这种情况下生产只能忽高忽低，这与大规模、资本密集、要求连续运行的设备的要求是相反的。同样，如果销售极不稳定且大幅度波动，拥有大规模设备的企业不如小微企业灵活。

3. 分散行业的战略选择

分散行业有许多企业在进行竞争，没有任何企业占有显著的市场份额，也没有任何一个企业能对整个产业的发展具有重大影响，因此克服分散集中行业将会有较高的回报。实现其可能性源于分散行业本身也是一个内部互相联系的系统。

（1）克服行业分散。造成行业分散的原因是多方面的，既有历史的原因，也有经济原因。战胜一个造成分散的经济因素，会引起整个行业结构的改变。根据行业分散的原因，克服行业分散应该从以下几个方面入手。

①创造规模经济或经验曲线。通过技术变化造成规模经济或重要的经验曲线来实现行业集中。有时，在经营范围的某一部分创造出规模经济可能造成的好处超过另一部分的不经济性。

②创造规模经济。通过技术创新引起投资增加与集中及机械化自动化，成为行业集中的基础。营销创新也可以克服分散，如电视网。

③使多样的市场需求标准化。迄今为止，产品或市场营销方面的创新可使多样的市场需求标准化。一种新产品的生产可能引起顾客一致的兴趣，一项设计变化可能戏剧性地改变某标准式样的成本，并导致顾客对标准产品给予比昂贵的、定做式样的产品更好的评价。将产品模块化可以使部件实现大量生产，由此得到规模经济性或降低经验性成本，同时保持最终产品的多样性。

④特许经营或连锁经营。某些行业分散的原因主要是生产规模的不经济性或分散的顾客口味，对于此行业集中分散的战略思想是使这些方面与其他方面分离，采取特许经营或连锁经营。如快餐业，其特点是要保持严密的本地控制和良好的服务，通过特许经营向业主出售各个独立地点克服分散，实现规模经济，如麦当劳、必胜客。

⑤尽早发现行业趋势。有些行业在产生发展成熟过程中自然形成集中的状态，因此如果分散原因是行业处于开发期和成长期则随着行业的演变会产生集中。如计算机服务部门正面临小型机或微型机的竞争，这种新技术意味着小型或中型企业可以拥有自己的计算机。这样，计算机服务部门必须对大的、多的地区企业提供服务，以求不断发展，或在最初仅提供机器的基础上，提供复杂的程序或其他服务。这种发展增加了计算机服

务产业的规模经济并导致了集中状态。

（2）实行专门化经营。在一些情况下，造成行业分散的行业基本经济因素是不可克服的，此时企业要通过实行专门化的经营取得竞争优势。其基本思想是在分散行业环境下寻求成本领先、差异化、集中化等基本竞争战略的方法，使每种方法更好地促进企业的战略姿态与分散行业中特殊的竞争性质相匹配，或者使在这种行业中一般存在的激烈竞争力量中性化。

①产品类型的专门化。当产品链中存在多项不同产品时，一种有效的实现高于平均水平结果的方法是使一组严格限制的产品专门化。它可以使企业通过使其产品达到足够大的规模来增加与供应商的价格谈判实力，还可以因专家们具有的专门技巧而提高针对顾客的差异化，并提高在某一产品领域的形象。集中差异化战略使企业在产品领域信息更灵，并可使企业引导顾客的能力得到提高。但这种战略的代价可能是对企业的发展前景造成某些限制。

②顾客类型专门化。企业专注于行业中一部分特定顾客也可以获得潜在收益。如果因为零散结构而造成激烈竞争，企业可专注于产业中的一部分特定顾客而从中获得潜在效益，可能这些顾客因购买量小或规模小而造成讨价还价能力低下；或可专注于一部分对价格很不敏感的顾客和需要企业随基本产品或服务而提供附加价值的顾客。

③订货类型专门化。在零散产业中，企业可以专注某一特殊订货类型去应对严峻的竞争压力。一种方法是仅服务于小订单，而顾客要求立即交货并对价格不甚敏感；另一种方法是企业只接受产品定做的订货方式。与前述一样，专门化的代价是产品销售量的限制。

④地理区域专门化。有些行业在行业范围内达不到显著的市场份额或不能实现全国性的规模经济，但在某一地区范围内可以实现。其方法是集中设备、市场营销注意力和销售活动，如选择更有效率的广告，使用唯一的经销商等获得经济性。如在食品行业，区域覆盖战略绩效非常好，尽管存在一些大型全国性企业，但食品行业仍具有分散行业的特点。

（3）注重战略运用。分散行业可以为企业的选择带来战略机会，也可以给企业带来失误。在应对战略的过程中，企业应该注意以下几点。

①避免全面出击。在分散行业中，企业要面对所有的顾客，生产经营各种产品和提供各种服务是困难的，很难获得成功，反而会削弱企业的竞争力。因此，分散性行业的企业应避免全面出击，避免陷入困境。

②避免随机性。企业在战略实施过程中，不要总在调整以往的资源配置。在短期内，频繁地调整可能会产生一定效果，但在长期的发展中，战略执行过于随机，会破坏自身的资源，削弱自身的竞争力。因此，分散行业的战略应坚持相对稳定性。

③避免过于分权化。在分散的行业中，企业竞争的关键是在生产经营上对需求的变

化做出反应。因此，在组织结构上，企业应当做出适当的选择，集权性组织结构对市场反应较差，经营单位的管理人员主动性小，难以适应分散的行业竞争。

④避免对新产品做出过度的反应。在分散行业中，新产品会不断出现。但是由于分散行业需求的多样性与缺乏规模经济，企业对新产品做出的大量投资在该产品的成熟期并不容易收回或很难获得较高收益。企业如果不考虑自身的实力，做出过度反应，结果会削弱自身的竞争力。因此，企业应量力而行，防止由于过度追求新产品而陷入经营困境。

四、衰退行业的竞争战略

衰退行业是指在相当长的一段时间里，行业中产品的销售量持续下降的行业。当行业进入衰退期后，销售收入和利润都会大幅减少，大部分企业退出市场，只剩下几家大企业和少数拾遗补缺者。由于市场上仍然具有一定的需求，再加上退出障碍等原因，行业内的剩余企业对是否退出行业摇摆不定。而由于市场规模已经大幅度缩小，为争取剩余的市场份额，价格竞争甚至会出现长期亏本销售的惨烈局面，留存企业为生存下去必然采取各种竞争战略来拼命生存。

1. 衰退行业的行业特征

在产品生命周期中，衰退阶段的特征是市场销售量降低、产品种类减少、研发和广告费用降低及竞争者减少。具体地说，衰退行业的特征主要有以下几个方面。

（1）行业衰退的原因多种多样。衰退行业往往不是由于经营周期或者一些短期例外事件所造成的，而主要是由于技术革新创造了替代产品或通过显著的成本与质量的变化而产生了替代产品；或者由于社会或其他原因改变了买主的需求和偏好，使得顾客对某种产品的需求下降，行业利润下滑。

（2）衰退的方式和速度不确定。企业对未来需求继续衰退的估计存在不确定性。如果企业认为需求有可能回升，将会继续保持其市场地位，在该行业中继续经营。如果企业确信该行业需求将继续衰退，则要转移其生产力，有步骤地退出该经营领域。有时，由于衰退缓慢，又被某些短期因素所干扰，企业更难以估计未来的衰退状况。

（3）充分挖掘行业中成长的细分市场。停滞或衰退的市场和其他市场一样，也包括众多细分市场或小的市场点。竞争会出现这种情况，虽然整个行业处于停滞或衰退的状态，但是其中的一个或多个细分市场会快速地增长。敏锐的竞争企业往往能够首先集中于有吸引力的成长细分市场上，从而能够避免出现销售和利润的停滞状态，同时还可能在目标市场上获得竞争优势。

（4）退出行业存在壁垒。衰退行业的恶性竞争使许多企业处于低利润率甚至负利润率的状态，但由于存在各种困难，这些企业并不从这个行业中退出。同时，在考虑退出时，企业要妥善处理与退出障碍有关的事宜。因此，衰退行业也存在退出障碍，会迫使经营不佳的企业继续留在行业中从事生产经营活动，使全行业低利润率或负利润率的状态持续下去。

2. 衰退行业的发展障碍

行业衰退是产业从兴盛走向不景气进而走向衰败的过程。产业衰退是客观的必然，是产业发展过程和产业兴衰的最后一个阶段。产业衰退就是创新能力不足或衰退，它导致该产业竞争力的下降。产业衰退也是生产要素的退出过程，在理论上，产业衰退与要素退出是紧密相连的，但实际上产业衰退并不意味着要素退出，衰退与退出之间的关系中还有许多因素在起作用。而在衰退行业维持发展的过程中，往往存在许多发展障碍，主要有以下几个方面。

（1）产品需求增长率下降，市场需求变化具有不确定性。衰退行业生产的产品一般是传统产品，产品需求增长率下降较快，其产业所提供的产值在GDP中的比例呈下降或者加速下降趋势，因而新进入的企业不断减少，原有企业不断退出。企业无法确定其发展趋势，而且不同企业对需求的变化认识也不相同。企业在行业中的位置和它的退出壁垒影响它对行业需求下降可能性的认识。有些企业预计市场需求将回升或平稳而继续坚持，在销售量下降的情况下努力保持现有地位。如果大部分企业都确信市场需求肯定继续下降，企业从行业中撤出的速度将加快。

（2）行业竞争更加激烈，行业利润低甚至亏损。衰退行业的需求状况使竞争更加激烈，集中体现为价格战，全行业效益很低甚至全行业亏损。由于生产能力严重过剩，企业之间竞争激烈。企业为了生存下去，不惜采取低价竞争手段，致使在相当一部分企业停产半停产的同时，产品有销路、能够维持正常生产的企业也因产品价格低而处在收益率很低的境地，使全行业长期处在微利甚至亏损状况。

（3）资金投入减少，优秀人才流失。低收益率使这些行业难以吸收新的投资，大量的人才流失，使得衰退行业的发展更加雪上加霜。在这种情况下，衰退行业要进行结构调整，需要大量投资，而事实上却很少有企业愿意再进行资金投入。

3. 衰退行业的战略选择

针对衰退行业一般的战略思想是：不要在增长缓慢或负增长的不利市场投资，而应从中抽取现金。实际上，此阶段行业环境使企业的战略选择较为复杂，不同行业、不同企业有不同的竞争战略。因此，在行业衰退期，要迅速认清行业的衰退状况，然后根据企业自身的内部条件，选择有利的竞争战略，获取尽可能多的利益，避免对企业的今后发展带来不利的影响。需要注意的是，在衰退期，企业要尽早确定自身的战略选择并进行实施，迟疑不决的最终选择只能被迫放弃，会造成更大的损失。在行业衰退阶段，可供企业选择的战略主要有以下几个方面。

（1）领导地位战略。领导地位战略的目标在于利用衰退中行业的结构，在这些结构中留存下来的某家或某些企业拥有获得高于平均水平获利能力的潜力，而针对竞争对手要确立领导地位也是可行的。企业的目的是成为留存在行业内的唯一企业或几企业之一。

一旦获得这种地位，企业将根据随后的行业销售模式转向保持地位或控制性收获战略。这种战略的根本前提是比起采用其他战略来获取领导地位的方式能使企业处于更优越的位置保持地位或取得收获。

（2）合理定位战略。这种战略的目标是要识别衰退中行业内的某个市场面，这种市场面不仅足以保持稳定的需求或延缓衰败，而且具有获得高收益的结构性特点。然后，企业为在这种市场面内建立其地位而进行投资。最终，企业有可能要么转向收获战略，要么转向放弃战略。

（3）及时收割战略。即实施有控制的撤出投资，从优势中获利。采取收割战略，企业会力图优化业务现金流，取消或大幅削减新的投资，减少设备投资，在后续销售中从业务拥有的任何残留优势上谋取利益，以提高价格或从过去的商誉中获利。收割战略的前提是过去存在企业赖以生存的真正优势,同时衰退阶段的行业环境不至于恶化为战争。

（4）迅速放弃战略。这种战略是基于这样一个前提，即企业在衰退初期早就把其营业单位卖掉，则还能最大限度地获得净投资额的回收，而不是实行收获战略到后期才出售营业单位，或其他战略之一。尽早地出售营业单位通常能最大限度地提高企业从出售营业单位中实现的价值，因为营业单位出售得越早，则需求是否将会随之下降这一不确定性也就加大，于是像其他国外资产市场得不到满足的可能性也会越大。企业何时放弃其经营单位，取决于企业对未来需求的估计。

第三节　不同竞争地位的竞争战略

竞争地位是指企业在目标市场中所占据的位置,它是企业规划竞争战略的重要依据。企业的竞争地位不同，其竞争战略也不同。处在行业里的每个企业都具有一定的地位，根据企业在行业里的竞争力和影响力的不同，可以把企业所处的竞争地位分为行业领导者、行业挑战者、行业追随者和行业补缺者四类。处在不同市场竞争地位的企业，应采取不同的市场竞争者策略。

一、行业领导者的竞争战略

所谓行业领导者,是指在相关产品的市场上市场占有率最高的企业。作为行业领导者、行业的标准，有着先天优势，行业领导者对所在行业起领航的作用。一般说来，大多数行业都有一家企业被公认为行业领导者，它在价格调整、新产品开发、配销覆盖和促销力量方面处于主导地位。它是市场竞争的导向者，也是竞争者挑战、效仿或回避的对象。行业领导者已取得市场地位与竞争优势，但仍然面临众多竞争对手的挑战。因此，行业领导者要依据环境状况进一步采取合适的竞争战略，防止竞争对手的攻击，继续采取一系列进攻性和防御性战略措施加大市场份额，巩固已有的地位。

竞争地位并不是一成不变的，今日的行业领导者不一定是明天的行业老大，因此，行业领导者竭力维护自己的领导地位，其他竞争者则拼命往前赶，努力改变自己的地位。正是这种激烈的市场竞争，促使企业争创竞争优势，占据市场有利位置，从而推动行业和社会的发展。一般来说，行业领导者为了维护自己的优势，保持自己的领导地位，通常可采取三种策略：一是设法扩大整个市场需求；二是采取有效的防守措施和攻击战术，保护现有的市场占有率；三是在市场规模保持不变的情况下，进一步提高市场占有率。

1. 扩大市场需求量

一般来说，当一种产品的市场需求总量扩大时，受益最大的是处于行业领导地位的企业。行业领导者应努力从开发产品的新用户、寻找产品的新用途和增加顾客使用量三个方面扩大市场需求量。

（1）开发产品的新用户。每一种产品都有吸引顾客、增加用户数量的潜力，因为有些顾客或者不知道这种产品，或者因为其价格不合适或缺乏某些特点等而不想购买这种产品，这样，企业可以从三个方面发掘新的使用者：一是转变未使用者，即说服那些尚未使用本企业产品的人开始使用，把潜在顾客转变为现实顾客；二是进入新的细分市场，即该细分市场的顾客使用本行业的产品，但是不使用其他细分市场的同类产品和品牌；三是地理扩展，指寻找尚未使用本产品的地区，开发新的地理市场。

（2）寻找产品的新用途。企业也可通过发现并推广产品的新用途来扩大市场。每项新用途都使产品开始了一个新的生命周期，这一切都归功于该企业为发现新用途而不断进行的研究和开发计划。同样，顾客也是发现产品新用途的重要来源，企业必须留心注意顾客对本企业产品使用的情况。

（3）增加顾客使用量。促使使用者增加用量也是扩大需求的一种重要手段，主要有三个方面的途径：一是设法使顾客频繁地使用产品；二是提倡顾客增加使用量；三是增加使用场所。

2. 保护市场占有率

处于行业领导地位的企业，在努力扩大整个市场规模时，必须注意保护自己现有的业务，防备竞争者的攻击。因此，行业领导者不应满足现状，必须在产品创新、提高服务水平和降低成本等方面，真正处于该行业的领先地位。同时，应该在不断提高服务质量的同时，抓住对方的弱点。

防御战略的目标是减少受攻击的可能性，使攻击转移到危害较小的地方，并削弱其攻势。虽然任何攻击都可能造成利润上的损失，但防御者的措施如何、反应速度快慢，其后果就大不一样，有六种防御战略可供市场主导者选择。

（1）阵地防御。阵地防御是指围绕企业目前的主要产品和业务建立牢固的防线，根据竞争者在产品、渠道和促销方面可能采取的进攻战略，制定自己的预防性营销战略，并在竞争者发起进攻时坚守原有的产品和业务。

（2）侧翼防御。侧翼防御是指行业领导者除保卫自己的阵地外，还应建立某些辅助性的基地作为防御阵地，必要时作为反攻基地。特别要注意保卫自己较弱的侧翼，防止对手乘虚而入。

（3）先发防御。这种防御政策是在竞争者对自己发动进攻前，先发制人，抢先攻击。具体做法是：当竞争者的市场占有率达到某一危险的高度时，就对它发动攻击；或者是对市场上的所有竞争者全面攻击，使得对手人人自危。有时，这种以攻为守是着重心理作用，并不一定付诸行动。如行业领导者可发出市场信号，迫使竞争者取消攻击。

（4）反攻防御。反攻防御是指在竞争对手尚未构成严重威胁时或未对本企业采取进攻行动前抢先发起攻击以削弱或挫败竞争对手。这是一种先发制人的防御，企业应正确判断何时发起进攻效果最佳以免贻误战机。有的企业在竞争对手的市场份额接近于某一水平而危及自己市场地位时发起进攻，有的企业在竞争对手推出新产品或推出重大促销活动推行前发动进攻，如宣布新产品开发计划、推出自己的新产品或开展大张旗鼓的促销活动，压倒竞争者。当行业领导遭到对手降价或促销攻势，或改进产品、市场渗透等进攻时，不能只是被动应战，应主动反攻。

（5）运动防御。运动防御要求领导者不但要积极防守现有阵地，还要扩展到可作为未来防御和进攻中心的新阵地，它可以使企业在战略上有较大的回旋余地。市场扩展可通过两种方式实现：一是市场扩大化，这是企业将其注意力从目前的产品转移到有关该产品的基本需求上，并全面研究与开发有关该项需求的科学技术；二是市场多角，这是向彼此不相关联的其他行业扩展，实行多角化经营。

（6）收缩防御。收缩防御是指放弃某些薄弱的市场，把力量集中用于优势的市场阵地中。当企业无法坚守所有的市场领域，并且由于力量过于分散而降低资源效益的时候，可采取这种战略。

3. 提高市场占有率

行业领导者也可以通过进一步增加它们的市场份额实现销售的增长。但市场份额的扩大是否有利于利润的增加，则取决于企业采取的具体战略。采用此战略要特别注意以下问题：一是只有企业在促销费用开支上的增长快于市场规模的增加前提下，才会得到市场占有率的较快增长；二是在一定的市场占有率水平上，市场迅速扩张行动会使产品成本超过可能得到的利润，使企业受损，带来规模不经济现象；三是企业产品的大幅度降价并不能获得市场占有率的显著增长；四是只有在相对质量方面占优势的企业才能得到市场占有率的真正提高。因此，行业领导者应该着重从以下几个方面提高市场占有率。

（1）实行总成本领先。行业领导者享有规模经济的优势，由于规模成本的下降从而使其价格也相应下降，使更多顾客愿意购买其产品，这样市场占有率就会提高，但其利润却不受影响。

（2）提高产品质量。通过优质优价来获得更多利润，因为随着产品质量的提高可以减少废品损失、售后服务等开支，所以不会增加太多的成本费用，而优质产品也能够更好地满足顾客的需要。

（3）增加新产品。研制新产品是提高市场占有率的重要手段。根据有关调查资料，新产品在销售额中所占的比例比竞争对手比例大时，企业市场占有率就会增加。无论是对开始形成的或者已经形成的产品市场，革新产品都是广泛使用的战略。

（4）增加开拓市场费用。增加开拓市场费用包括推销员费用、广告费用、促销费用。消费品和工业企业的促进销售费用扩大是扩大市场占有率的关键。但对于经营原材料的企业，促进销售费用的作用就不太明显。

二、行业挑战者的竞争战略

行业挑战者是指在市场上紧追行业领导者的企业，一般也是具有强大竞争实力的企业，它在行业经营中力量很大，往往是名列前茅的企业。行业挑战者在制定企业发展战略的时候，要分析市场真正的领导者，确立领导者就是跟随，对市场的领导者要研究，研究行业领导者的企业文化、市场渠道、广告投放、资金的运用、产品的开发、核心的战略、产品的定价、产品的受众目标、产品的包装、市场营销等，这些都是针对行业领导者的主要核心的品牌价值，分析出自己企业应该做好什么、放弃什么。

行业领导者往往在行业内很强势，让竞争者觉得高不可攀，其实这只是表面现象，强势的行业领导者，因为是市场的标准，所以就会端架子，这个架子不是空架，指的是行业的最高标准，也就是它必须比竞争者多出很多的努力，做到精确。行业的最高领导者，为了维护市场的地位，永远是被研究攻击的对象，也就有很多值得攻击的地方。而行业挑战者可以对其市场策略和定价策略和服务进行强烈的攻击，对一个挑战者来说，这种方式是非常有效的。

1. 确认战略目标和竞争对手

行业挑战者首先必须确定其战略目标。大多数行业挑战者的战略目标是增加自己的市场占有率，并且认为增加市场占有率将会获得更大的利益。目标的决定不管是要击垮竞争者或者降低竞争者的市场占有率，都应该考虑谁是竞争者。因此，选择竞争者与选择目标是相互关联的。如果攻击的对象是针对行业领导者的，则其目标可能是夺取某些市场占有率。若所攻击的对象是地方性的小企业，则其目标可能是将一些小企业逐出市场。不论是在何种情况下，最重要的原则依然是：每一项战略行动都必须指向一个明确规定的、决定性的以及可以达到的目标。一般情况下，一个竞争者可在下列三种类型的企业中选择一种进行攻击。

（1）攻击行业领导者。如果行业领导者的地位不是特别稳固，且无法为市场服务时，这种策略就更具意义。但是，这是一种高风险、高回报的策略。挑战者应该了解消费者的需要或者不满之处，如果有一种实质的需要尚未被满足或者未能完全满足时，就给挑战者提供了一个战略性的目标市场。

（2）攻击实力相当的竞争对手。主要对象是那些与自己规模相当但经营不良且财务状况不佳的企业。攻击者必须时时刻刻地调查消费者的满意程度以及潜在的创新机会。假如其他企业资源有限，那么即使不采取正面的攻击亦能奏效。

（3）攻击区域性小型企业。主要对象是地方性的或者区域性的营运与财务状况均不佳的企业。很多大企业之所以有今日的规模，并非靠彼此争夺顾客而来的，主要是靠着争取一些"小企业"或者"小公司"的顾客而日渐壮大的。

2. 选择适当的挑战战略

确定战略目标和进攻对象后，挑战者还需要考虑采取怎样的进攻战略。选择挑战战略时应把优势兵力集中在关键时刻和地点以达到决定性的目的。行业挑战者有五种战略可供选择。

（1）正面进攻战略。正面进攻就是集中全力向对手主要市场阵地发动进攻，即进攻对手的强项而不是弱点的进攻策略。正面进攻的胜负结果当视谁有较强的实力而定，在一个纯粹的正面进攻中，进攻者可对其竞争者的产品、广告与价格等方面采取进攻。正面进攻的另一种措施是投入大量研究与开发经费，使产品成本降低，从而以降低价格的手段向对手发动进攻，这是持续实行正面进攻战略最可靠的措施之一。

（2）侧翼进攻战略。侧翼进攻战略是寻找和攻击对手的弱点进行进攻的策略。一个等待受攻击者往往是最强大的，但它必然也会有弱点，它的弱点自然会成为竞争对手的目标。寻找对手弱点的主要方法是分析对手在各类产品和各个细分市场上的实力和绩效，把对手实力薄弱处或绩效不佳或尚未覆盖而又有潜力的产品和市场作为攻击点和突破口。侧翼进攻可以沿用两种策略角度攻击竞争者：一是分析地理市场，即选择对手忽略或绩效较差的产品和区域加以攻击；二是选择对手尚未重视或尚未覆盖的细分市场作为攻占的目标。这是一种更具潜在威力的侧翼攻击，可以通过分析其余各类细分市场，按照收入水平、年龄、性别、购买动机、产品用途和使用率等因素辨认细分市场并认真研究，选择对手尚未重视或尚未覆盖的细分市场作为攻占的目标。从这一意义上说，侧翼进攻策略是辨认市场区划细分的基础，是目标市场转换的另一个名称，它是指及时发现本行业尚未提供服务的市场区划的空隙，并积极弥补此空隙，把它作为本企业的目标市场，侧翼策略可以引导各企业对整个行业市场中各种不同的需求提供更为完整的服务，以避免两个或者两个以上的企业在同一市场区划中做激烈的竞争。

（3）包围进攻战略。包围进攻是对敌人的各个方面发动进攻，迫使敌人必须同时防御其前后左右的战线。这是一种全方位、大规模的进攻战略。采取包围进攻的进攻者可提供竞争者所提供的每一项产品，并且比竞争者提供得更多、更好，以使其所提供的服务不会遭到拒绝。这种策略的适用条件有两个方面：一是通过市场细分未能发现对手忽视或尚未覆盖的细分行业空缺不存在，无法采用侧翼进攻；二是与对手相比拥有绝对资源优势，制订了周密可行的作战方案，相信全方位进攻能够摧毁对手的防线和抵抗意志。这里需要强调的是，选用间接进攻方法的关键在于以市场区划细分为基础，如果补缺空隙目前不存在，或者不能用区划细分来创建市场空隙，那么，在进攻者心中的侧翼进攻方法就会逐渐消失，而转为市场上直接正面进攻的方法。当然，正面进攻要求进攻者有优于竞争者几倍以上的优势才能成功。

（4）迂回进攻战略。迂回进攻是避开对手的现有业务领域和现有市场，进攻对手尚未涉足的业务领域和市场，以壮大自己实力的策略。这是最间接的进攻战略，它避开了对手的现有阵地而迂回进攻。具体办法有三种：一是发展无关的产品，实行产品多元化经营；二是以现有产品进入新市场，实现市场多元化；三是通过技术创新和产品开发，以替换现有产品。在高科技行业中，技术跃入经常采用迂回策略。这种策略并不去模仿竞争者的产品或者从事劳民伤财的正面进攻，而是耐心地从事研究，发展更新的技术，一旦企业经由该项新技术取得优势地位的条件时，便可以展开进攻。因此，可以将战场转移至自己占有优势地位的市场，从而获得实质利益。

（5）游击进攻战略。游击进攻适用于规模较小、力量较弱的企业，目的在于通过向对方不同地区发动小规模的、间断性的攻击骚扰对方，使之疲于奔命，最终巩固永久性据点。游击进攻可采取多种方法，包括有选择的降价、强烈突袭式的促销行动等。应予指出的是，尽管游击进攻可能比正面围堵或侧翼进攻节省开支，但如果要想打倒对手，只靠游击战不可能达到目的，还需要发动更强大的攻势。

3.采取特殊的营销策略

行业挑战者在战略进攻中，必须把几个特定的策略组成一个总体战略，应用于市场营销活动中。下面列举适用于进攻竞争地位的几种特定营销策略。

（1）产品策略。主要有以下几个方面的策略可供选择：一是廉价品策略，即提供中等或者质量稍低的但是价格低得多的产品；二是名牌产品策略，即努力创造一种名优产品，虽然价格也很高，但是更有可能把领袖者的同类产品和市场份额挤掉一部分；三是产品扩张策略，即挑战者紧步领袖者之后尘，创造出许多不同种类的新产品，此即产品创新策略的变相形式；四是产品创新策略，主要是向深度发展的产品策略，即企业在期和新产品方面不断创新，精益求精。

（2）价格策略。主要有以下几个方面的策略：一是价格折扣策略，即挑战者可以用较低的价格提供与领导者品质相当的产品；二是降低制造成本的策略，这是一种结合定价策略和成本管理以及技术研究等因素的产品发展策略。

（3）分销渠道策略。可以通过发现或发展一个新的分销渠道，也可以通过给予经销商更多利益或自主权来调动其销售积极性，还可以找到一些新的或者更好的服务方法来为顾客服务，最终不断增加市场份额。

（4）促销策略。主要是通过密集广告促销的策略来进行。有些挑战者可以依靠他们的广告和促销手段，向领导者发动进攻，当然这一策略的成功必须基于挑战者的产品或者广告信息有着某些能够胜过竞争对手的优越之处。

三、行业追随者的竞争战略

行业追随者是指安于次要地位，不热衷于挑战的企业。在大多数情况下，企业更愿意采用市场跟随者战略。市场跟随者的主要特征是安于次要地位，在"和平共处"的状态下求得尽可能多的收益。在资本密集的同质性产品的行业中，如钢铁、原油和化工行业中，市场跟随者策略是大多数企业的选择，这主要是由于行业和产品的特点所决定的。行业追随者虽然占有的市场份额比领先者低，但它们也可以赚钱，甚至赚更多的钱。它们成功的关键在于主动地细分和集中市场、有效地研究和开发，着重于盈利而不着重市场份额以及有坚强的管理组织。

企业之间保持相对平衡的状态，不采用从对方的目标市场中拉走顾客的做法。在行业中形成这样一种格局，大多数企业跟随市场领先者走，各自的势力范围互不干扰。一个行业追随者必须知道如何保持现有的和如何争取有新顾客参加的令人满意的市场份额。每个追随者要努力给它的目标市场带来有特色的优势。追随者是挑战者攻击的主要目标，因此，行业追随者必须保持它的低制造成本和高产品质量或服务。追随者必须确定一条不会引起竞争性报复的成长路线。追随战略可以分为三类：紧密跟随、保持一段距离的跟随、有选择追随。

1. 紧密跟随战略

追随者在尽可能多的细分市场和营销组合领域中模仿领先者。追随者往往几乎以一个行业挑战者面貌出现，但是如果它并不激进地妨碍领先者，一般不会发生直接冲突。有些追随者甚至可能被说成是寄生者，它们在刺激市场方面很少动作，它们只希望靠市场领先者的投资生活。

2. 距离跟随战略

追随者保持某些距离，但又在主要市场和产品创新、一般价格水平和分销上追随领先者。市场领先者十分欢迎这种追随者，因为领先者发现它们对它的市场计划很少干预，所以乐意让它们占有一些市场份额，以使自己免遭独占市场的指责。保持一定距离的追随者可能获取同行业的小企业而得以成长。

3. 有选择跟随战略

这类企业在有些方面紧跟领先者，但有时又走自己的路。这类企业可能具有完全的创新性，但它又避免直接的竞争，并在有明显好处时追随领先者的许多战略。这类企业常能成长为未来的挑战者。

四、行业补缺者的竞争战略

行业补缺者是指选择某一特定较小之区隔市场为目标，提供专业化的服务，并以此为经营战略的企业。在市场经济发展中，人们非常关注成功的企业，往往忽略每个行业中存在的小企业，但正是这些不起眼的星星之火，在大企业的夹缝中求得生存和发展后，成为燎原之势，这些小企业就是所谓的"行业补缺者"。由于这些中小企业集中力量专心致力于市场中被大企业忽略的某些细分市场，在这些小市场上专业化经营，因而获取了最大收益。这些可以为中小企业带来利润的有利市场位置称为"利基"，因而行业补缺者又被称为"行业利基者"。

有利的行业补缺不仅对于小企业有意义，而且对某些大企业中的较小业务部门也有意义，它们也常设法寻找一个或多个既安全又有利的补缺。一般来说，行业补缺者的竞争战略应着重考虑以下几个方面。

1. 寻找理想的补缺基点

为了更好地确立企业的竞争优势，行业补缺者应首先找到合适的补缺基点。一般来说，一个理想的补缺具有以下几个特征。

（1）理想的补缺基点应该有足够的市场潜力和购买力。这种市场应该拥有众多人口，他们具有很强的需求欲望，有为满足这种需求的极强的购买能力，缺一不可。只有三者结合起来才能决定市场的规模和容量，才能组成有潜力的大市场。如果人口众多，但收入很低，则购买力有限；虽然购买力大，但人口少，也不是大市场；有足够潜力和购买力的市场是上述三个因素的统一，如果补缺基点具备这些条件，剩下的是企业应该生产足以引起人们购买欲望的产品，使其成为理想的补缺基点，使潜在市场转变为现实的市场。

（2）理想的补缺基点应该有利润增长潜力。这个潜力是利润增长的速度要大于销售增长的速度，销售增长的速度大于成本增长的速度。它应该由企业来发掘，即企业将潜在的市场需求转变为现实的市场需求。值得注意的是，必须讲究经济核算，加强管理，改进技术，提高劳动生产率，降低成本，在判断理想的补缺基点是否具有利润增长潜力时，预先考虑利润发生的时间，考虑资金的时间价值和风险问题，克服短期行为。

（3）理想的补缺基点对主要竞争者不具吸引力。作为企业应该建立竞争情报系统，从产业、市场两个方面识别自己的竞争者，确定竞争对象；判定竞争者的战略、战术原则与目标；评估竞争者的实力与反应，从而推断自己选定的补缺基点是否对竞争者具有吸引力，以此预测这个补缺基点对企业的理想程度。

（4）理想的补缺基点适合企业自身发展。企业发掘补缺基点时，需要考虑自身的突出特征、周围环境的发展变化及是否会给企业造成的环境威胁或市场机会、企业的资源情况和特有能力、信誉。只有掌握资源，企业才能确定以市场为导向，寻找切实可行、具体明确的理想的补缺基点。

2. 实现专业化发展

行业补缺者发展的关键是实现专业化，主要途径如下。

最终用户专业化。企业可以专门为某一类型的最终用户提供服务。

垂直专业化。企业可以专门为处于生产与分销循环周期的某些垂直层次提供服务。

顾客规模专业化。企业可以专门为某一规模的顾客群服务，行业补缺者专门为大企业不重视的小规模顾客群服务。

特殊顾客专业化。企业可以专门向一个或几个大客户销售产品。许多企业只向一家大企业提供其全部产品。

地理市场专业化。企业只在某一地点、地区或范围内经营业务。

产品或产品线专业化。企业只经营某一种产品或某一类产品线。

产品特色专业化。企业专门经营某一种类型的产品或者产品特色。

客户订单专业化。企业专门按客户订单生产特制产品。

质量价格专业化。企业只在市场的底层或上层经营。例如，惠普公司在优质高价的微型电脑市场上经营。

服务专业化。企业向大众提供一种或数种其他企业所没有的服务，如某家庭服务企业专门提供上门疏通管道服务。

销售渠道专业化。企业只为某类销售渠道提供服务。

3. 不断扩大补缺市场

企业不断开发适合特殊消费者的产品，这样就开辟了无数补缺市场。每当开辟出这样的特殊市场后，针对产品生命周期阶段的特点扩大产品组合，以扩大市场占有率，达到扩大补缺市场的目的。最后，如果有新的竞争者参与时，应保住其在该市场的领先地位，保护补缺市场。作为补缺者选择行业补缺基点时，多重补缺基点比单一补缺基点更能增加保险系数，分散风险。因此，企业通常选择多个补缺基点，以确保企业的可持续发展。

第六章 企业生产管理

第一节 生产与生产管理理论

一、生产管理的有关概念

（一）生产

生产是通过劳动把资源转化为能满足人们某些需求的产品的过程。需要指出的是，生产过程的输出不仅指有形的实物产品，而且包括无形的产品——服务。

（二）生产过程

企业生产过程是包含基本生产、辅助生产、生产技术准备和生产服务等企业范围内各种生产活动协调配合的运行过程。

产品生产过程是从原材料投入生产开始，经过一系列的加工，直到成品制造出来为止的全部过程。产品生产过程是劳动过程与自然过程的结合，一般包含工艺过程、检验过程、运输过程和自然过程等。产品生产过程是企业生产过程的核心部分。

（三）生产类型

制造型生产按工艺特性可以分为加工装配型和流程型；按生产组织特点可以分为订货型和存货型；按生产连续性可以分为连续型和间断型；按生产专业化程度可以分为大量生产型、成批生产型和单件生产型，或大量大批生产型、成批生产型和单件小批生产型。其特点如表6-1所示。

表6-1 不同生产类型的特点

比较项目	大量大批	成批生产	单件小批
产品品种	单一或很少	较多	很多
产品产量	很大	较多	单个或很少
工作地工序数目	1道或2道工序	较多	很多
设备布置	按对象原则，采用流水生产或自动线	既有按对象原则排列，又有按工艺原则排列	基本按工艺原则排列

续表

比较项目	大量大批	成批生产	单件小批
生产设备	广泛采用专用设备	专用、通用设备并存	采用通用设备
设备利用率	高	较高	低
应变能力	差	较好	很好
劳动定额的制定	详细	有粗有细	粗略
生产率	高	较高	低
计划管理工作	较简单	较复杂	复杂多变
生产控制	容易	难	很难
产品成本	低	较高	高
产品设计	易按"三化"设计	"三化"程度较低	按用户要求设计

（四）生产能力

企业的生产能力是指企业在一定的生产技术组织条件下，在一定时期内（通常为1年）全部生产性固定资产所能生产某种产品的最大数量。它是反映企业生产可能性的一个重要指标，是企业安排生产任务、制订规划的依据。

1. 按用途可分为设计能力、查定能力和计划能力

设计能力是企业在设计任务书和技术文件中所规定的、在正常条件下应具有的生产能力。查定能力是指经过技术改造或革新，原有设计能力发生实际变化，进行重新调查和核定后的生产能力。计划能力又称为现实能力，是指在计划年度内，依据现有的生产技术组织条件以及年度内能够实现的生产技术组织措施而实际能够达到的生产能力。计划能力是编制年度生产计划和各项指标的依据。

2. 按结构可分为单机生产能力、环节生产能力和综合生产能力

从结构上看，单机生产能力决定环节生产能力，环节生产能力决定综合生产能力，综合生产能力受环节中最薄弱部分的生产能力制约。

二、企业生产管理的目标、内容与基本问题

（一）企业生产管理的目标

高效、低耗、灵活、准时地生产合格产品或提供满意服务。

（二）企业生产管理的内容

生产管理是对生产系统的设计、运行与维护过程的管理，它包括对生产活动进行计划、组织、指挥、协调与控制。

生产系统的设计包括产品或服务的选择与设计、生产设施的定点选择、生产设施布置和工作设计等。

生产系统的运行主要是在现行的生产系统中，组织如何适应市场的变化，按用户的

需求，生产合格产品和提供满意服务。

（三）企业生产管理的基本问题

1. 如何保证和提高产品质量。

2. 如何保证适时、适量地将产品投入市场。

3. 如何才能使产品价格既被顾客所接受，同时又为企业带来利润。

上述三个问题历来是生产管理的基本问题，而今天还需要考虑以下两个问题：

1. 如何提供独具特色的附加服务；

2. 如何保护环境和合理利用资源。

以上五个问题，构成了广义生产管理的基本问题。

第二节　生产过程的组织

一、生产过程组织的基本要求

生产过程组织是指对生产过程中的劳动者、劳动工具、劳动对象以及生产过程的各个环节、阶段、工序的合理安排，使之在空间上衔接、时间上紧密配合，形成一个协调的产品生产系统。它的基本任务是保证产品制造的流程最少、时间最短、耗费最省，并按照计划规定的产品品种、质量、数量、期限等生产出社会需要的产品。生产过程合理组织要满足以下要求。

（一）连续性

生产过程的连续性是要求产品生产过程的各个工艺阶段、工序之间在时间上紧密衔接，连续进行。它表现为产品及其零部件在生产过程中始终处于运动状态，不发生或很少发生中断现象。保证和提高生产过程的连续性，可以缩短产品生产周期、减少库存产品数量、加速资金周转，同时能更充分地利用物资、设备和生产空间。

（二）比例性

生产过程的比例性是指生产过程各阶段、各工序之间在生产能力上要保持一定的比例关系，以适应产品生产的要求。这表现为各个生产环节的工人人数、设备数量、生产速率、开动班次等，都必须互相配合。比例性是保证生产连续性的前提，并有利于充分利用企业的设备、生产空间、人力和资金。

（三）均衡性

生产过程的均衡性是要求生产过程的各个基本环节和各工序在相同的时间间隔内，生产相同或者稳定递增数量的产品，每个工作地的负荷经常保持均匀，未出现前松后紧或时紧时松的现象,保持有节奏的均衡生产。均衡性特点是连续性和比例性特点所决定的。生产不均衡会造成忙闲不均,既浪费资源又不能保证质量,还容易引发设备、人身安全问题。

(四)平行性

生产过程的平行性是指物料在生产过程中实行平行交叉作业。平行作业是指相同的零件同时在数台相同的机器上加工;交叉作业是指同一批零件在上道工序还未加工完成时,将已完成的部分零件转到下道工序加工,也就是生产过程的各工艺、各工序阶段在时间上实行平行作业,产品各零部件的生产能在不同空间进行。平行交叉作业可以大大缩短产品的生产周期,在同一时间内生产更多的产品。平行性是生产过程连续性的必然要求。

(五)适应性

生产过程的适应性是指企业的生产组织形式要多变,能根据市场需求的变化及时调整和组织生产。提高生产过程的适应性是适应市场需求快速多变的环境所提出的客观要求。企业要满足多变、不均衡的社会市场需求,保持生产过程的比例性和均衡性,就必须有一个柔性很强的生产系统。

生产过程合理组织的五项要求是相互联系、相互影响的,在生产过程的组织、计划控制过程中,需要根据具体情况综合考虑时间、资金占用、有关费用等多项因素,统筹安排,提高经济效益。

二、生产过程组织的基本内容

生产过程的组织包括生产过程的空间组织和生产过程的时间组织。

(一)生产过程的空间组织

生产过程的空间组织是指在一定的空间内,合理地设置企业内部各基本生产单位车间、工段、班组,使生产活动高效地顺利进行。这里主要从生产车间的设备布置角度加以说明。生产过程的空间组织有以下两种典型的形式。

1. 工艺专业化形式

工艺专业化又称为工艺原则,就是按照生产过程中各个工艺阶段的工艺特点来设置生产单位。在工艺专业化的生产单位内,集中着同种类型的生产设备和同工种的工人,完成各种产品同一工艺阶段的生产,即加工对象是多样的,但工艺方法是同类的,每一生产单位只完成产品生产过程的部分工艺阶段和部分工序的加工任务,产品的制造完成需要各单位的协同努力,如机加工车间中的车工工段等。

工艺专业化的优点是适应性强,可以适应企业中不同产品的加工要求;便于充分利用设备和生产空间;利于加强专业管理和进行专业技术指导;个别设备出现故障或进行维修时，对整个产品的生产制造影响小。其缺点是产品加工过程中运输路线长，运输数量大，停放、等待的时间多，生产周期长；增加了在制品数量和资金占用；生产单位之间的协作复杂，生产作业计划管理、在制品管理、成套性进度管理等诸项管理工作，量大而且复杂。

工艺专业化形式适用于企业产品品种多、变化大、产品制造工艺不确定的单件小批生产类型的企业。它一般表现为按订货要求组织生产，特别适用于新产品的开发与试制。

2. 对象专业化形式

对象专业化又称对象原则，就是按照产品（或零件、部件）的不同来设置生产单位，每个生产单位完成其所负担加工对象的全部工艺过程，工艺过程是封闭的。在对象专业化生产单位里，集中了不同类型的机器设备、不同工种的工人，对同类产品进行不同的工艺加工，而不用跨越其他的生产单位，如发动机车间中的曲轴小组等。

对象专业化的优点是生产比较集中，生产周期短，运输路线短，周转量小；计划管理、库存管理相对简单；在制品占用量少、资金周转快，协作关系少；有利于强化质量责任和成本责任，便于采取流水生产等先进生产组织形式，提高生产效率。其缺点是对市场需求变化适应性差，一旦因生产的产品市场不再需求而进行设备更换，则调整代价大；设备投资大。由于同类设备的分散使用，会出现个别设备负荷不足，生产能力不能充分利用，不利于开展专业化技术管理。

对象专业化形式适用于企业的专业方向已定，产品品种和工艺稳定的大量大批生产。

在实际生产中，上述两种专业化形式往往是结合起来应用的，这种结合形式又叫混合化原则。

（二）生产过程的时间组织

生产过程不仅要求生产单位在空间上密切配合，而且要求劳动对象和机器设备在时间上紧密衔接，以实现有节奏的连续生产。其主要表现在劳动对象在生产过程中的移动方式。一批工件在工序间存在着顺序移动、平行移动和平行顺序移动。

【例 6.1】某产品生产 3 件，经 n 道工序加工，每道工序加工的单件工时分别为 10min、5min、20min、10min，现按以下 3 种移动方式计算其生产周期。

1. 顺序移动方式（见图 6-1）

顺序移动方式是指一批工件在前一道工序全部加工完毕后，整批转移到下一道工序进行加工的移动方式。其特点是一道工序在工作，其他工序都在等待。若将各工序间的运输、等待加工等停歇时间忽略不计，则该批工件加工周期的计算公式为：

$$T_{顺}=n\sum_{i=1}^{m}t_i$$

式中，n——该批工件数量；

m——工序数；

t_i——第 i 道工序的单件加工时间。

其优点是一批工件连续加工，集中运输，有利于减少设备调整时间，便于组织和控制。其缺点是工件等待加工和等待运输的时间长，生产周期长，流动资金周转慢。

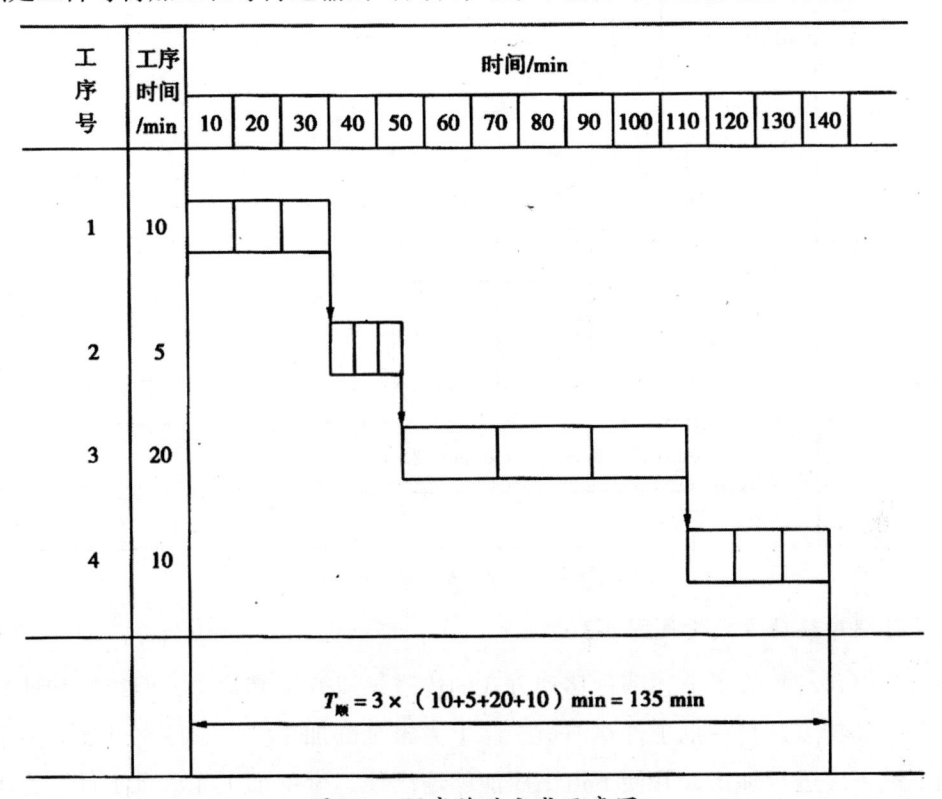

工序号	工序时间/min	时间/min
		10 20 30 40 50 60 70 80 90 100 110 120 130 140
1	10	
2	5	
3	20	
4	10	

$T_{期} = 3 \times (10+5+20+10)\ \text{min} = 135\ \text{min}$

图6-1 顺序移动方式示意图

2. 平行移动方式（见图 6-2）

平行移动方式是指一批工件中的每个工件在每道工序加工完毕以后，立即转移到后道工序加工的移动方式。其特点是一批工件同时在不同工序上平行进行加工，缩短了生产周期。其加工周期的计算公式为：

$$T_{平} = (n-1)t_{长} + \sum_{i=1}^{m} t_i$$

式中，$t_{长}$——各加工工序中最长的单件工序时间。

采用这种移动方式，不会出现工件等待运输的现象，所以整批工件加工周期最短，但由于前后工序时间不等，当后道工序时间小于前道工序时间时，后道工序在每个工件加工完成后，就会有停歇时间。

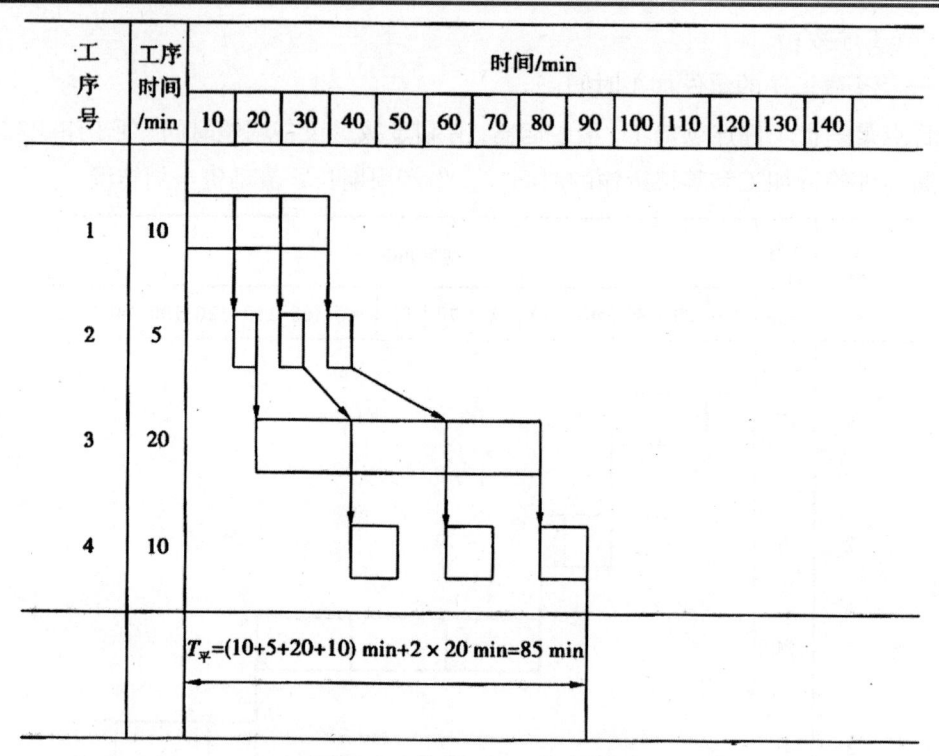

工序号	工序时间/min	时间/min
1	10	
2	5	
3	20	
4	10	

$T_{平}=(10+5+20+10)\text{ min}+2\times 20\text{ min}=85\text{ min}$

图6-2 平行移动方式示意图

3. 平行顺序移动方式（见图6-3）

平行顺序移动吸收了上述两种移动方式的优点，避开了其缺点，但组织和计划工作比较复杂。其特点是当一批工件在前道工序上尚未全部加工完毕，就将已加工的部分工件转到下道工序进行加工，并使下道工序能够连续地、全部加工完该批工件。为了达到这一要求，要按下面的规则运送工件：当前一道工序时间少于后道工序的时间时，前道工序完成后的工件立即转送到下道工序；当前道工序时间多于后道工序时间时，则要等待前一道工序完成的工件数足以保证后道工序连续加工时，才将完工的工件转送到后道工序。这样就可将人力及设备的零散时间集中使用。平行顺序移动方式的生产周期在两种方式之间，计算公式为：

$$T_{平顺}=n\sum_{i=1}^{m}t_i-(n-1)\sum_{i=1}^{m-1}t_{较短}$$

式中，$t_{较短}$——每相邻两道工序中较短的单件工序时间。

在选择移动方式时，应考虑具体情况，灵活运用。一般批量小或重量轻且加工时间短的工件，宜采用顺序移动方式，反之宜采用另外两种移动方式；按对象专业化形式设置的生产单位，宜采用平行顺序移动方式或平行移动方式；按工艺专业化形式设置的生产单位，宜采用顺序移动方式；对生产中的缺件、急件，则可采用平行或平行顺序移动方式。

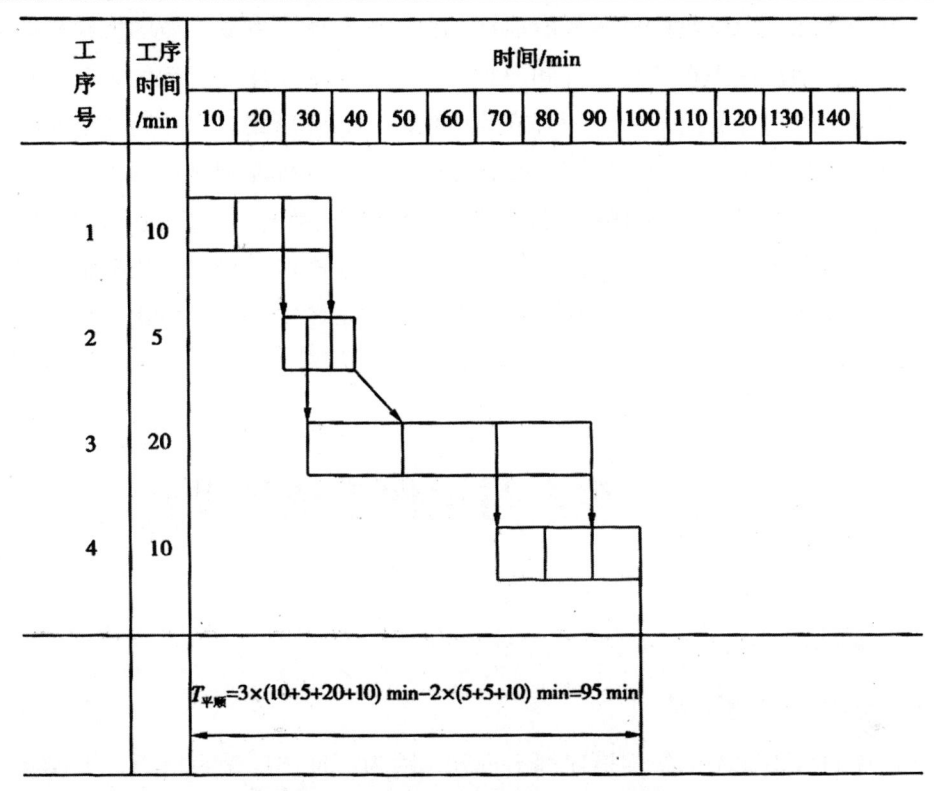

工序号	工序时间/min	时间/min
		10 20 30 40 50 60 70 80 90 100 110 120 130 140
1	10	
2	5	
3	20	
4	10	

$T_{平顺}=3×(10+5+20+10)\ min-2×(5+5+10)\ min=95\ min$

图6-3　平行顺序移动方式示意图

三、生产过程的组织形式

研究分析生产过程的基本目的，在于寻求高效、低耗的生产组织形式，将生产过程的空间组织与时间组织有机结合。企业必须根据其生产目的和条件，采用适合自己生产特点的生产组织形式。

（一）流水生产线

流水生产线，又称流水作业线，是指劳动对象按照一定的工艺过程，有序地、单件地通过各个工作地，并按照统一的生产速度和路线，完成工序作业的生产过程组织形式。它将对象专业化的空间组织方式和平行移动的时间组织方式高度结合，是一种先进的生产组织形式。流水生产线的特点：①专业性；②连续性；③节奏性；④比例性；⑤封闭性。

（二）成组技术、成组加工单元与柔性制造单元

成组技术是一种以工件的相似性（主要是指工件的材质结构、工艺等方面）和工件类型分布的稳定性、规律性为基础，对其进行分类、归并成组并进行制作，以提高加工的批量，获得较好经济效益的技术。

成组加工单元，是使用成组技术，以"组"为对象，按照对象专业化的方式，在一个工序号生产单元内配备不同类型的加工设备，完成一组或几组工件的全部工艺的生产组织。

柔性制造单元，即以数控机床或数控加工中心为主体，依靠有效的成组作业计划，利用机器人和自动运输小车实现工件和刀具的传递、装卸及加工过程的全部自动化和一体化的生产组织。它是成组加工系统实现合理化的最高级形式。柔性制造单元与自动化立体仓库、自动装卸站和自动牵引车等结合，由中央计算机控制进行加工，就形成了柔性制造系统。柔性制造单元与计算机辅助设计功能的结合，则形成计算机一体化制造系统。

总之，上述技术的出现改变了单件小批量生产的生产过程组织形式和物流方式，使之获得了接近于大量流水生产的技术经济效益，符合市场需求的多样化、小批量和定制方向的趋势，代表了现代制造技术的发展方向。

第三节　生产与运作系统的设计

一、选址

（一）选址的影响因素

厂址选择的重要性无论怎样描述都不过分，因为厂址选择是否恰当，不仅显著影响工厂的建设费用和建设周期，企业产品的生产运作成本、价格和利润，还显著影响企业的综合竞争力，并且这种影响将持续相当长的时间。国内外大量成功和失败的案例从正反两个方面充分证明了这一点。例如，据对美国各类小企业失败原因的调查显示，15%左右是由于厂址选择不当造成的。

为了获得一个合理、满意的厂址方案，必须对众多影响因素进行全面和深入的分析，主要有以下11个条件。

1. 劳动力条件。它包括劳动力的成本、质量（如劳动技能、劳动态度）和可获得性等方面。一般来说，劳动密集型企业往往倾向于选择工资水平较低的地区建厂，自动化程度较高的企业往往选择便于员工培训的区域。

2. 产品销售条件。产品销售条件即主要客户所在地和运输成本。厂址选择应尽可能地位于目标市场中心的附近，以提高响应性，方便和吸引目标顾客的购买。据有关资料显示，近期制造业的厂址选择出现了两种新趋势：一是在国外设厂；二是电子、服装等企业将日趋小型化的生产设施建在目标市场附近，主要原因就是对市场变化做出敏捷反应，实现快速交货，提高竞争力。

3. 供应条件。一方面，对原材料依赖性较强的工厂，尤其是那些生产运作过程中原材料消耗大的工厂，应按照"原材料指向"原则，尽可能靠近原材料产地，如火力发电厂应尽可能建在煤矿附近、造纸厂应尽可能建在森林附近等。另一方面，随着供应链管理思想的传播，厂址应尽可能靠近协作厂，并选择具有良好运输条件的地方。

4. 基础设施条件。基础设施条件主要是指供水、供电、供煤气、排水、"三废"处理的可靠性和方便性以及通信基础设施状况,特别是对那些需要大量用水的制药厂、酒厂、食品厂等,需要大量用电、用气的化工厂、钢铁厂等。水、电、气的来源保证和成本往往成为厂址选择考虑的首要问题。

5. 地理条件。这是一种制约厂址选择的客观因素,应避免在下列地质或地势条件不满足要求的区域选址建厂:地震中心或经常发生地震;易遭洪水及大雨淹灌;地面积水排放不畅;接近阴河或废弃矿坑;地基不能满足未来工厂厂房、建筑物、设备和设施的载荷要求;空间面积不足或形状怪异,不满足未来工厂总平面布置和预留进一步发展余地的要求;地势或存在相当的坡度(超过50°)或起伏不定,不够平坦,造成土地平整工作量过大等。

6. 气候条件。气候条件包括温度、湿度、气压、雨量、风向等。

7. 交通运输条件。拥有便利的交通运输条件是厂址选择的一项基本原则,如钢铁、石油炼制等需要运输笨重物料的一类工厂,厂址应尽量靠近港口或铁路;涉及国际贸易的企业,厂址应尽量靠近航空港、海运港口或集装箱周转站,必要时优先选择保税区,以便国际运输;一般企业的厂址应尽量靠近公路、铁路等交通便利的地方。

8. 科技依托条件。这对技术密集型企业特别是高科技企业尤为关键。

9. 生活条件。生活条件包括硬件和软件两个方面,前者是指住房、生活服务、体育娱乐、交通、银行、邮局等物质设施,后者是指就业机会、社区文化及其开放性、人际关系、犯罪率等生活环境。

10. 环境保护条件。例如,严格控制在著名旅游风景区和民用水源附近建厂,居民区附近不宜建设噪声大的工厂。

11. 政治和文化条件。它包括地方政府政策和立场,社区民众的态度,当地的政治、文化、语言、风俗等,尤其是在少数民族地区和国外建厂时,必须牢记这一点。

(二)服务企业选址的关键因素

尽管评判服务企业位置的好坏涉及许多方面,但最重要的因素是顾客获得服务的方便程度,这是由服务本身的特点决定的。服务的便利性是服务企业竞争力的核心。因此,服务企业选址的关键是面向市场,以提高服务的便利性,促进顾客与企业的业务往来。例如,那些针对小范围市场的服务企业,如杂货店、理发店、修车铺、书报店等,常常是以居住村、居住区为目标市场,服务设施选在目标市场内或靠近居民公共活动场所的地方最为理想;那些服务于较大市场范围的企业,如大型商场、旅馆饭店、医院等,应尽量选择目标市场内比较醒目、交通便利、客流量大的地方。

(三)厂址选择的程序

1. 明确厂址选择的目标。根据企业建厂的出发点或目的,明确厂址选择的目标,为确立厂址选择的指导思想和原则提供依据。

2. 收集、整理有关新工厂的数据资料。这些数据资料包括生产运作规模、占地面积、运输量、水、电、气的用量、对工程水文地质条件的要求、"三废"排放情况等，它们构成设计和规划厂址方案的约束条件。

3. 辨识厂址选择的主要影响因素。明确厂址选择的主要影响因素，围绕建厂目标和主要因素进行深入分析，建立评价厂址方案的具体标准和指标体系。

4. 选位。围绕初步选定的若干建厂地区或区域进行分析比较，确定合适的建厂地区或区域。

5. 开发厂址备选方案。对选位的地区或区域进行实地勘探和现场调查，提出若干具体建厂地点，供进一步研究。

6. 定址。应用定性和定量相结合的方法，对厂址备选方案进行科学评价，最终选定建厂地点。

二、设施布局

车间布置的重点是基本生产单位的设施布置。车间内设备布置是否科学合理，将影响产品的生产周期和生产成本，影响劳动生产率。要使设备布置合理，必须遵循以下原则：①机器设备应根据其性能和工艺要求安置排列，并保持适当距离，避免阻塞运输；②尽量使产品通过各种设备的建工路线最短，多设备看管时，工人在设备之间的行走距离最短；③便于运输，加工大型产品的设备应布置在有桥式吊车的车间，加工长棒料的设备尽可能布置在车间入口处；④确保安全，各设备之间及设备与墙壁、柱子之间应有一定的距离，设备的传动部分要有必要的防护装置；⑤便于工人操作和工作地的布置；⑥充分利用车间的生产面积，在一个车间内，可因地制宜地将设备排列成纵向、横向或斜角形式，充分利用空间。

（一）工艺专业化形式

工艺专业化形式也叫工艺专业化原则，它是把同类型的机器设备和同工种的工人集中在一起，建立一个生产单位（车间、工段），对企业生产的各种产品进行相同工艺的加工。按照这种原则布置的车间叫作工艺专业化车间，又称"机群式"或"开放式"车间，如图6-4所示。

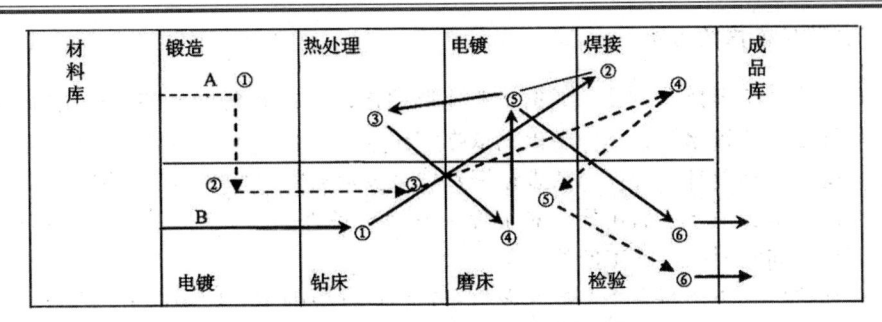

图6-4 工艺专业化形式布置图

1. 优点

有利于充分利用生产面积、充分发挥生产设备的能力，个别设备出了故障对生产的影响较小；设备的投资费用较少，大都采用通用设备；便于对工艺进行专业化的技术管理，开展同工种工人之间的学习与竞赛；灵活性好，适应性强，有助于增强企业适应市场需要变化的能力。

2. 缺点

制品在制造过程中的运输路线长、交叉迂回运输多、消耗于运送原材料和在制品的劳动量大；增加制品的数量和在制品在制造过程的停放时间，延长了生产周期，占用流动资金多；增强各生产单位之间的协作关系，难以把握零部件的成套性，致使各项管理工作复杂化。

按工艺原则组成的生产单位，适用于品种复杂多变、工艺不稳定的单件小批生产类型，如新产品试制车间、工具车间、机修车间等。

（二）对象专业化形式

对象专业化，又称产品专业化原则。它是把不同类型的机器设备和不同工种的工人按工艺流程的顺序集中在一起，建立一个生产单位（车间或工段），对相同的制品进行不同工艺的加工。按照这种原则组成的车间叫对象专业化车间，又称"封闭式"车间。在这种车间里，加工对象是固定的，机器设备、工艺方法是多种多样的，工艺过程是封闭的，能独立生产产品，如发动机车间、齿轮车间等，如图6-5所示。

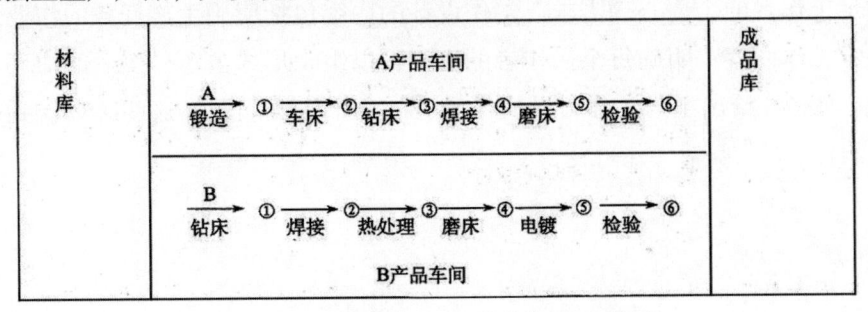

图6-5 按对象专业化形式布置示意图

1. 优点

可以缩短产品的加工路线，节约运输等辅助劳动量和辅助生产面积；便于采用流水生产等先进生产组织形式，减少产品在生产过程中的等待时间，缩短生产周期，降低流动资产占用量；可以减少车间间的协作关系，简化管理工作；可以使用技术等级较低的工人。

2. 缺点

设备专用性强、需要量多、投资大；由于同类设备分散使用，个别设备的负荷可能不足，设备的生产能力不能得到充分利用，甚至有可能因为一台设备出现故障，导致生产线成品库材料库全部停工；对产品品种变化的适应能力差，一旦品种改变，很难做出相应调整。

按对象原则组成的生产单位适用于企业专业方向已经确定、产品的品种比较稳定的大量、大批生产类型。

（三）混合形式

设备按混合形式布置，亦称综合原则布局。它是综合工艺原则和对象原则的优点所构成的介于两者之间的一种方式，在我国企业中应用比较普遍。一个企业里，有些车间可能是按工艺原则布置，有些车间可能是按对象原则布置。车间内部，在工艺原则布置的车间内有的工段是按对象原则布置。例如，机械加工车间是按工艺原则布置的，这个车间内部的连杆工段又是按对象原则布置的；也有可能在按对象原则布置的车间内部，有的工段按工艺原则布置，如活塞车间中的车工工段。这种布置形式机动灵活，如应用得当，则能取得较好的经济效益。

三、工作设计

（一）工作设计的主要内容

工作设计为有效组织生产劳动过程，通过确定一个组织内的个人或小组的工作内容，实现工作的协调，确保任务的完成。它的目标是建立一个工作结构，满足组织及其技术需要或满足工作者的个人心理需求。工作设计的内容包括明确生产任务的作业过程；通过分工确定工作内容；明确每个操作者的责任；以组织形式公布分工后的协调，保证任务的完成。图 6-6 给出了与工作设计决策有关的几个主要问题。这些决策受到以下六个因素的影响。

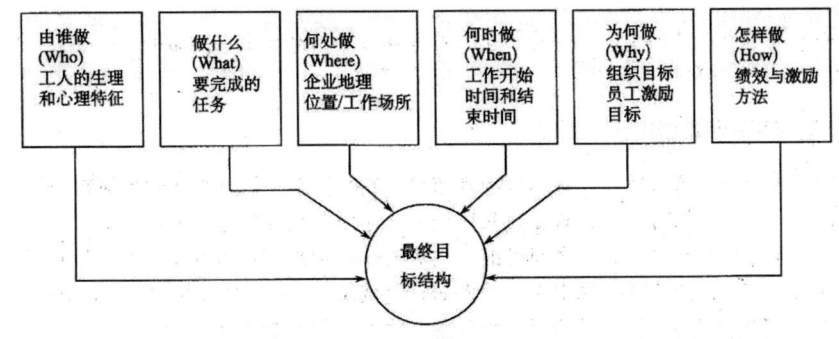

图6-6 工作设计决策

1. 员工工作组成部分的质量控制。
2. 适应多种工作技能要求的交叉培训。
3. 工作设计与组织的员工参与及团队工作方式。
4. 自动化程度。
5. 对所有员工提供有意义的工作和对工作出色员工奖励的承诺。
6. 远程通信网络和计算机系统的使用,提高了工作内涵,提高了员工的工作能力。

(二)工作设计中的社会技术理论

工作设计中的社会技术理论是由英格兰的特瑞斯特及其研究小组首先提出来的。这种理论认为,工作设计中应该把技术因素与人的行为、心理因素结合起来考虑,如图6-7所示。任何一个生产运作系统都包括两个子系统:技术子系统和社会子系统。如果只强调其中一个而忽略另一个,可能导致整个生产系统的效率低下,因此应该把生产运作组织看作一个社会技术系统,其中包括人、设备和物料等。生产设备、生产工艺及物流组织与控制方法反映了这个系统的技术性。人是一种特殊的、具有灵性的投入要素,因此这个系统还应该具有社会性。

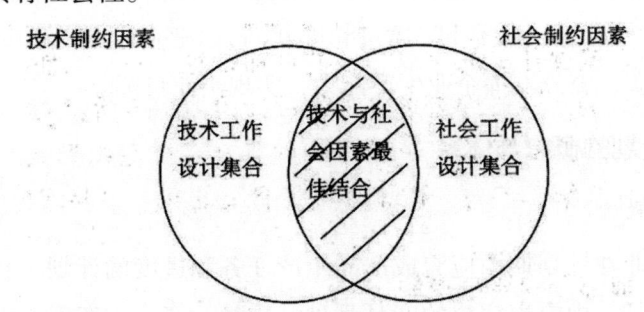

图6-7 社会技术设计

在图6-7中,左侧的圆代表从技术角度设计的所有可行工作方案的集合,右侧的圆代表从社会因素(心理学和社会学)角度设计的所有工作方案的集合。交叉部分代表能满足社会和技术要求的工作设计。该理论认为,最佳的社会技术设计应在这个交叉部分。

社会技术设计理论的价值在于它同时强调技术因素与社会变化对工作设计的影响,这与早期工业工程师们过度强调技术性因素对生产效率的影响有很大不同。早期的工业工程师将工人看作其中的一部分,而社会技术设计理论除了考虑技术要素的影响外,还将人的行为因素考虑进来,如把工人调动工作、缺勤、厌倦等与技术选择联系起来。

(三)工作设计中的行为理论

行为理论的主要内容之一是研究人的工作动机,这一理论对于进行工作设计也有直接的参考作用。人们工作的动机有多种:经济需要、社会需要以及特殊的个人需要等(感觉到自己的重要性、实现自我价值等)。人的工作动机对人如何进行工作有很大影响。因此,在工作设计中,必须考虑人的这些精神因素。当一个人的工作内容和范围较狭窄,或工作的专业化程度较高时,人往往无法控制工作速度(如装配线),也难以从工作中感受到成功和满足。此外,与他人的交往、沟通较少,进一步升迁的机会也几乎没有(因为只会很单调的工作)。因此,像这样专业化程度高、重复性很强的工作往往使人产生单调感,导致人对工作变得淡漠,从而影响工作结果。西方的一些研究表明,这种状况给"蓝领"工人带来的结果是工人工作变换频繁、缺勤率高、闹情绪,甚至故意制造生产障碍。对于"白领"工人,也有类似的情况。

第四节 生产运作计划与控制

一、生产运作计划

生产运作计划是企业计划工作的重要部分,它要根据市场需求与用户订单确定生产计划指标,是企业进行生产运作管理的重要依据,也是企业确定生产人员、资金、设备、物料和能源供应的主要依据。通过生产计划对企业计划期内的生产任务做出统筹安排,具体规定企业生产产品的品种、数量、质量和进度,可以把企业生产和市场紧密结合起来,更好地利用企业资源,充分发挥企业生产能力,实现企业目标。

(一)生产计划的概念与体系

1. 生产计划的概念

生产计划是企业在计划期内应完成产品生产任务和进度的计划。它具体规定企业在计划期(年、季、月)内应当完成的产品品种、质量、产量、产值、出产期限等一系列生产指标。它不仅规定了企业内部各车间的生产任务和生产进度,而且规定了企业间的生产协作任务。生产计划工作的主要任务是充分挖掘企业内部资源,合理利用企业资源,不断生产在国内外市场适销的商品,以提高企业经济效益。

2. 生产计划体系

生产计划体系即生产计划系统。按照系统的思想理解,计划是一个过程,由计划的编制（plan）、执行（do）、检查（check）、调整和改进（action）四个阶段组成，即通常所说的 PDCA 循环。所谓计划系统，就是指计划过程包括的各项具体计划职能、工作及其相关关系的总和。图 6-8 描述了生产运作计划系统的一般轮廓，按照计划的长短和计划内容的性质分为以下三个层次。

（1）长期的战略性计划。未单独出现，主要反映在企业战略计划的有关内容上，如确立何种竞争优势、发展哪些方向的产品和什么水平的技术、达到多大的生产运作规模、购买哪些生产运作设施、如何获得所需资源等。

（2）中期的战术性计划。主要表现为经营计划和生产运作计划。经营计划是由销售计划、生产运作计划、劳动工资计划、物资供应计划、财务计划等各项职能计划组成的统一的有机整体，也称为年度综合计划或年度生产经营计划。

（3）短期的作业性计划。它是对生产运作计划的具体落实，由计划执行部门负责编制，任务是正确安排日常生产运作活动的每个细节，以保证生产运作过程的顺利进行，有效实现生产运作目标。生产计划、物料需求计划、生产运作作业计划等都属于这个范畴。

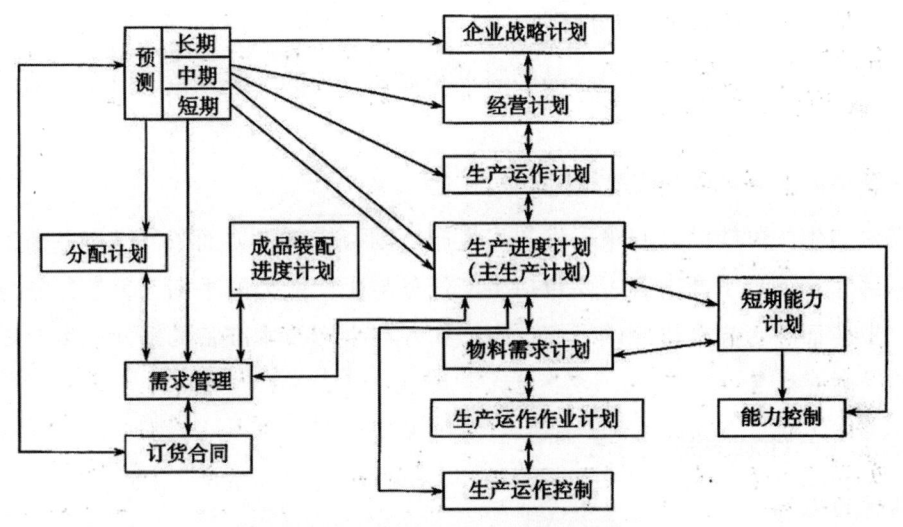

图6-8 生产运作计划体系框架

3. 生产计划的主要指标

（1）产品品种指标，是指企业在计划期内应当生产的产品品种和数量。品种的表现形式随企业产品不同而不同，如汽车制造厂商有不同型号的汽车、钢铁厂有不同型号的钢材、棉纺厂有不同支数的棉纱等。品种指标既反映企业在品种方面满足市场需要的程度，又反映企业技术水平和管理水平的高低。

（2）产品质量指标，是指企业在计划期内各种产品应当达到的质量标准和水平。质量标准由国际标准、国家标准、行业标准、企业标准与合同规定的技术要求。质量指标可分为两大类：①反映产品本身质量的指标，如产品的使用寿命、技术性能、等级率（优等品率、一等品率）等；②反映生产过程中工作质量的指标，如合格率、废品率、返修率等。

（3）产品产量指标，是指企业在计划期内生产各种产品的实际数量之和。产品产量既包括企业生产可供销售的成品、半成品以及工业性劳务数量，也包括供企业基本建设、大修理和非生产部门的需要量。

（4）产值指标，指产量指标的货币表现。它规定企业在计划期内的全部产品和工业性劳务的产值、总产值和净产值。

（二）生产计划的编制

1. 调查研究，收集资料

编制科学合理的生产计划必须进行调查、研究，广泛收集企业内外相关信息，包括企业长远发展规划，国内外市场预测资料，产品生产、销售及库存情况，生产能力和技术措施、物资供应和生产设施状况等。此外，还要认真总结上期计划执行的经验和教训，研究在生产计划中贯彻企业经营方针的具体措施，确定计划需求。

2. 统筹安排，提出初步计划指标

应着眼于更好地满足企业对产品的需求和提高生产的经济效益，对全年的生产任务做出统筹安排。

3. 综合平衡，确定生产计划指标

把需要同生产可能结合起来，将初步生产计划指标同各方面条件进行平衡，使生产任务得以落实。综合平衡内容主要包括生产任务与生产能力的平衡、生产任务与劳动力的平衡、生产任务与物资供应的平衡、生产任务与生产技术准备的平衡、生产任务与资金占用的平衡等。

（三）生产计划编制的方法

1. 品种的优化

（1）象限法（波士顿矩阵法，即 BCG 法）。该方法由美国波士顿咨询集团提出，借助矩阵形式进行分析。它将影响企业产品品种的因素归结为"市场吸引力"和"企业实力"两大类，据此对产品进行评价，确定对不同产品应采取的策略，然后从整个企业的实际情况出发，确定最佳产品组合方案。其中，矩阵的四个象限分别代表了四类不同性质的产品——金牛、明星、问题和瘦狗产品。金牛产品是企业目前流入资金的主要来源，应努力巩固其市场地位；明星产品为企业未来发展提供丰富的增长与盈利机会，应优先考虑加强其发展；瘦狗产品则阻碍企业的发展，应果断淘汰；问题产品则应进一步分析，做出加强或放弃的选择。

（2）收入—利润分析法。该方法是将生产运作的多种产品分别按销售收入和利润排序，并将它们绘在销售收入与利润分析图上，如图 6-9 所示。

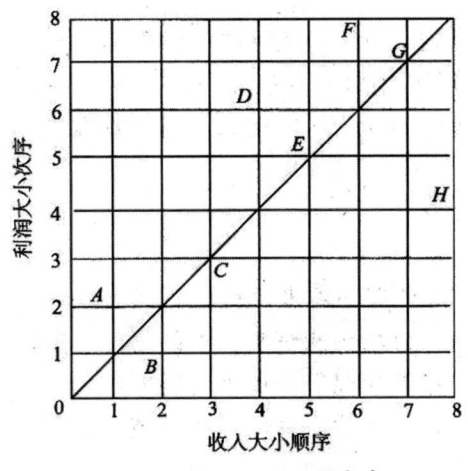

图6-9 收入—利润次序表

2. 产量的优化

（1）盈亏平衡分析。应用该方法可以确定盈亏平衡点产量，明确一定的生产运作技术组织条件下产品产量的最低下限，对决定计划产量有着重要的指导意义。

（2）线性规划。以最大利润为目标，以人、财、物等资源限制为约束条件，通过建立线性规划模型，求解各产品的产量。当有关项目发生变化时，模型参数随之改变，产品产量的最优解也将发生改变，但企业利润最大化的目标不变。模型参数的改变表示人、财、物等资源条件和相互关系的变化，每种参数组合都代表一个特定的生产运作计划方案。所以，编制生产运作计划的反复平衡和优化过程，可用线性规划模型进行模拟。

3. 订货型企业的生产运作计划的制订

订货型企业的典型方式是单件小批生产运作。由于生产运作的任务是根据用户订单来确定的，订单的到达具有随机性，产品往往又是一次性需求。所以，企业只能先编制生产运作计划大纲，并在接到订单后，按产品分别编制生产运作计划。可见，在订货型企业的生产运作计划中，接受订货决策是一个十分重要的问题。

接受订货决策，就是在用户订单到达时，做出接不接、接什么、接多少订单的决定。一般的决策过程可用图 6-10 来描述，这是一个用户和企业双方要求平衡的过程。对用户来说，订货要求除了产品型号、规格、技术要求、数量、价格和交货时间 D_c 等，还包括用户决定是否向企业订货的临界要求，主要是指可以接受的最高价格 $P_{c\max}$ 和最迟交货时间 $D_{c\max}$。对于企业来说，也会在分析企业条件、现有任务、产品要求、市场行情等诸多因素的基础上，明确接受订货的要求，主要包括价格和交货期，企业将通过其报价系统和交货期设置系统分别给出一个正常价格 P 和可接受的最低价格 $P_{\min}$，一个正常条件下的交货时间 D 和赶工的最早交货时间 $D_{\min}$。

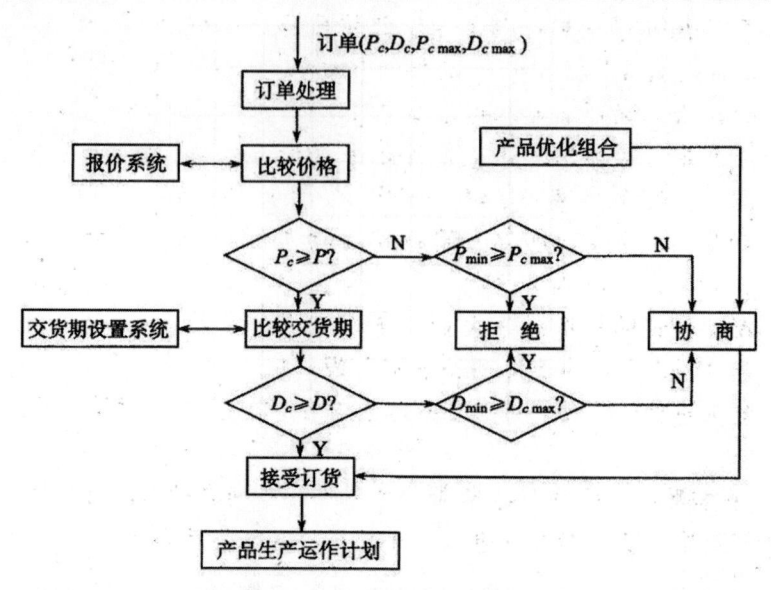

图6-10 订货决策过程

（四）生产作业计划

1. 生产作业计划的概念

生产作业计划是企业生产计划的具体执行计划，是生产计划的延续和补充，是企业日常生产活动。它对于保证企业实现生产，按期、按质、按量完成生产计划，及时销对路的产品，满足市场需求，提高企业的生产效率和经济效益起着十分重要的作用。

2. 生产作业计划的特点

与生产计划相比，生产作业计划有如下特点：①计划期较短，生产作业计划一般只规定月、旬、日、轮班、小时的计划；②计划的内容更具体，生产作业计划把生产任务分解落实到车间、工段、班组、机、人；③计划单位更小，生产作业计划的计划单位是产品的部件、零件直到工序。

3. 生产作业计划的编制

企业编制生产作业计划所需的资料很多，主要包括年季度生产计划，有关合同协议和协作任务，设行检修计划的安排，原材料、外购件、动力资源限额分配以及消额，产品图纸、工艺文件和工艺，各车间上月生产作业计划的完成生产，核算资料，现有生产能力，人员分配与上期出勤，技术组织措施投入生产标准。

二、生产运作作业控制

（一）生产运作作业控制的含义

所谓生产运作作业控制，就是不断监督和检查计划的执行情况，及时发现计划执行过程中已经或即将出现的偏差，分析其产生的原因，并采取有效措施纠正或预防偏差。

（二）生产运作控制的内容

1. 作业安排

首先检查生产运作作业计划规定的各项准备工作是否已经完成，物料、工装和机器设备是否已经准备齐全，以确保生产运作过程能够正常进行。然后，开具加工单、检验单、出库单等各种传票，向各个操作人员或作业班组进行作业分配。

2. 测定偏差

在进行作业的过程中，按预定时间和顺序检查计划的执行情况，掌握实际结果与计划目标之间存在的偏差。

3. 纠正偏差

根据偏差产生的原因及其严重程度，采取事前预防或事后调整的不同处理方法。首先，要认真预测偏差的产生，事前规划消除偏差的措施，这是一种积极的选择，如发掘加工潜力、动用库存、组织外协等。其次，要及时将偏差情况向生产运作管理部门反映，以便管理人员及时调整计划，或在编制下期计划时作为重要参考依据。

4. 提供情报

查证生产运作过程中的进行情况和完成时刻，提出报告，并将计划执行结果整理成数量、质量、成本等资料，汇总为统计分析报告，为开展生产运作进度控制、质量控制、成本控制或库存控制等提供必要的情报。

（三）生产运作进度控制

生产运作进度控制的任务是根据预先制订的生产运作作业计划和对各种零部件的投入和出产时间、数量及配套的检查情况，及时采取针对性措施，以保证产品准时装配完成。

1. 生产运作预计分析

生产运作预计分析属于事前控制范畴，是在规定的计划期（如月、季、年）结束之前，根据进度统计资料所反映的计划完成程度和生产运作发展趋势，在考虑生产运作发展的有利和不利因素的基础上，对本期计划指标可能完成的程度做出预测。这样，企业可以根据预测结果，提前采取调度措施来调整未来剩余时间的产量，最终使实际产量和计划产量趋于一致。

2. 生产运作均衡性控制分析

按照均衡性要求，企业不仅要按时完成生产运作任务，而且每个生产运作环节和每种产品都要按日、按旬、按月完成生产运作任务。因此，要保持生产运作的均衡性，就要控制每天的实际产量，使其完成作业计划规定的指标，而不是要求每天产量完全均匀。显然，如果未能按计划要求实现均衡生产运作，将造成生产运作过程停工待料，或者产生一定的在制品积压，影响企业的经济效益。检查分析生产运作均衡性常用的方法有以下几种：

（1）图表法。图表法是根据企业（或车间、班组、工作地）在各时期的计划产量、实际产量和产量计划完成百分数，绘制产量和产量计划完成百分数动态曲线图，通过计划产量和实际产量的比较以及产量计划完成百分数反映生产运作的均衡性。

（2）均衡率法。均衡率法是通过计算均衡率指标说明生产运作的均衡程度。均衡率可按照以下两种公式计算：

$$均衡率=\frac{日产量计划完成百分数之和（超计划时按80\%计）}{工作日数}$$

$$均衡率=\frac{日实际产量之和（超计划时按计划产量计）}{工作日数}\times 80\%$$

工作计算均衡率之所以不考虑超计划完成部分，是为了防止用超计划部分掩盖未完成计划的现象。可见，均衡率越高越好，其最大值为1。

（3）生产运作成套性控制分析。对于加工装配式企业来说，其生产运作的产品由许多零部件组装而成，只有保证成套出产各种零部件，才能按计划生产运作出成品。不具有成套性的零部件再多，也装不出成品，反而增加了在制品，造成资金积压。因此，应及时掌握和控制零部件的出产进度，分析零部件的成套性，按产品配套性抓好生产运作进度。实践中用成套率指标衡量生产运作成套性情况。成套率为实际成套台份数与计划成套台份数之比，数值越大越好。

3. 在制品控制

企业生产运作过程中各环节之间的联系，表现为在制品的供需关系。保持合理数量的在制品储备，有利于组织各环节之间的协调，平衡生产运作，有效防止某个环节出现问题造成生产运作过程中断。但如果制品储备过多，将占用更大生产运作空间，造成资金积压，掩盖生产运作中的问题和矛盾，会给企业带来一定损失。

根据存放地点的不同，在制品控制工作可分为以下两个方面。

（1）车间在制品控制。车间在制品控制取决于生产运作类型和生产运作组织形式。在大量大批生产运作条件下，在制品数量比较稳定，在生产运作中的流转有一定的顺序和规律。事先制定有标准定额，通常采取轮班生产运作作业计划，并结合统计台账来控制。

（2）库存在制品控制。半成品库是不同车间在制品运转的枢纽。库存在制品控制的任务是及时有效地接收、保管、配套和发送半成品；严格按照库存在制品定额监督、控制库存在制品数量；及时准确地向生产运作指挥系统提供信息，反映库存在制品变动情况。

第七章 企业财务管理

第一节 财务管理的特点

随着以科学技术为主体的知识的生产、分配和使用（消费）在经济发展中所占比例逐年大幅度提高，管理显得日益重要。要使科学技术转化为生产力，就必须依赖科学管理。只有科技和管理的共同进步与发展，才有可能保证经济的快速、健康增长。财务管理作为企业管理的重要组成部分，是关乎资金的获得和有效使用的管理工作，财务管理的质量直接关系企业的生存与发展。由于企业生存环境的复杂与多变，企业财务管理的观念、目标、内容、模式等都必定受到巨大影响与冲击。

一、企业财务管理的特点

（一）企业财务管理手段的智能化

随着计算机辅助管理软件在财务管理工作中应用的不断深入，企业财务管理的信息化和数字化程度不断提升，企业管理手段日趋程序化，管理效率大幅提升。在财务管理中，为了排除人为因素的干扰，最大限度地削减随意性和盲目性的管理，企业引入管理信息系统（MIS），这样，企业财务管理日趋缜密和简化。另外，网络技术的运用使公司财务管理人员可以足不出户，实现远程财务管理。

（二）企业财务管理目标多元化

企业财务管理目标是与经济发展紧密相连的，并随经济形态的转化和社会的进步不断深化。企业的生存与发展必须依赖员工富有创新性的劳动。为此，企业必须把"员工利益的最大化"纳入其财务管理目标中，与企业关系密切的集团，如债权人、客户、供应商、战略伙伴、潜在的投资者、社会公众等，满足这些集团的利益需要，也是企业财务管理目标的组成部分。同时，专利权、专有技术、商标、商誉、信息等以知识为基础的无形资产在企业中发挥的作用越来越大，由此扩展了资本范围，改变了资本结构。而不同的资本所有者对企业均有经济利益方面的要求，这决定了企业经济利益不仅归属于股东，还归属于相关利益主体。参与企业利益主体的多样性和财务管理活动的层次性，决定了财务管理目标的多元化结构和层次性结构,这就要求财务管理目标不可能简单等同于以个人利益为主体的目标,而是所有参与者利益博弈的结果,即它是所有参与者共同作用和相互妥协的结果,是一个多元化、多层次的目标体系。

(三)企业财务管理战略以生存为先导

企业未来财务活动的发展方向、目标以及实现目标的基本途径和策略是企业财务管理者关注的焦点。企业财务管理战略的总体目标是合理调集、配置和利用资源,谋求企业资金的均衡、有效的流动,构建企业核心竞争力,最终实现企业价值最大化。实施企业财务管理战略管理的价值就在于它能保持企业健康的财务状况,有效控制企业的财务风险。

(四)企业财务管理强调科学理财

企业财务管理的地位和作用,因受全球经济一体化进程的加快、跨国公司国际投资引起的国际资本流动以及我国货币融资政策的调控等的影响而日益突出。企业财务管理必须不断吸收先进的财务管理经验和成果,增强现代理财意识,以积极的态度掌握和运用理财的创新工具,努力掌握现代理财技巧,助推企业健康、稳步地实现快速发展,最大限度地化解企业的生存风险。一般来说,企业的生存风险主要包括经营风险和金融风险。经营风险主要存在于产品的更新换代以及新产品的开发与研制方面;金融风险主要表现在企业的发展越来越离不开金融市场,这是因为金融市场的配置效率越来越高(经济全球化的驱使、信息技术的快速发展、各种金融工具的不断创新、交易费用的相对降低),资金的流动性更强。企业可以充分运用金融工具,合理化解金融风险;将闲置资金在金融市场进行科学投资,提高资金使用效率。由此,企业的生存发展与金融市场息息相关。在动态的金融环境中,如经常性的利率、汇率的变动,不利于企业的变动,很可能使企业陷入困境,乃至破产。在动态的金融市场中,如果投资组合决策出现失误,可能使企业陷入财务危机。因此,企业财务管理必须大力提高理财技能,以保证最大限度地降低财务风险。

(五)企业财务管理对象交叉化

随着我国市场经济的快速稳步发展,社会分工进一步细化,团队协作日显重要。为了更好地适应社会和经济的发展,行业之间、企业之间、企业内部各部门之间,财务管理边界出现了"渗透",财务管理需要以企业整体为单位,即纵向职能部门的财务小团体的组合、横向职能部门的财务组合,还有其他各部门的密切协作;客户、供应商以及其他与企业保持利益关系的人才都应该纳入财务管理对象之列。这样,和以往相比,企业财务管理对象就呈现交叉化的特点,交叉化管理不但能充分挖掘本企业财务潜能,同时还能充分利用相关单位财务管理方面的积极因素。

（六）企业财务管理的专业性

我们说成本、利润、资金占用是反映企业经营管理水平的综合指标。而财务状况的好坏和财务的管理水平，也制约着企业各个环节、各个部门的工作。财务管理的综合性决定了要做好这项工作，必须解决好以下两个方面的问题。

一方面，直接从事财务工作的部门和人员，要主动与其他部门密切联系，为实现企业的经济目标和提高经济效益献计献策。财务部门的人员要走出去，把自己的工作渗透到企业管理的各个方面，为其他部门出主意、开源节流。财务部门应把这项渗透性的工作看作"分内"的事。人如果关在屋子里算"死账"，单纯在财务收支上打算盘，甚至以财权去"卡"别人，那么最终将影响整个企业的经济效益和各项财务指标的完成度。为此，财务人员必须具备较高的素质。他们除了应当通晓财务管理学（这是一门以政治经济学为基础，以数学为支柱，涉及多门学科的专业性经济管理科学）、会计学的专业知识外，还应懂得本企业的生产、技术知识，对企业的其他专业性管理也应懂得一些。若知识面狭窄，就不能成为一名出色的财务管理人员。

另一方面，企业的各个部门和广大职工要积极支持、配合财务部门的工作。一个企业要管好财，绝不是财务部门和少数财务人员所能办到的，必须依靠企业上下左右的通力合作。单纯靠财务部门理财，必然是"孤掌难鸣"。人人当家理财，企业才能财源茂盛。其中，最重要的是企业领导者必须重视、尊重、支持财务部门的工作，充分发挥财务人员的作用。同时，企业领导者自己也要懂得必要的财务管理知识，起码要做到会看财务报表、分析财务报表，并从中发现企业管理上存在的问题。作为一个企业领导者，若不懂财务管理，那么他的知识结构是不完备的，严格地说，这样的领导者是不称职的。当家不会理财，这个家是当不好的。

总之，财务管理是企业赖以生存发展的"血脉"，是企业管理最重要的构成部分之一。可以说，成功企业必定拥有成功的财务管理。准确把握特点，赢得财务优势，必定赢得竞争优势。

二、现代企业财务管理的内容与应用

所谓财务管理，其实就是对企业的财务活动进行管理。企业的财务活动包括以下三个过程：资金筹集、资金的投放与使用、资金的收入与分配。由上述可见，把财务管理的主要内容可以大致分为筹资的管理、投资的管理、股利分配的管理。

在企业生产与经营过程中，经济核算将系统地对这些发生的资金占用、生产中的消耗、生产的成果进行记录、核算、控制、探究，达到以较少的资金占用与消耗获得较好的经济效益。可以说，经济核算是一个企业对生产经营活动管理的基本原则，也是一个企业用来提高经济效益的重要举措。

现代企业财务管理能促使企业经济核算运行得更加顺利。财务管理就是对企业利用价值形式生产、经营等这些活动的管理。在经济核算中，对现阶段生产中的占用、消耗以及成果进行综合比较时，也需要借助价值形式，所以说两者是密切相关的。

经济核算的研究对象是经济效益，其主要是通过财务指标来分析、考察企业的经济效益，而这些财务指标包括资金、成本、收入等。经济核算要求对企业经营生产中的占用、消耗、成果进行记录与核算，还包括对比和控制工作，达到企业增加盈利、提高资金使用的效果，而这些都需要通过财务管理来实现。财务管理需要根据利用价值形式来对企业的生产经营活动进行综合性管理，促使在企业生产经营活动中的各个环节都讲求经济效益。

三、企业财务管理的作用

财务管理是企业整个管理工作中的一个重要方面。企业较高的管理水平和较好的经济效益是同健全的财务管理工作分不开的。很难设想，一个企业资金管理混乱、挥霍浪费，而生产经营活动能够顺利进行；也不能设想，一个企业不讲经济核算、不计消耗、大手大脚、铺张浪费，能够取得好的经济效益。财务管理在企业管理中的作用主要表现如下。

（一）加强财务管理，有计划地组织资金供应，可使企业生产经营活动提高资金利用率

企业从事经济活动，必须拥有一定数量的资金购置生产资料、支付职工工资和维持日常开支。企业资金的筹集、组织是由财务活动去实现的，这是财务管理的基本职能或一般要求。财务部门根据企业生产经营任务，按照节约使用资金的原则，确定必需的资金数量。通过正确组织和使用银行贷款以及企业内部形成的资金来源等渠道，使企业所需要的资金得到及时供应。通过有计划的调度资金，组织资金收支在数量上和时间上的衔接与平衡，保证资金循环和周转的畅通无阻。此外，通过多次对资金在生产经营各个阶段的占用情况，找出不合理的占用因素，采取措施加速资金周转。

财务管理的作用还在于严格控制、监督各项资金的使用，降低资金占用。财务部门组织资金供应，并不意味着"有求必应"，而是要按照国家政策和规章制度及企业财务制度办事，严格控制开支范围和开支标准，在保证需要的前提下力求减少生产过程和流通过程中的资金占用，提高资金利用效率。

（二）加强财务管理是降低劳动消耗、提高经济效益极为重要的手段

提高经济效益，是要以尽量少的劳动消耗和物化劳动消耗，生产出尽可能多的符合社会需要的产品。提高经济效益是一个大课题，需要多层次、多层面地相互协作才能奏效。就企业而言，在确定产品方向、确保产品质量的前提下提高经济效益，就要在降低劳动消耗上下功夫。而财务管理的重要任务，正是合理地使用资金和设备、加强经济核算、挖掘一切潜力等，这些无一不是围绕降低消耗这个目标展开的。离开财务管理这个极为重要的手段，提高经济效益之间这种密切关系形象地称为"血缘"关系，不是没有道理的。财务管理在提高企业的经济效益方面，至少可以发挥三种重要作用。

1. 反映作用

企业经营好坏、效益高低，是实实在在的东西，不能凭印象，而是要经过详细、科学地计算和分析才能准确地反映出来。需要对企业在生产经营过程中原材料的消耗、劳动力价值形式进行科学的归纳、计算，这是财务和会计的固有职能。没有这种扎扎实实的计算，经济效益的好坏就无从判断。反映经济效益最重要的信息是财务报表。企业在一个时期花费了多少、盈利了多少，通过财务报表可以看得清清楚楚。

2. 控制监督作用

财务部门通过制定财务计划和财务制度，确定各项产品和劳务的成本，规定各种费用标准，严格按定额和开支标准办事，就能有效地控制消耗水平。否则，原材料消耗和开支便无章可循，任意挥霍浪费，提高经济效益就是一句空话。发挥财务的控制和监督作用，还可以使职工的生产经营活动有一个共同遵守的准则，有利于建设正常的生产管理秩序。这是提高经济效益的需要，也是建设现代化企业必须具备的条件。

3. 参谋作用

财务部门通过分析资金运动中出现的问题，可以敏锐地发现、揭示资金运动背后掩盖的经营管理中的问题，及时向企业领导有关部门提出建议。同时，财务部门通过经济活动分析，把实际消耗水平与计划水平相比，就能够找出差距和薄弱环节，为降低消耗、提高经济效益出谋划策。

（三）加强财务管理是提高企业经营决策水平的必要措施

随着我国计划经济体制的改革和企业自主权的扩大，企业的生产由面向仓库转为面向市场，产品主要由市场进行调节。生产什么、生产多少，都要适应市场的需要。因此，企业的经营决策对企业来说至关重要。正确的经营决策能够满足社会和人民群众需要，同时能给企业带来较多的盈利。与此相适应，财务管理也要冲破传统观念，提出新的研究课题，开辟新的研究领域。目前，我国有些企业的财务部门，结合实际学习国外经验，在财务管理方面进行了有益的尝试。他们变静态管理为动态管理，利用有利的条件主动参与企业经营各个环节的预测、组织调节和监督检查。由于财务部门的管理职能渗透在经济活动的各个环节，因而掌握着企业中比较完整、系统的信息。据统计，目前企业管理信息中大约有60%来自财会系统，这就能使财务部门结合市场预测进行不同的定量分析，在得失相比中选择最优比值，为企业领导者决策提供参考。

四、现代企业财务管理的原则

（一）成本效益原则

企业财务管理中，关心的不仅是资金的存量、流量，还更大程度上关心资金的增长量。为了满足社会上不断增长的物质、文化生活需要，就要做到经济效益的最大化，即用最小化的劳动占用、最小化的劳动消耗，创造最大化、最优化的劳动成果。从根本上看，劳动占用、劳动消耗这些都属于资金占用以及成本费用，而劳动成果的表现是营业收入与利润。实行成本效益原则，提高企业经济效益，使投资者权益最大化。

在筹资活动中，会有资金成本率、息税前资金利润率两者之间的对比分析问题；在投资决策中，会有各期投资收益额、投资额两者间的对比分析问题；在日常经营活动中，会有营业成本、营业收入两者间的对比分析问题；还有其他的，如设备修理、材料采购、劳务供应、人员培训等问题。这些问题无不存在经济的得失与对比分析问题。

企业一切成本、费用的发生，都是为了取得最终的收益，这都联系着相应的收益比较问题。对此进行各方面的财务管理与决策，应当按照成本效益的原则来周密分析，因为成本效益原则是各种财务活动中广泛运用的原则。

（二）均衡原则

在财务活动中，收益与风险的高低成正比，高收益的背后往往蕴藏着高风险。

比如，对于流动资产的管理，如果持有较多现金，当然可以减少企业债务风险，从而提高偿债能力，但从另一方面来看，银行利息低则意味着库存现金丧失了收益价值。

筹资方面，发行债券还是发行股票，利率固定，利息可在成本费用中列支，这些对企业留用利润的影响很少。如果提高自有资金的利润率，企业就要按期还本付息，承担的风险也会随之增大。

无论投资者是受资者，都应当谋求收益与风险相适应。要求的收益越高，风险也就越大。不同的经营者在面对风险问题时，他们的态度是不同的，有人宁求稳妥不愿冒较大的风险；有人则甘愿去冒风险而谋求巨额利润。无论市场状况好坏，无论经营者是求稳还是求利，都应当做出全面分析和权衡，选择对自己最有利的方案。企业的经营者都是为了提高企业经济效益，把握均衡原则利用分散风险的方式来获得均衡，将收益高、风险大的项目与收益低、风险险小的项目搭配起来，使风险与收益相互均衡，这样做既降低了风险，又能获得较高的收益。

五、现代企业财务管理的职能

目前，我国现代企业财务管理的职能主要有以下几种。

1. 决策职能

财务管理对现代企业财务活动的预测、计划和决策等能力。

2. 协调职能

财务管理对现代企业资金的供求具有调节能力，并且对企业资金的使用、消耗具有控制能力。

3. 反馈职能

财务管理具有根据反馈信息进行现代企业财务活动的再管理能力。

4. 监督职能

财务管理具有全程保证现代企业财务活动合法性、合理性的能力。

当然，在上述四种职能之间存在着一种相互作用、相互制约的关系，在现代企业财务管理系统中共存并发挥着重要作用。

第二节 财务管理的目标

财务管理目标既是财务管理理论结构中的基本要素和行为导向，又是财务管理实践中进行财务决策的出发点和归宿。科学地设置财务管理目标，对实现财务管理良性循环和实现企业长远发展具有重大意义。本节对国内外学者在财务管理目标研究方面的成果进行了总结和归纳，在分析财务管理目标的特征及影响企业财务管理目标实现的因素基础上，提出了我国现代企业管理最优化目标的选择。

一、财务管理目标的概述

（一）财务管理目标的概念

财务管理是在一定的整体目标下，关于资产的购置（投资）、资本的融通（筹资）和经营中现金流量（营运资金），以及利润分配的管理。财务管理是企业管理的一个组成部分，它是根据财经法规制度，按照财务管理的原则组织企业财务活动、处理财务关系，以让企业实现价值的最大化为目的的一项综合性经济管理工作。

（二）财务管理目标研究的意义与重要性

我国的社会经济环境在不断地优化，企业管理的观念和技术也在不断变化，对最优财务管理目标的争议从未停止。财务管理的目标对一个企业的发展方向在一定程度上起到了决定性的作用，是企业财务运行的原动力。因此，研究财务目标这一基本问题对于企业的发展有着重大的现实意义。

二、财务管理目标的特征

（一）可计量性和可控制性

财务管理是运用经济价值形式对企业的生产经营活动进行管理，所研究的对象是生产和再生产中运动着的价值。所以，财务管理目标也应该可以用各种计量单位计算，以便控制和考核指标的完成情况。

（二）层次性和统一性

层次性又称为可分解性，要求财务管理目标具有层次性是为了把财务管理目标按其主要影响因素分为不同的具体目标。这样，企业就可以结合内部经济责任制度，按照分级分类管理的原则，把实现财务管理目标的责任落实到财务管理活动的不同环节、企业内部的不同部门、不同管理层次或不同责任中心。所谓统一性，是指企业的财务管理目标应能制约企业的发展、与目标有关的重要矛盾高度统一，将企业的财务管理目标框定在企业管理目标范围内，协调各利益主体之间的关系，通过充分协商达成一致，利用约束机制和激励机制，发挥各利益主体的向心力和凝聚力，展现企业的活力。

三、影响企业财务管理目标实现的因素

（一）外部因素

国民经济的发展规划和体制改革。企业能够正确地预料政府经济政策的导向，对理财决策会大有好处，企业如果认真研究国家对经济的优惠、鼓励和有利倾斜，按照政策行事，就能趋利除弊。

政府监管措施。政府作为社会管理者，其主要职责是为了建立一个规范的、公平的企业理财环境，防止企业财务活动中违规违法行为的发生，以维护社会公众的利益。

（二）内部因素

企业战略目标要求。现代企业财务管理的确定应建立在企业目标的基础上，体现企业的要求。现代企业的目标可概括为生存、发展和获利，三者互为条件、相互依存。

四、我国现代企业财务管理目标的最佳选择

企业财务管理目标（企业理财目标），是财务管理的一个基本理论问题，也是评价企业理财活动是否合理有效的标准。目前，我国企业理财的目标有多种，较有代表性的企业财务管理目标是企业利润最大化、股东权益最大化和企业价值最大化，但是它们各自存在明显的缺点，随着我国经济体制改革的不断深入和推进，企业的财务管理已发生了重大变化。因此，根据当前我国企业财务管理的实际情况，有必要对企业财务管理目标的最佳选择再做探讨。

（一）对三种常见财务管理目标的缺点评述

1. 企业利润最大化目标的缺点

主张把企业利润最大化作为企业财务管理目标的人不少，但是它存在以下十分明显的缺点。

（1）未明确企业赚取利润的最终目的，这与目标应具有的体现社会主义基本经济规律性、统一性和明晰性三个特征不太相符。

（2）未考虑实现利润的时间和资金价值，容易引发经营者不顾企业长远发展而产生短期行为。

（3）未考虑利润产生的风险因素，容易引发经营者不顾风险去追求最大的利润，使企业陷入经营困境或财务困境。

（4）未考虑利润本身的"含金量"，容易误导经营者只顾追求会计利润而忽视现金流量，使企业因现金流量不足而陷入财务困境。

2. 股东权益最大化目标的缺点

其一，股东权益最大化需要通过股票市价最大化来实现。而事实上，影响股价变动的因素不仅包括企业经营业绩，而且包括投资者心理预期及经济政策、政治形势等理财环境，因而带有很大的波动性，易使股东权益最大化失去公正的标准和统一衡量的客观尺度；其二，经理阶层和股东之间在财务目标上往往存在分歧；其三，股东权益最大化对规范企业行为、统一员工认识缺乏应有的号召力。

3. 企业价值最大化目标的缺点

企业价值最大化目标在实际工作中可能导致企业所有者与其他利益主体之间的矛盾。企业是所有者的企业，其财富最终都归其所有者所有，所以企业价值最大化目标直接反映企业所有者的利益，是企业所有者所希望实现的利益目标。这可能与其他利益主体如债权人、经理人员、内部职工、社会公众等所希望的利益目标发生矛盾。现代企业理论认为，企业是多边契约关系的总和，股东、债权人、经理阶层、一般员工等对企业的发展而言缺一不可，各方面都有自身的利益，共同参与构成企业的利益制衡机制。从这方面讲，只强调一方利益，忽视或损害另一方利益是不利于企业长远发展的，而且我国是一个社会主义国家，更加强调职工的实际利益和各项应有的权利，强调社会财富的积累，强调协调各方面的利益，努力实现共同发展和共同富裕。因此，企业价值最大化不符合我国国情。

（二）选择企业财务管理目标的基本原则

1. 利益兼顾原则

企业的利益主体主要有投资人、债权人、经营者、职工、政府和社会公众等。确定企业财务管理的最佳目标，应该全面有效地兼顾这些利益主体的利益，并努力使每个利益主体的利益都能持续不断地达到最大化。

2. 可持续发展原则

企业财务管理的最佳目标应有利于企业的可持续发展。具体地说，企业财务管理的最佳目标应能够克服经营上的短期行为，使各个利益主体的利益都能做到长短结合、有效兼顾，最大限度地保证企业长期、稳定、快速地发展。

3. 计量可控原则

企业财务管理的最佳目标应能被可靠地计量和有效地控制。只有这样，企业财务管理的最佳目标才能具体化、可操作，且能进行考核与评价。否则，企业财务管理的最佳目标就会变得虚化而失去意义。

（三）企业财务管理目标的最佳选择是相关者利益持续最大化

一个企业，从产权关系来说，它是属于投资人的，但从利益关系来说它却是属于各个利益主体的。因此，确定企业财务管理的最佳目标，不能只考虑某一个利益主体的单方面利益，不能只考虑某一时期的利益，要以科学发展观为指导，以人为本，考虑到所有利益主体的共同利益能全面、持续、协调地发展。所以，笔者认为，企业现阶段的财务管理目标的最佳选择是使相关者利益持续最大化。

1. 内涵

相关者利益持续最大化是指企业以科学发展观为指导，采用最佳的财务政策，充分考虑资金的时间价值、风险与报酬的关系，价值与价格的关系，经济利益与社会责任的关系，在保证企业长期稳定发展的基础上，使企业的投资人、债权人、经营者、职工、政府、社会公众乃至供应商和客户的利益都能全面、持续、协调发展，各自的利益不断达到最大化。

2. 优点

相关者利益持续最大化并不是指忽略投资人的利益，而是兼顾包括投资人在内的各方相关者的利益，在使投资人利益持续最大化的同时，也使其他相关者利益持续达到最大化，也就是将企业财富这块"蛋糕"做到最大的同时，保证每个相关者所分到的"蛋糕"最多。

它的显著优点如下。

（1）更强调风险与报酬的均衡，将风险控制在企业可以承担的范围内。

（2）能创造与投资人之间的利益协调关系，努力培养安定性投资人。

（3）它关心本企业经营者和职工的切身利益，营造优美、和谐的工作环境。

（4）不断加强与债权人的联系，凡重大财务决策请债权人参加讨论，培养可靠的资金供应者。

（5）真正关心客户的利益，在新产品的研究和开发上有较高的投入，不断通过推出新产品尽可能地满足顾客的要求，以便保持销售收入的长期、稳定增长。

（6）讲究信誉，注重企业形象塑造与宣传。

（7）关心政府有关政策的变化，努力争取参与政府制定政策的有关活动等。

3. 优势

其优势明显反映在它特别有利于企业处理好以下三类利益关系。

（1）有利于企业协调投资人与经营者之间的矛盾

由于信息不对称，投资人无法对经营者的经营进行全面的监督，即使技术上可行也会因监督成本过大而难以承受。例如,在目前国家这一投资人(大股东)非人格化的条件下,设立监督机构和监督者对国有企业经营者进行监督,可事实证明,这些监督机构和监督者本身又需要再监督,但是谁又能说再监督部门不需要监督呢。所以在目前我国这种政治体制与所有制形式下,单凭监督很难解决投资人与经营者之间的矛盾,只有采用相关者利益持续最大化作为企业的财务管理目标,在利益分配上采用"分享制",使经营者与投资人之间利益一致,充分发挥经营者的积极性,才能使企业资产高效运行。

(2)有利于企业协调投资人与职工之间的关系

过分强调投资人的利益会降低职工的积极性,从而影响企业的生产力,最终影响投资人的利益;过分强调职工的利益,又会造成企业的长期竞争力受损,造成职工大量下岗的后果。只有同时兼顾,才有利于企业的长期、稳定发展。

(3)有利于企业协调投资人与债权人之间的关系

如果以相关者利益持续最大化作为企业的财务目标,让债权人参与企业经营管理,一方面可以降低债权人风险,另一方面可以降低企业的资金成本,提高企业的资产负债比率,使企业充分利用财务杠杆来提高企业的效益。而且,当企业面临财务困难时,债权人不仅不会向企业逼债,反而会追加投资,帮助企业渡过难关,在保护自己利益的同时,也保护了投资人的利益,实现了"双赢"。

五、企业财务管理目标的可持续发展

(一)对各种财务管理目标的初步评价

1. 股东财富最大化不符合我国国情

与利润最大化目标相比,股东财富最大化在一定程度上也能够克服企业在追求利润上的短期行为,目标容易量化,易于考核。但是,股东财富最大化的明显缺陷是:股票价格受多种因素的影响,并非都是公司所能控制的,把不可控因素引入理财目标是不合理的。

2. 企业经济增加值率最大化和企业资本可持续有效增值的科学性值得推敲

这两个财务目标采用具体指标来量化评价标准,虽在实践中易于操作,但其指标科学性尚值得推敲。而且采用单纯的数量指标,不能体现财务管理目标的全面性,不能满足理财目标的系统性、综合性特点,企业相关利益人的利益很难体现出来。

根据可持续发展理论,笔者认为,从企业长远发展来看,以综合效益最大化替代现存的企业财务管理目标具有现实战略意义。所谓"综合效益最大化",是指企业在承担环境保护等社会责任的前提下,通过合理经营,采用最优的财务策略和政策,谋求经济效益和社会效益的最大化。把综合效益最大化作为企业财务管理目标,其实是企业社会责任的深化。

（二）确立现代企业实现可持续发展下财务管理目标应考虑的主要因素

1. 现代企业财务管理目标的确立应建立在企业目标基础上，体现企业目标的要求

现代企业的目标可以概括为生存、发展和获利，三者互为条件、相互依存。财务管理是企业对资金运动及其所体现的财务关系的一种管理，具有价值性和综合性特征。作为财务管理出发点和最终归宿的管理目标，应该从价值形态方面体现资金时间价值、风险与收益均衡等观念，反映企业偿债能力、资产营运能力和盈利能力的协调统一，才符合企业目标的要求，从而保证企业目标的顺利实现。

2. 现代企业财务管理目标既要体现企业多边契约关系的特征，又要突出主要方面

企业所有者投入企业的资金时间最长，承担的风险最大，理应享有最多权益。财务管理目标在体现企业各成员的利益，使其得到保障的同时，应该突出企业所有者的利益。

3. 现代企业财务管理目标应符合市场经济发展的规律，体现一定的社会责任

财务管理目标应适应市场经济规律的这一要求，引导资源流向风险低、收益率高的企业。此外，现代企业作为一种社会存在，其生存发展还要靠社会的支持，因此，财务管理目标应体现一定的社会责任和社会利益，树立良好的企业信誉和社会形象，为企业生存创造一个良好的环境，为谋求长远的发展奠定坚实基础。

（三）现代企业财务管理目标及其优越性

综合考虑上述因素，现代企业科学合理的财务管理目标应该确立为：在履行一定社会责任的基础上，尽可能提高企业权益资本增值率，实现所有者权益价值最大化。这里的所有者权益价值是指所有者权益的市场价值或评估价值，而不是账面价值。以这一目标作为现代企业财务管理目标，具有以下优越性。

1. 既充分体现了所有者的权益，又有利于保障债权人、经营者和职工等的利益

企业所有者投入企业的资本是长期的、不能随意抽走的，所有者履行的义务最多，承担的风险最大，理应享有最多的权利和报酬。企业债权人通常与企业签订一系列限制性条款来约束企业的财务活动，以保障获得固定的利息和承担有限的风险，所有者权益价值最大化只有在债权人利益得到保障的基础上才可能实现。企业经营者的利益与所有者权益是息息相关的，经营者若要得到丰厚的报酬和长期的聘用，就必须致力于实现所有者权益价值最大化，以博得企业所有者的信任与支持。企业职工的利益同样与所有者权益相关联，如果企业经营不善，所有者权益价值最大化无法实现，职工的收入福利就会受到影响。

2. 包含资金时间价值和风险价值，适应企业生存发展的需要

企业权益资本是所有者的长期投资，短期暂时的权益资本增值最大并不是所有者所期望的。实现所有者权益价值最大化，要求权益资本增值长期最大化，需要考虑未来不

同时间取得的等额投资收益因时间先后而导致的不同现值,体现预期投资的时间价值,并在考虑资金时间价值的基础上,注重企业长远利益的增加。实现所有者权益价值最大化,不仅要考虑眼前的获利能力,更要着眼于未来潜在的获利能力,既要规避风险,又要从中获取收益,实现风险与收益的均衡,从而取得竞争优势,满足企业不断生存发展的需要。

综上所述,只有把投资人、债权人、经营者、政府和社会公众的利益最大化,才能最大限度地促进企业的可持续发展。企业应以综合效益最大化作为现代财务管理的最优目标,并在财务管理活动中努力兼顾、协调和平衡各方的利益,使投资人、债权人、经营者、政府和社会公众都能从公司的经营活动中获得各自最大的利益,才能最大限度地促进企业的可持续发展。

第三节 财务管理在企业管理中的地位与作用

财务管理指的是企业在管理过程中对企业资产进行管理的管理形式,其主要内容包括企业的投资、融资和对流动资金的管理和利润的分配等。从财务管理的概念中我们可以发现,财务管理贯穿企业管理始终,是企业管理模式中不可或缺的部分。因此,要促进企业的长远发展必须要求企业管理人员重视财务管理,做好财务管理工作。然而,我国企业财务管理的实际情况却是:部分企业领导人员忽视了财务管理在整个企业管理中的重要地位和作用,使得企业财务管理无法正确发挥其效用。因此,目前我国企业的当务之急是重新认识财务管理在企业管理中的重要作用和地位,并积极发挥其有效作用。

一、财务管理在我国企业管理中的地位

(一)符合现代化企业制度的要求

我国现代化企业制度要求企业要做到"产权清晰""科学管理"和"权责明确"。这三点实质上与企业的财务管理有着紧密联系,要符合现代化企业管理制度需要领导者充分重视财务管理的重要性。首先,就"产权清晰"而言,其指的是企业要清晰和明确相关的产权关系。在企业管理中,要清晰地处理产权关系需要企业的财务管理部门能够定期对企业的负债情况进行登记、调查和分析,要切实明确负债资金的数目、重新估计资产的价值、对资产的所有权进行重新界定。其次,就"科学管理"而言,其要求企业在管理过程中要做到科学、合理。企业的管理内容较为丰富,包括对设备的管理、对人力资源的管理以及对生产经营的管理,当然也包括对资产财务的管理以及对技术的管理。只有当企业能以科学的方式对各个方面进行合理管理,处理好各部门之间的管理,才能算是科学管理。而在这些管理内容当中,财务管理与其他管理部门均保持着紧密的联系,

企业的任何一项资产出入、生产和经营活动均需要通过财务管理反映出来，以便促进企业来年更好的发展。最后，就"权责明确"而言，其要求企业要分清楚企业法人和企业股东之间产权的明确分界。这就要求企业财务管理部门必须对企业资产的经营权以及法人和股东之间的产权关系进行有效管理。

（二）财务管理是企业管理的核心内容

财务管理贯穿企业管理的始终，企业的主要目的是通过生产和经营活动来获取最高的商业利润。企业的活动包括生产、投资、融资或是资金的流动性管理等均属于资产的流动情况，最终均将反映在财务管理中。财务管理通过对企业一段时间或者一年的资产出入信息进行收集、整合和处理，能够反映企业的收支相对情况，分析了企业的盈利状况，并且能够通过分析指出企业财务管理中的问题。通过财务管理的财务分析，企业领导人员可以对下一阶段的经营和决策进行适当调整，以寻求更高效的经济效益。从这方面来看，财务管理不仅贯穿企业管理的始终，而且具有其他管理部门无法取代的重要作用。

（三）财务管理与企业各种管理关系联系密切

财务管理在企业管理中的核心地位要求其与企业其他管理部门必须具有密切的联系，也要求其他管理部门必须依靠财务管理部门的参与才能有效运转。首先，这是因为企业的生产和经营活动均需要依靠资产，例如，企业在进行融资和投资时必须依靠企业的财务管理；其次，为了获取最大的经济效益，企业在制定投资或者生产经营活动时必须做好相关的投资计划，而投资计划的进行、生产成本的控制则需要企业结合财务管理的财务报告进行综合分析；再次，财务管理会对企业的资产进行综合管理，其中包括对企业资金进行预算管理和结算管理，通过财务管理的相关信息整合，企业领导才能够切实保证企业的盈利，从而促进企业更好地发展；最后，财务管理对企业管理中消耗的资金进行数据统计和分析后能够较好地指导企业进行投资再生产，达到扩大再生产、提高经济效益的作用。

二、财务管理对企业管理所发挥的作用

（一）优化管理经营理念，将财务管理的作用充分发挥出来

企业的经营管理活动最终目的是保证经济效益的最大化，增加企业的资产。市场经济条件下想要保证最高的经济效益，首先要做好的就是财务管理工作，从管理水平和管理效果两方面进行提升，将财务管理的作用充分发挥出来，保证企业顺利发展。如今市场环境和市场需求都是变幻莫测的，更加激烈的市场竞争使得企业的管理层要对自身的经营管理理念进行转变和优化，从企业的实际情况出发调整或者调整管理方式，提高管理水平。财务管理的过程中管理层的领导要适当地对企业资源进行调整，用于国内外市场的开发，并且从市场发展环境出发找寻适当的投资机会获得更大的盈利，并且将财务

管理在风险的预防和控制作用发挥出来,实现企业资金最大化以及最合理地使用。例如,这个时期投资房地产会获得较大的收益,那么企业可以将闲置的资金投资在房地产项目上,在投资前首先要评估企业投资房地产计划存在的风险,保证企业资金得到有效、有利的运用。企业管理层要伴随着企业发展的步伐对自身的管理理念进行更新换代,将新的管理理念积极引进来并组织学习,在应用先进管理理念的时候要注意与企业的实际发展情况相契合,真正将企业管理水平提升上来,也就最优地发挥了财务管理的作用。

(二)构建更为合理的企业财务管理机制

企业的发展和经营活动离不开财务管理机制的帮助,因此不仅要构建财务管理机制,还要保证其完善程度,这样才能提高财务管理工作的效率和效果,最大化地实现经济效益的提升。例如,企业可以通过财务管理来实现内部的成本控制,降低各项费用支出,从而降低经营成本,这样一来企业可以使用最少的经营成本获得最好的经济效益。企业管理层可以制定具体的激励制度对员工进行激励,这样不仅可以使员工更加积极地投入工作中,还能利用他们的主观能动性为公司带来利益。通常来说,管理者会使用财务激励制度,也就是使用金钱或者股权来激励员工,这种财务激励机制是最直接的激励方法,效果也是非常不错的,员工工作的积极性得到了有效的调动。

(三)提升企业财务管理人员的专业技能

财会工作是企业财务管理工作中的一项重要内容,为保证财会工作人员良好地完成财会工作,制定科学合理的财会管理措施,才能保证企业顺利发展。财务管理工作在企业的进步和发展过程中也要有所前进,财会工作人员在负责和执行财务管理工作的时候也需要通过不断地工作实践来提升专业能力,与财务管理工作的要求相适应,并且符合市场环境的要求和发展。例如,一个企业会选择一定时间专门培训其财会人员,这样不仅可以获得更高的企业财务会计工作效率,企业的经济效益也因此得到提升。同时财务部门负责财会工作的人员也要有不断学习的意识,在闲暇时间有意识地进行专业知识的学习,与新的制度变化相适应,这样如果企业制定了全新的财会制度也可以快速适应,顺利且正确地做好企业的财务管理工作,保证自身工作的效率和效果。企业对于员工的培训非常重视,员工也能够积极主动地进行学习,那么专业技能和综合素质自然能得到很大提升,企业财务管理人员整体水平提升上来了,企业自然会获得更好的经济和社会两方面的效益。

三、企业在财务管理中需要注意的重要事项

(一)明确财务管理的作用和地位

要切实发挥财务管理在企业管理中的作用需要企业领导和管理人员能够明确财务管理的重要作用和在企业管理中的重要地位。总结来说,财务管理在企业管理的作用表现

为对资金的控制和管理作用，对企业生产和经营活动的预测和规划作用，对企业财政的监督作用以及对企业资本运行的实行作用。只有当企业领导和管理人员能够明确了解财务管理在企业管理中的重要作用，企业才能加强对财务管理的重视，制定有效的财务管理制度，切实发挥财务管理的作用。

（二）采取有效措施切实发挥财务管理的作用

第一，要切实发挥财务管理的有效作用不仅需要企业领导和管理人员加强对财务管理的重视程度，而且需要企业领导注重财务管理部门和其他管理部门的联系，使各部门相互协调发展。我国部分企业在财务管理过程中容易出现这样的错误观念，即企业领导和管理过于看重对资金的管理，默认为财务管理实际上就是对资金的管理，财务管理部门只需要做好与资金相关的管理工作即可。实际上，企业财务管理不仅是对资产的管理，还是对人际关系的管理。只有当财务管理部门工作人员与其他部门工作人员的关系密切，才能方便财务管理部门人员及时了解最新的财务信息，做好财务报告，为企业的经营和发展提供更加真实有效的财务信息。因此，企业在做好财务管理工作的同时还需要加强财务管理部门和其他管理部门之间的联系。

第二，建立完善的管理制度。要切实发挥企业财务管理的作用还需要企业根据实际情况建立完善的管理机制。财务管理体制的建立需要企业明确企业财务关系、确定企业的财务管理目标，并协调各管理部门的相互关系，规定好财务管理部门工作人员的工作流程等。科学、完善的财务管理制度必须能够适应本企业的现实发展状况，并能切实促进管理部门工作的开展。

第三，提高企业领导人员的风险管理意识。企业在生产和经营活动中有可能遇到各种生产和经营风险。随着社会经济的不断发展，市场经济形势变化多端。要降低企业的经营风险和财务风险，保证和提高企业的经济效益必须要求企业做好生产经营预算管理工作，并建立资产和生产经营风险预警机制。因此，企业领导和管理人员在管理过程中必须强化风险管理意识，树立风险观念，在进行经营决策前要高度重视预算管理和风险管理工作，并提前制订风险防御方案，减少企业的经济损失。

第四，重视提高财务会计人员的专业素质。财务管理作用的有效发挥不仅需要加强企业领导的重视程度，而且需要提高财务会计人员的专业素质。财务会计人员需要具备的专业素质如下：财务会计人员必须有丰富的工作经验，对财务会计相关知识包括法律、税务知识有一定的了解和掌握；财务会计管理人员需要掌握更多现代化管理理念和方式方法，同时，管理人员还需要在实践过程中不断加强自我素质的提高，增强自身的协调能力、对突发事件的应变能力和对重大事件的组织管理能力；无论是财务会计工作人员还是财务会计管理人员，员工的基本职业道德素质要得到一定的保证和提高，使人员能够切实做到爱岗敬业。因此，为了达到这些人才素质管理标准，企业需要投入大量的时间和精力对财务管理部门人员进行分类培训。此外，为了提高财务管理工作人员的工作积极性和效率性，企业还需要加强对财务管理部门工作人员的管理。建立有效的绩效考核制度和工作问责制度，将财务管理部门工作人员的工作质量和绩效奖金等联系在一起，对工作表现较好的员工进行资金表扬，对表现略差的员工进行相应的惩罚，可以较好地鼓励工作人员提高工作质量和效率，促进企业更好地发展。

综上所述，财务管理符合现代化企业制度的要求，是企业管理的核心内容，且与企业各种管理关系联系密切，加强对企业财务管理的重视程度可以有效促进企业经济效益的提高、对资金进行全面的预算和结算管理，且能够建立有效的运行机制，降低企业经营风险。但是，企业在财务管理的实践中需要明确财务管理的作用和地位，切实发挥财务管理的有效作用，更要注重财务管理部门和其他管理部门的联系，使各部门相互协调发展。同时，要求企业建立完善的管理制度，提高企业领导人员的风险管理意识并重视提高财务会计人员的专业素质。

第四节　企业财务管理模式

现代企业制度的建立以及一些通过资产重组、行业联合、跨行业兼并而形成的大型企业的出现，对企业的财务管理模式提出了新的要求。为了加快企业的发展，实现企业的科学化，企业必须结合具体国情以及企业的运营环境，建立科学的企业财务管理模式。

一、企业财务管理模式的类型

企业财务管理模式指的是企业母子公司各种权利、政策、制度及管理方式和手段的组合，其实质是母子公司各种权利、责任和关系的分配。最终采取何种模式，要根据企业自身的具体情况来定。目前，我国企业财务管理的模式主要可以划分为以下三类：集权型财务管理模式、分权型财务管理模式和相融型财务管理模式。

（一）集权型财务管理模式

集权型财务管理模式是指企业中母公司的相关财务管理部门对子公司的所有管理决策都进行统一管理，子公司自身没有财务决策权。在这种模式下，母公司垄断了企业的财务管理权限，不给子公司任何财务方面的决策空间，子公司只负责对母公司统一规划的具体内容进行实施。作为一种较为极端的财务管理模式，集权型财务管理模式在企业组建的初期表现出较强的优越性，因为它既有利于宏观调控和整体战略方案的实施，也有利于提高企业财务的即时控制力，便于母公司掌握子公司的财务信息。但是，在这种财务管理模式下，企业没有给予子公司任何财务权限，这极大地降低了子公司生产运作的积极性。同时，由于掌握财务决策权的母公司的最高决策层不在经营现场，其为子公司做出的财务决策极有可能由于掌握的信息质量不高而失之偏颇，带来决策的低效率，从而影响子公司的产出效率。特别是当企业规模逐渐扩大后，母公司的财务管理部门如果仍然把精力过多放在子公司日常财务活动的管理上，反而会顾此失彼，不利于企业整体财务战略的长远规划和发展。

（二）分权型财务管理模式

分权型财务管理模式是指母公司仅保留对子公司重大财务事项的决策权或审批权，而将除此之外的日常财务决策权与管理权下放到子公司。在这种财务管理模式下，母公司对财务控制的权利相对降低。相应地，子公司在日常经营活动中获得了更多的财务决策权，这不仅有利于处在市场第一线的子公司根据市场环境的变化及时调整经营策略，而且有利于合理分工，在减轻母公司烦琐的管理任务压力的同时较好地调动了子公司的主观能动性。但是，值得注意的是，如果母公司对子公司的权力下放没有把握好"度"的话，就容易出现企业内部成员"各自为政"的现象，削弱核心企业的统筹功能。特别是，若各个子公司都出于维护自身利益的需要干预企业的整体决策，势必会牵制企业的决策效率，影响整体利益。因此，分权型财务管理模式的实行必须辅以一套完整的、切实可行的财务管理制度和财务审计制度，以对子公司的行为进行约束。

（三）相融型财务管理模式

相融型财务管理模式有效地克服了集权和分权财务管理模式的极端性，属于一种比较中庸的财务管理模式。这种模式的实质就是集权下的分权，母公司对子公司经营活动中的所有重大问题拥有绝对的决策权，而子公司拥有日常经济活动的相关决策权。相融型财务管理模式可以充分发挥集权型和分权型财务管理模式各自的优势，既可以提高母公司对子公司的财务管理力度，又可以调动子公司的积极性和创造性。我国母子公司在财务控制模式上大多采用以集权为主、分权为辅的相融型财务管理模式。为了防止母公司过度放权引起子公司"各自为政"的情况，企业实行财务人员、资金、预算的集中管理，而计算机网络化技术的日益发达、现代银行相关服务的发展也为这种模式的实施提供了现实的可能性。总之，采用这种模式的关键是把握好集权与分权的程度，既不能只为了追求母公司的整体统筹能力而造成过度集权，也不能为了强调子公司的自主经营权而造成整个企业"集而不团"。

二、三种财务管理模式利弊的比较分析

（一）集权型财务管理模式的利弊

集权型财务管理模式是指母公司对子公司的筹资、投资、利润分配等财务事项拥有绝对的决策权，对子公司的财务数据也统一设置、核算，母公司以直接管理的方式控制子公司的经营活动，各子公司的财务部门自身无自主权。母公司财务部门成为企业财务的"总管"，子公司在财务上被设定为母公司的二级法人。总的来说，母公司拥有所有

子公司重大财务决策事项的直接决策权、财务机构的设置权与财务经理人员的任免权。

1. 集权型财务管理模式的优点

首先，企业可以集中资金完成战略性目标，使全部资金在子公司之间能得到优化、合理的资源配置，达到重点资金应用于重点子公司的目的，加强各子公司之间的合作意识，使企业具有强大的向心力和凝聚力，确保企业战略性目标的实现。其次，企业可以凭借其优质的资产和良好的信誉，进行有效的融资。多种融资渠道拓宽了企业的融资选择，保证融资资源足够优质。企业为具备一定条件的子公司提供融资担保，广泛、大量地筹集所需资金，保证整个企业资金的顺畅，有助于实现企业战略性目标。最后，企业在税务上，实行统一核算和统一纳税，集中缴纳所得税，各子公司不用自负盈亏，将亏损子公司与盈利子公司有机结合在一起，增强了整体实力。

2. 集权型财务管理模式的缺陷

第一，企业决策信息不灵通，容易造成效率低下。第二，决策的灵活性较差，难以应付复杂多变的环境。决策集中且效率降低，容易延误经营的商机。第三，企业制约了子公司理财的积极性、经营的自主性和创造性，导致企业缺乏活力。第四，集权型财务管理模式不利于现代公司制度的建立，不能规范产权管理行为。第五，企业业绩评价体系无法完善，很难对子公司进行合理的业绩评价。

（二）分权型财务管理模式的利弊

分权型财务管理模式是指母公司与子公司之间达成分权协议，重大财务决策权归母公司，按重要性原则对控股公司与子公司的财务控制、管理、决策权进行适当划分；对于战术性问题，由各成员公司自行运作管理，控股公司给予宏观指导；对于方向性、战略性问题，母公司必须集中精力搞好市场调研，制订规划，把握发展方向，拥有对子公司的重大财务事项的决策权。

1. 分权型财务管理模式的优点

分权型财务管理模式和集权型财务管理模式是相对的两种模式，前者就是由于集权型财务管理模式的缺陷而产生的。分权型财务管理模式有下列几个优点：第一，该模式能够提高子公司对市场变化的反应速度，增强子公司的灵活性；第二，企业让子公司自行融资，有利于培养子公司的理财能力和风险意识，使之更加谨慎地使用资金、重视资金；第三，子公司充分发挥主观能动性，增强决策的灵活性，使之能够做到紧盯市场，抓住商机，进而可以创造更多的利润。

2. 分权型财务管理模式的缺点

首先，企业的财务权力受到子公司经营自主权的影响，减弱了企业资金优化和资源配置的能力。其次，分权型财务管理模式可能会导致分权过度，使整个生产经营出现矛盾和不协调，导致资源重复浪费，减弱企业的竞争力和向心力，不利于企业战略性目标的实现。再次，当企业给予子公司足够的权力，子公司往往会"各为其主"，财务管理活动脱离企业初始目标，不规范地使用资金，增大资金的使用数量，削弱资金的利用效率，使企业出现"一盘散沙"的局面。最后，分权使子公司野心膨胀，假如企业监督不力，子公司会出现私自建立"小金库"的现象。

（三）相融型财务管理模式的利弊

集权型财务管理模式和分权型财务管理模式的不足促使一种新的财务管理模式——相融型财务管理模式出现。这种财务管理模式是一种集权与分权相组合的模式，同时强调两种模式的优点，又同时尽力克服两种模式的不足。强力控制是这种财务管理模式的要点，它不同于集权模式，并不追求过程管理，而是追求控制点的管理，通过严密的逐级申报、审批制度，发挥企业各级人员的主观能动性，鼓励所有的下属公司参与市场竞争的环节，增强企业的活力和竞争力。

1. 相融型财务管理模式的优点

混合式财务管理模式是集权型财务管理模式和分权型财务管理模式优点相结合的典范。企业通过统一指挥、统一安排、统一目标，降低行政管理成本；有利于内部所有公司发挥主观能动性，降低企业集体风险与企业资金成本，提高资金使用效率，增强内部子公司的积极性、向心力、凝聚力和抗风险能力，使决策更加合理化，最终达到努力实现战略性目标的目的。

2. 相融型财务管理模式的缺点

由于不同子公司有各自的经营特点，对整体利益的影响大小各异，因此企业应有针对性地选择集权或者分权模式，对其财务管理的集权或分权程度必须加以衡量。所以，相融型财务管理模式也存在着一些问题。一是该模式名义上是集权与分权结合，实质上还是集权型财务管理，因此，不利于发挥子公司的积极性、主动性与创造性。不当的制度和策略，容易使集权型财务管理和分权型财务管理相结合的制度名存实亡，并容易导致内部分化、瓦解，最终解散。二是如果在实际操作中，各成员公司互相推诿、无人监管，将直接导致工作效率下降。

内部关系和管理特征，决定了必须使用分权型财务管理模式。但为了保证公司的规模效益，增强风险防范意识，我们又必须重视集权型财务管理模式。把握企业特点，做出正确的决策和选择，是每个企业的财务管理难题。选择适合的财务管理模式，更是每个公司决策的重中之重。企业选择何种财务管理体制，要具体结合很多因素：企业母子公司之间的资本情况、具体的业务往来、资源配置情况和母子公司联系密切程度等。综上所述，企业在选择自身的财务管理模式时，不要去考虑其集权与分权的具体程度，而是要找到一个适合自己，能够促使自身极大发展的模式。

三、影响企业财务管理模式选择的因素

目前为我国企业所采用的集权型、分权型及相融型财务管理模式都有其优缺点，不存在完美无缺的财务管理模式。并且，由于企业所处的市场环境变化莫测，企业选择的财务管理模式也不可能是固定不变的。因此，企业应该充分了解自身情况及所处的市场环境，并据此选择一种适合的财务管理模式。为了选取适合的财务管理模式，我们有必要对财务管理模式的影响因素加以研究。笔者通过对学术界的研究成果的学习、借鉴以及对企业财务管理模式选择经验的总结，选取了以下六种影响因素进行探讨。

（一）财务管理目标对财务管理模式选择的影响

企业的财务管理目标可以简单地分为追求母公司的利益最大化与追求子公司的利益最大化。如果企业将财务管理目标定位为追求母公司利益最大化，那么企业将更倾向于选择集权型财务管理模式；相反，追求子公司利益最大化的企业就会优先考虑子公司的利益，倾向于将权力由总部下放到各个子公司，从而选择分权型财务管理模式。

（二）整体发展战略对财务管理模式选择的影响

企业的发展战略是企业的总设计和总规划。一般来说，企业的整体战略按照性质的不同可分为发展型、稳定型和收缩型。在扩张发展的阶段，企业需要积极鼓励子公司开拓市场，形成新的经济和利润增长点，这时核心领导层应更注重权力的下放。在企业稳定发展阶段，为了避免企业规模的盲目扩张，企业的核心管理层可以从严控制投融资权力的下放，而对于其他权力如生产资金运营权力可以下放给子公司。在收缩型战略的指导下，企业一般会严格地控制资金的使用权，并强调企业内部的高度集权，甚至减少或免除子公司的财务决策权。因此，我们可以看出，企业的整体发展战略会直接影响财务管理模式的选择。

（三）发展阶段对财务管理模式选择的影响

企业在不同的发展阶段呈现不同的经营特征，因此，应采用不同的财务管理模式与之相适应。一般而言，企业发展之初组织结构简单、资金活动量较少、业务活动单一，适合采用集权型财务管理模式。因为这种财务管理模式既便于宏观调控和整体战略方案的实施，能够较好地发挥统一决策和资源整合的优势，又有利于提高母公司对子公司的财务控制力，防范经营风险。但是，随着业务的拓展及规模的逐渐扩大，企业由初创期进入成长期，集权型财务管理模式的弊端日益显露。由于在该模式下，子公司没有任何财务权限，这必然会挫伤其经营的积极性和主动性。同时，业务的扩大使得母公司需要处理的事情更为繁杂，过于关注子公司的财务状况势必会分散精力，影响母公司宏观统筹能力的发挥。加之，母公司不处于经营活动的"第一现场"，使其不能及时、全面地掌握子公司的经营情况，从而影响其决策的及时性与有效性。为了克服集权型财务管理模式的弊端，企业的核心管理层开始逐渐放权，只保留对子公司重大问题的决策权与审批

权。在相融型财务管理模式下，子公司拥有一定的财务决策权，处在经营活动"第一现场"的子公司可以根据瞬息万变的市场情况及时地做出战略调整，抓住盈利的机会，在竞争激烈的市场中更好地立足。因此，当企业进入成长期，一般会选择相融型财务管理模式。随着企业由成长期转入成熟期，内部的会计制度、监督机制已经相当健全，这时企业就会给予子公司更多财务自由，采用分权型财务管理模式。但是，为了避免过度放权情况的出现，母公司的高层管理者又会在经营过程中逐渐收权，以此来保证自身的统筹地位。

（四）成员企业与母公司之间的关系对财务管理模式选择的影响

根据产权关系的紧密程度不同，企业内部母公司与分、子公司之间的关系有亲疏之别。对于全资分、子公司，企业总部控制其所有的经营、投资、财务决策权，这种情况下总部与分、子公司之间适合采用完全集权型的财务管理模式。对于全部或大部分股权被母公司控制的分、子公司，由于它们只拥有一部分或少量日常经营活动的决策权，这种情况下总部与分、子公司之间就适合采用偏集权的相融型财务管理模式。对于母公司只持有一部分股份且不构成控股的分、子公司，母公司只有参与决策的权利，这种情况下总部与分、子公司之间就适合采用偏分权的相融型财务管理模式。对于财务决策上完全不受母公司控制的分、子公司，则比较适合采用完全分权的财务管理模式。

（五）母公司规模及实力对财务管理模式选择的影响

实力弱、规模小的母公司因总部缺乏足够的资金来源和管理人员，对资源的整合能力弱，往往较多地把决策权交给子公司管理层，实行分权型财务管理模式。实力强、规模较大的母公司，因为拥有较强的经济实力、较多的管理人员和先进的信息化手段，可以实行集权型管理，通过系统的财务管理体系，控制分子公司的财务和经营活动。

（六）母公司文化、管理风格对财务管理模式选择的影响

企业在选择管理模式时，在相当程度上会受到母公司文化和管理风格的影响。企业文化意味着公司的价值观，是在企业长期经营活动中形成的，由企业全体员工共同遵守的经营宗旨和行为规范。如果一个企业的文化趋于保守、自我，则适合选择集权型的财务管理模式；如果一个企业的文化趋向于开放、民主，则适合选择分权型或相融型的财务管理模式。另外，如果公司文化统一，员工的价值观和行为规范具有较多共性，会有利于实施集中管理；如果公司未形成统一的企业文化，集权管理的效率则会大大降低。

第五节　企业财务管理体系的构建

随着我国社会主义市场经济的发展，国企改革逐步深入，现代企业制度开始在我国

建立和完善起来。建立现代企业制度是发展社会化大生产和市场经济的必然要求，并已成为我国国有企业改革的方向。构建现代企业制度，要把财务管理作为企业管理的中心。这就要转变管理观念，正确认识财务管理在市场机制下的作用，改变"财务就是记账"的错误认识；要积极借鉴西方财务管理理论，探索适应当前市场经济不发达条件下财务管理的方法和机制，盘活国有企业存量资产，实现国有资产的优化配置；要全面高效地建立以财务预算为前提，以资金管理和成本管理为重点，把企业价值最大化作为理财目标并渗透到企业生产经营全过程的财务管理机制。

一、企业财务管理体系的必要性

从当前的情况来看，我国企业财务管理的弱点主要是体系不健全，绝大多数企业仍在沿用传统的方式方法，以记账、算账、报账为主，甚至财务报表说明都不够真实和准确，不能适应市场经济的发展和要求。由于企业财务管理体系的不健全，不能为决策层科学、真实、准确、及时地反映企业财务的现实状况及未来发展趋势，致使一些企业由辉煌到倒闭，尤其有些企业的破产纯粹是忽视了财务管理体系或其财务管理体系未起到相应作用造成的。

二、企业财务管理体系的主要内容

（一）科学的财务管理方法

现代企业的财务管理体系，应根据企业的实际情况和市场需要确立，包括企业财务预算管理体系、财务控制体系、监督检查体系、风险管理体系及投资决策等内容。企业的各种管理方法应相互结合、互为补充，共同为实现企业的财务管理战略服务。

（二）明确的市场需求预测

企业财务管理是企业管理工作的一部分，企业的整体管理战略是围绕市场进行的，企业财务管理的目标也是通过市场运作来实现的。企业财务管理体系必须准确预测千变万化的市场需求，使企业能够实现长远发展。

（三）准确的会计核算资料

企业的财务管理工作业绩是通过企业会计数据及资料体现的。会计数据及资料是企业财务决策的基础依据，也是企业所有者、债权人、管理者等企业信息使用者做出相关决策的依据。因此，企业会计资料所反映的内容必须真实、完整、准确。

（四）完备的社会诚信机制

市场经济的竞争越来越激烈，企业财务管理工作的好坏直接影响企业的竞争力。企业在竞争中要想立于不败之地，企业具体的操作者和执行者在进行财务管理的过程中，必须要严守惯例和规则，重视产品质量和企业信誉，增强企业竞争能力。因此，企业在建立财务管理体系的过程中，要重视产品质量体系、政策法规执行体系等内容。

三、建立财务管理体系要注意的问题

（一）财务管理体系要围绕市场管理进行

财务管理是对企业资金及经营活动进行管理。企业资金是在市场中消耗的，也是在市场中循环后增值并回收的。企业资金投入市场后，只有被市场认可，才可以增值回收，实现资本增值回笼的目的。因此，市场是资本的消耗主体，更是资本的回笼和增值主体。有了市场，资本才能有效运行，财务管理活动才能开展起来，才能实现企业价值。

（二）财务管理体系要重视资本市场和产品市场

企业的财务管理是通过对企业资本运作进行规划管理，来为企业产品市场做大、做强提供保障。在企业财务管理过程中，资本市场和产品市场是有机连在一起的，不能将二者分割开来。传统的财务管理仅限于企业日常的资金管理，忽视产品市场的管理，将导致财务管理工作与企业发展战略不合拍，在企业的战略发展中不能发挥财务管理工作的作用。现代企业财务管理要将资本管理与市场管理紧密相连，在企业战略管理中发挥其宏观调控职能。

（三）市场决定资本运动的方向

企业经营离不开资本，资本是企业的血液。企业经营的每一个方面、每一个环节都包含了资本的运作过程。企业市场规模的大小决定了企业资本需求量的大小。根据充分满足和效益管理原则，企业的资本应能充分满足企业现有生产经营规模和市场扩张的需要，保证企业的正常经营。企业的市场管理战略决定了其财务管理战略。企业不同时期的市场竞争战略要求财务管理只能配合实施，不能造成过大的资本缺口。同时，以市场为中心的管理机构设置模式，决定了企业财务管理人员的岗位设置和各岗位之间的衔接关系。从企业物流的管理到日常支出控制，财务管理的每个岗位和环节均应为企业对应的管理中心服务。

四、建立财务管理体系必须遵循的基本原则

（一）货币时间价值原则

财务管理最基本的原则之一就是货币时间价值原则。在企业的资本运营管理中，货币的时间价值是用机会成本来表示的。运用货币时间价值观念，企业项目投资的成本和收益都要以现值的方式表示出来，如果收益现值大于成本现值，则项目可行；反之，则项目不可行。企业在进行投资管理时，一定要运用财务管理的时间价值原则对项目进行分析论证，保证企业投资收益，降低企业投资风险。

（二）系统性原则

企业财务管理体系是由一系列相互联系、相互依存、相互作用的元素为实现某种目的而组成的具有一定功能的复杂统一体，其显著特征就是具有整体性。财务管理是由筹集活动、投资活动和分配活动等相互联系又各自独立的部分组成的有机整体，具有系统的性质。企业在构建财务管理体系时，必须树立系统整体观念，把财务管理系统作为企业管理系统的一部分，共同服务于企业管理乃至社会经济。必须树立整体最优观念，各财务管理子系统必须围绕整个企业的财务目标开展工作，不能各自为政。必须坚持整体可行原则，以保证系统的有效运行。

（三）资金合理配置原则

企业在进行财务管理时，必须合理配置企业资金，做到现金收入与现金支出在数量上、时间上达到动态平衡，实现资源优化配置。企业常用的控制资金平衡的方法是现金预算控制。企业根据筹资计划、投资计划、分配计划等经营计划，编制未来一定时期的现金预算，来合理控制企业资金需求，规避资金风险。同时，企业在进行资本结构决策、投资组合决策、存货管理决策、收益分配比例决策等管理决策时，也必须坚持资金合理配置原则。

（四）成本、收益、风险权衡原则

成本是企业在生产经营过程中发生的各种耗费。企业在进行财务管理决策时，首先要考虑的问题就是如何在成本较低的情况下获取最大的财务收益。风险是现代企业财务管理环境的一个重要特征，企业财务管理的每一个环节都不可避免地要面对风险。在财务管理过程中，企业的每项财务决策都面临着成本、收益、风险问题，因为三者之间是相互联系、相互制约的关系。因此，企业的财务方案必须是在能够接受的风险范围内，以较低的成本获取较高的收益为原则。财务管理人员必须牢固树立成本、收益、风险三位一体的观念，以指导各项具体财务管理活动。

（五）利益关系协调原则

企业在进行财务活动过程中，一定要协调好与国家、投资者、债权者、经营者、职工等之间的经济利益关系，维护有关各方的合法权益。从这个角度分析，财务管理过程也是一个协调各种利益关系的过程。利益关系协调成功与否，直接关系到财务管理目标的实现程度。企业要运用国家法律规范、企业规章制度、合同、价格、股利、利息、奖金、罚款等经济手段，协调与相关人员的关系。因此，企业要想处理好各项经济利益关系，必须依法进行财务管理，保障各方的合法权益。

五、企业现代财务管理体系的构建

（一）积极借鉴西方财务管理理论，建立有中国特色的企业财务管理体系

西方财务管理理论经过多年的发展和完善，已形成了以财务管理目标为核心的现代财务管理理论体系和以筹资、投资、资金运营和分配为主的财务管理方法体系。我国的国有大中型企业的现状，决定了我们不能照搬套用西方做法，而应积极探索适应当前市场经济条件的财务管理内容和方法，吸收利用西方财务管理理论中的先进成分，建立起有中国特色的企业财务管理理论体系。

（二）建立财务预测系统，强化预算管理

预算管理是当今信息社会对财务管理的客观要求。目前许多国有企业掌握信息滞后、信息反馈能力较弱，使得财务管理工作显得被动落后。要改变这种状况，就应在预算上下功夫，根据企业特点和市场信息，超前提出财务预算，有步骤、有计划地实施财务决策，使财务管理从目前的被动应付和机械算账转变为超前控制和科学理财，编制出一套包括预计资产负债表、损益表和现金流量表在内的预算体系。由此要高度重视以下几项工作。

1. 搞好财务信息的收集和分析工作，增强财务预警能力。企业应注重市场信息的收集和反馈，并根据市场信息的变化安排企业工作，尽可能做到早发现问题，及时处理。

2. 做好证券市场价格变化和企业现金流量变化预测工作，为企业融资和投资提供决策依据，使企业财务活动在筹资、投资、用资、收益等方面减少盲目性。

3. 搞好销售目标利润预测。销售预测是全面预算的基础，同时也是企业正确经营决策的重要前提。只有搞好销售预测，企业才能合理地安排生产，预测目标利润，编制经营计划。

4. 围绕目标利润编制生产预算、采购预算、人工预算及其他各项预算。企业制定合理的目标利润及编制全面预算，有助于企业开展目标经营，为今后的业绩考评奠定基础。

5. 围绕效益实绩，考核预算结果，分析产生差异的原因，积极采取措施纠正偏差。企业在日常经济活动中必须建立一套完整的日常工作记录和考核责任预算执行情况的信息系统，并将实际数与预算数相比较，借以评价各部门的工作实绩，发现偏差及时纠正，强化会计控制。

（三）增强企业风险意识，强化风险管理

现代社会中，企业的外部环境和市场供求变化莫测，特别是国内外政治经济形势、用户需求和竞争对手等情况，对企业来说都是难以控制的因素，因而我们应重视风险，增强风险意识、分析风险性质、制定风险对策，减少和分散风险的冲击。为此，企业在经营活动中应注意以下几方面。

1. 在筹资决策上应慎重分析比较，选择最适合的筹资方式，以避免企业陷入债务危机。如果财务杠杆率过高、借入资金过多，一旦投资利润率下降、利息负担过重，就会

威胁企业财务的安全。因此，国有企业要加强对销售客户的信用调查，合理确定赊销额度，避免呆账损失。

2. 对风险的信号进行监测。我们不仅要对未来的风险进行分析，还要对风险的信号进行监测。如果企业财务状况出现一些不正常情况，如存货激增、销售下降、成本上升等，要密切关注这些反常情况，及时向企业有关部门反映，以便采取措施，防止严重后果的出现。

3. 制定切实可行的风险对策，防范风险、分散风险，把风险损失降到最小。

（四）建立健全资金管理体系，挖掘内部资金潜力

1. 实行资金管理责任制，抓好内部财务制度建设。企业在财务收支上要实施严格的财务监控制度，强化内部约束机制，合理安排资金调度，确保重点项目资金需求，提高资金使用效益。

2. 挖掘内部资金潜力，狠抓货款回笼，调整库存结构，压缩存货资金占用，增强企业支付能力，提高企业信誉。

3. 建立自补资金积累机制，防止费用超支现象。企业按税后利润提取的盈余公积金，可用于补充流动资金。合理制定税后利润分配政策，促进企业自我流动发展。

（五）强化企业成本管理，完善目标成本责任制

目前部分企业存在成本管理薄弱、费用支出控制不严等问题。为此，提高财务部门对成本的控制水平、搞好成本决策和控制、提高资金营运效益、确保出资者的资金不断增值就显得尤为关键。

1. 树立成本意识，划分成本责任中心，明确各部门的成本目标和责任，并与职工个人利益挂钩，提高企业成本竞争能力。

2. 对企业实行全过程的成本控制，包括事前、事中、事后的成本管理。通过研究市场变化，调整成本管理重点，把降低成本建立在科技进步的基础上。

3. 建立严格的内部成本控制制度，切实加强生产经营各环节的成本管理，建立成本报表和分析信息反馈系统，及时反馈成本管理中存在的问题。

4. 建立以财务为中心的成本考核体系，拓宽成本考核范围，将目前的定额成本法改变为目标成本核算法。企业不但要考核产品制造成本、质量成本、责任成本，还应考核产品的售前成本及售后的后续成本。

（六）强化内部监控职能，加强财务基础建设

首先，要强化对企业法人代表的管理，真正贯彻责、权、利相结合的原则，约束其行为。对企业主要负责人应加强任期审计和离任前审计，防止其违反财经政策，损害投资者和债权人利益。其次，要调整财务部门的组织结构，加大管理会计的建设力度，形成会计实务系统和会计管理系统两大部分。财务部门要监督企业已发生的经济业务是否合理合

法,是否符合企业各项内部管理制度。最后,要建立快捷灵敏的企业信息网络。企业应逐步建立起以会计数据处理为核心,与销售和财务报表分析等信息系统相连接的信息网络,及时反馈企业生产经营活动的各项信息,发现问题及时处理。

第六节 现代财务管理的发展与创新

随着经济的发展和时代的进步,我国各类企业的规模和数量都在不断扩大,日益发展,关于企业财务管理创新的工作就越来越受到重视。为了使企业能够正常运转进而提高经济效益,财务管理的工作就必须做好,所以现代企业必须进行财务管理创新,以适应时代发展的潮流。财务管理创新非常重要,如果管理得好,将会给企业带来很多积极影响,促进企业的发展。本节就当代企业的财务管理创新问题进行探讨,旨在为企业发展提供参考。

一、企业财务管理创新的含义

企业财务管理创新是指企业在原有的财务管理基础上实行的新的突破与创新,把量的积累变成质的蜕变,是企业财务管理的一种新的方法。随着外界环境因素以及企业内部因素的变化,原有的企业财务管理模式已经不能适应新的形势,所以企业财务管理的创新势在必行。这是一种行之有效的财务管理方法,而且还没有被企业采用过,是一种全新手段的引入,相当于给企业注入了新的血液,疏通了企业内部的财务管理状况,进而促进企业的发展,提高经济效益。一旦企业财务管理的目标发生变化,财务管理也会随之创新,否则将不能适应新的形势。我国当代企业正面临着全新的机遇与挑战,企业能否实现更好的发展与财务管理创新的关系十分密切。传统的企业财务管理模式显然已经不适应新的发展形势,所以传统企业如果不进行创新,将不会有大的发展,甚至将会面临破产,走到尽头。

企业把财务管理的各个要素与企业的生产、技术和管理理念等重要条件进行新的排列组合,原有的企业财务管理体制不攻自破。一些创新能力较差的企业会在这些企业财务管理创新的过程中被淘汰,而被淘汰企业的一些生产要素就会被财务管理创新能力较强的企业兼并,强大的企业再把这些生产要素重新组合,从而实现企业的资本优化和结构更新。

二、企业财务管理创新的原因

一是社会经济的发展需要企业进行财务管理创新。随着社会经济的发展和人民生活水平的提高,人们的物质需求和精神需求都在不断增长。因此,企业财务管理也要跟上时代发展的脚步。传统的企业财务管理模式已经不能适应新的发展状况,如果企业希望有良好的发展前景，必须要顺应时代进行创新，不能还固守原有的管理模式，否则不仅不利于企业的发展，而且很可能会被时代所淘汰。

二是发展社会主义市场经济需要企业管理创新。经济体制发生变化，企业管理模式也要随之更新，尤其是企业财务管理模式，要适应经济体制的发展，企业才能实现更好地发展，才能提高企业的经济效益。

三是科技革命和管理革命需要企业财务管理创新。未来的企业必须注重科技和管理，企业竞争既是科技的竞争也是管理的竞争。新的工业技术和新的产品正在不断被企业开发和利用，以提高企业的经济效益；企业的管理模式也在不断地创新，旧的管理模式分崩离析，新型管理模式正在确立。企业财务管理要不断发展和创新，从而能与企业的技术创新和管理创新相适应，否则将会阻碍企业的发展。因此，企业财务管理要同时注重企业的科技创新和管理创新的发展，创造出能够适应企业现状的新型财务管理模式，引领企业更好地发展。

四是随着经济发展新时代的到来，不确定的因素越来越多，企业的内部状况越来越复杂，需要企业财务管理的创新。企业所处的时代环境并不是一成不变的，相反，时代在不断地变化，不断地发展和进步。有些企业总会设定固定的计划，这是一种好的发展方向，但是要注意，计划也可能赶不上变化。企业所处的多变的时代，更需要企业应变能力的增强，这种应变能力就需要企业的创新，尤其是企业财务管理的创新。财务是企业的灵魂，是企业各个要素中最重要的元素之一，只有那些注重企业财务管理创新的企业，才更有可能应对企业发展内部和外部的各个变化，走上健康发展的道路。

三、企业财务管理创新的原则

（一）实用性原则

企业财务管理的创新必须立足于企业当前的发展状况，对于企业而言，必须要有一个实用性的目标，不能盲目地进行创新，创新方法要因地制宜。企业应该注重以下几个方面。

1. 在企业财务管理创新实施之前，要先对新的管理内容进行试验，如果效果良好再进行推广，否则将需要修改原有的计划。

2. 不要对企业财务管理创新的概念进行过多的研究谈论，要更注重其实际应用。有效的管理方法是在实际应用中有良好的效果，所以企业财务管理创新的重点并不是概念研究，而是实际应用。

3. 不要过分依赖原有的财务计划体系。财务计划体系已不能适应新时代发展的需要，要注重企业财务管理创新的实用性，即企业财务管理体系必须能够灵活变通，要不断给企业注入新鲜的血液，所以创新至关重要。

4. 企业财务管理创新要注重到方方面面，不要以项目的大小而定。聚沙成塔，集腋成袭，每个小项目的成功才能造就大企业的辉煌。所以，在进行企业财务管理创新的过程中，在注重各个重大项目的同时，也不能忽视小的项目。

（二）时刻保持警惕，"轻装上阵"

企业发展需要一种警惕心理，只有时刻保持警惕，才能有足够的创新的动力。如果一个资金紧缺的企业总是能够利用创新绝处逢生，那是因为企业具有破釜沉舟的勇气。所以，企业时刻保持警惕，处于紧张状态，有利于激发企业的创新活力。企业创新也不宜带上过多的"装备"，以轻装上阵的状态进行创新更容易获得成功。如果项目过多，而且项目的内容过于复杂和细小，会使企业压力过大，给企业财务管理的创新造成阻碍。

（三）广泛积极参与的原则

企业财务管理的创新并不仅仅是财务部门的事情，企业的发展关系到企业的各个部门以及每个员工，如果没有广泛的参与，企业财务管理创新就无法进行。广泛参与，能够使企业各个部门的员工进行密切的接触和交流，这既有利于企业创新的开展，更有利于以后工作的进行，有较高的参与度才能使企业财务管理创新的进行更加有效率。除了广泛性，更要求参与者的积极性。不管是参与其中的部门还是员工，都应该积极行动起来。首先从思想上就要接受企业财务管理创新的必要性，克服守旧的思想，对企业财务管理创新有积极作用和影响的人员进行鼓励，从而激励参与的部门和人员更好地参与其中。

四、财务管理观念的创新

首先要树立融资观念。传统的财务管理模式是固有资本的发展和延续，以自有资金为核心。市场经济下的企业，竞争成败的关键已不再是单单的自主理财，而是资本的支营、培育和扩张。因此，企业在财务管理中应树立"融资第一"的新观念，优化资源结构，顺应知识经济发展的要求。其次要树立以人为本的管理观念。人是企业生产经营过程的主人，企业的每一项活动均由人来发起、操作和控制，其成效如何也主要取决于人以及人的努力。企业应充分发挥人的智慧和创新在现代社会中的核心作用，企业财务管理应把对人的激励和约束机制放在首位，建立权、责、利相结合的财务运行机制，充分挖掘和发挥人的潜能。再次，要树立信息理财的观念。在市场经济中，一切经济活动都必须以准确、新、优、快的信息为导向，信息成为市场经济活动的重要媒介。同时，以数字化为先导，以信息高速公路为主要内容的新技术革命，使信息的传播处理和反馈的速度大大加快，从而使交易、决策可在瞬间完成，经济活动的空间变小，出现了媒体空间即网上实体。这就要求财务管理人员必须牢固树立信息理财观念，进行财务决策和资金运筹。最后，要树立风险理财观念。由于信息传递、处理、反馈以及知识更新速度的加快，企业财务风险将会逐步增大，财务人员应加强风险理财观念，充分考虑各种不确定因素，采取多种防范措施，尽可能降低企业的风险损失。

五、财务管理目标的创新

目前，中外学术界普遍认为，现代企业财务管理的目标是股东财富最大化（它比"利润最大化"这一财务管理目标前进了一大步）。然而，这一管理目标适用于物质资本占主导地位的工业经济时代，在市场经济高速发展的今天，企业财务管理目标不仅要追求股东利益，也要追求其他相关利益主体的利益和社会利益。随着经济的发展，资本的范围有了一定程度的扩展，资本结构被改变。在新的资本结构中，物质资本与知识资本的地位将发生重大变化，即物质资本的地位将相对下降，而知识资本的地位将相对上升。这一重大变化决定了企业财务管理目标已不仅仅归属于股东，而应归属于相关利益主体，如股东、债权人、员工、顾客等。他们都向企业投入了专用性资本，都对企业剩余做出了贡献，因而也都享有企业的剩余。正是在这样的背景下，笔者认为，企业的利益是所有参与签约的各方的共同利益，而不仅仅是股东的利益。另外，企业财务管理的目标还应包括企业承担的社会责任，企业履行社会责任，如维护社会公众利益、保持生态平衡、防止公害污染、支持社区事业发展等，既有助于实现其经营目标，也有利于在社会大众中树立其良好的形象。

六、财务管理模式的创新

随着高新技术的迅速发展和互联网络的逐步普及，传统的财务管理方式已不再适应市场经济快速发展的需要，财务管理正逐渐向网络财务转变，网络财务的优势——计算机软件系统和财务核算和管理的完善统一越发明显。在网络财务管理中，距离已不再是管理上的难题，财务的远程掌控，资金流、物流的网上审批，会计报表的远程传输都可以通过财务指令在线管理广大财务人员，还可以在线查询各种财税法规，了解财务信息及发展动态网络财务的出现，极大地拓展和延伸了财务的管理能力，拓宽了财务的核算管理范围，缩短了空间的距离，也必将提高财务人员的工作效率和企业的市场竞争能力。

七、财务管理方法的创新

风险是影响财务管理目标实现的重要因素。在市场经济高速发展的今天，企业资本经营不可避免地呈现出高风险性，主要表现在：一是开发知识资产的不确定性，会扩大投资开发风险。二是企业内部财务结构和金融市场的变化使财务风险更为复杂。如人力资本产权的特殊使用寿命，知识资产摊销方法的选择，会使现有资本结构不稳定；技术资本的泄密、流失、被替代或超过保护期等导致企业的损失。三是作为知识资本重要构成要素的企业信誉、经营关系等变化，使企业名誉风险突出。因此，必须运用现代管理手段加强风险管理，确定风险管理目标，建立风险的计量、分析、报告和监督系统以便采取恰当的风险管理政策，合理规避风险。

八、财务管理内容的创新

现代企业制度下出资人的资本管理可分为出资所有者进行的资本管理和企业管理者所进行的资本管理,由于管理目标存在差异,就必然要求企业创新管理模式。

(一)筹资管理

传统企业财务管理的筹资管理主要是财务资本的筹资,知识经济扩展了企业资本的范围,财务管理不仅要关注"筹资",更要关心"筹知",即从什么渠道用什么方式取得知识资本,如何降低知识资本的取得成本,如何优化财务资本与知识资本之间的结构等方面的内容。

(二)投资管理

首先,投资管理的重点应从有形资产转向知识资产。为适应知识经济的发展,企业财务管理的重要问题逐步转移到无形资产及人力资产的管理上来。企业财务管理应充分利用企业的知识资本,包括合理估计无形资产带来的收益,合理估算人力资源的投入价值和收益。其次,应加强风险投资管理。随着知识经济的发展,以高新技术产业为内容的风险投资在资金投资总额中的比重日趋上升。同时,高新技术产业的高风险性,使风险投资和风险管理在财务管理中的积极性进一步提高。为此,要求加强投资项目的可行性分析,并改进无形资产价值补偿方式,以控制投资风险。

(三)成本管理

首先,大规模个性化生产使成本管理的重心逐渐从生产制造成本转移到产品研制成本,应用好各种资源,使知识转化为高智力,转化为独特的策略、构思,进而形成各种新设计、新工艺、新产品。其次,成本的控制管理方法也由传统的制造成本管理向作业成本管理转变。企业应当充分利用信息反馈系统、作业流程电脑化、灵活制造及网络经营等一系列新技术,在满足消费者需求的前提下尽可能地降低成本,提高盈利水平。

九、财务资金管理创新

企业发展的加速度来源于创新,这种创新既包括技术上的创新,也包括生产组合方式的创新。实现资金管理创新就是要实现金融创新,产融结合使金融向产业渗透,企业向金融资本靠拢,双方通过控股、参股或其他形式结成命运共同体,进行长期合作。通过产融结合获得额外价值是企业进行金融创新的重要方式。企业财务管理的核心是资金,资金管理的好坏直接关系到企业管理的好坏,影响企业效益的高低。企业在设置集团资金管理的组织结构时,要重点考虑流程化组织与资金控制的关系,网络组织与资金集约管理的关系,ERP集成与资金管理的关系,使资金的保存和运用达到最优化的状态。

参考文献

[1] 陈杰. 现代企业管理 [M]. 北京：北京理工大学出版社，2018.

[2] 陈萍，潘晓梅. 企业财务战略管理 [M]. 北京：经济管理出版社，2010.

[3] 龚荒. 企业战略管理 [M]. 徐州：中国矿业大学出版社，2009.

[4] 韩静. 企业战略并购财务风险管理研究 [M]. 南京：东南大学出版社，2012.

[5] 何彪. 企业战略管理 [M]. 武汉：华中科技大学出版社，2008.

[6] 胡娜. 现代企业财务管理与金融创新研究 [M]. 长春：吉林人民出版社，2020.

[7] 胡椰青，田亚会，马悦. 企业财务管理能力培养与集团财务管控研究 [M]. 长春：吉林文史出版社，2021.

[8] 黄倩. 财务管理实务 [M]. 北京：北京理工大学出版社，2017.

[9] 蒋屏，赵秀芝. 公司财务管理 [M]. 北京：对外经济贸易大学出版社，2015.

[10] 李艺，陈文冬，徐星星. 企业战略管理 [M]. 成都：电子科技大学出版社，2020.

[11] 林自军，刘辉，马晶宏. 财务管理实践 [M]. 长春：吉林人民出版社，2019.

[12] 刘胜军. 企业财务管理 [M]. 哈尔滨：哈尔滨工程大学出版社，2015.

[13] 南京晓庄学院经济与管理学院. 企业财务管理 [M]. 南京：东南大学出版社，2017.

[14] 王力东，李晓敏. 财务管理 [M]. 北京：北京理工大学出版社，2019.

[15] 王毅，王宏宝. 财务管理项目化教程 [M]. 北京：北京理工大学出版社，2015.

[16] 王玉珏，聂宇，刘石梅. 企业财务管理与成本控制 [M]. 长春：吉林人民出版社，2019.

[17] 武建平，王坤，孙翠洁. 企业运营与财务管理研究 [M]. 长春：吉林人民出版社，2019.

[18] 杨林霞，刘晓晖. 中小企业财务管理创新研究与改革 [M]. 长春：吉林人民出版社，2019.

[19] 姚莉，李巍，陈金波. 企业战略管理 [M]. 武汉：武汉大学出版社，2010.

[20] 于秀娥，赵青主. 企业战略管理 [M]. 北京：中国商业出版社，2014.

[21] 张爽. 企业战略管理 [M]. 延吉：延边大学出版社，2018.

[22] 赵秀芳. 集群企业财务战略管理研究 [M]. 上海：上海财经大学出版社，2009.

[23] 周朝琦等. 企业财务战略管理 [M]. 北京：经济管理出版社，2001.